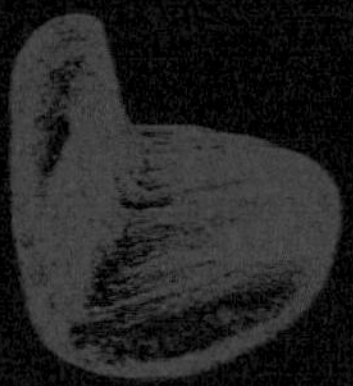

一生襟抱为国开

——我的爷爷李四光

邹宗平　口述
陈俭霖　撰写

江苏凤凰科学技术出版社 · 南京

图书在版编目（CIP）数据

一生襟抱为国开：我的爷爷李四光 / 邹宗平口述；陈俭霖撰写.—南京：江苏凤凰科学技术出版社，2024.3
ISBN 978-7-5713-4059-9

Ⅰ.①一… Ⅱ.①邹… ②陈… Ⅲ.① 李四光（1889-1971）—生平事迹 Ⅳ.①K826.14

中国国家版本馆CIP数据核字（2024）第027331号

一生襟抱为国开——我的爷爷李四光

口　　述　邹宗平
撰　　写　陈俭霖
策　　划　陈卫春
责任编辑　刘屹立　赵　研
责任校对　仲　敏
责任监制　刘　钧

出版发行　江苏凤凰科学技术出版社
出版社地址　南京市湖南路1号A楼，邮编：210009
出版社网址　http://www.pspress.cn
照　　排　南京紫藤制版印务中心
印　　刷　南京新洲印刷有限公司

开　　本　718 mm × 1000 mm　1/16
印　　张　24.5
插　　页　4
字　　数　270 000
版　　次　2024年3月第1版
印　　次　2024年3月第1次印刷

标准书号　ISBN 978-7-5713-4059-9
定　　价　98.00元（精）

序

李四光先生一家是传奇的院士之家。不但李四光先生是中国科学院院士（地质学家），他的女儿李林是院士（物理学家），女婿邹承鲁也是院士（生物化学家），这在我国科学界被传为佳话。

虽然迄今为止已有很多关于李四光先生及其全家的回忆文章和传记问世，并对他们的精神和事迹作了详尽表述，但是李四光先生的外孙女邹宗平的这部回忆录，还是从不同的独特视角提供了朴素而多彩、立体且生动的描述。既让我们看到李四光先生一生的艰苦奋斗和卓绝贡献，体现了他的座右铭“我是中华儿女，祖国培养长大的，我的知识和研究成果理应对祖国、人民有所回报，这是一个科技人员义不容辞的责任”所蕴含的严肃责任感；又让我们看到一位慈祥的老爷爷隔代疼爱着外孙女，不管她是幼年的天真孩童，还是长成为“叛逆”的青春少女，他一直关爱、尊重和引导着晚辈的成长，从而使读者耳目一新。

1968 年，我从中国科学技术大学毕业，分配到李四光先生创建的地质力学研究所，直到 1980 年出国读研，我在那里工作了 12 年。听说“文化大革命”前李四光先生经常到所里各个研究室走门串户，直接对科研人员进行指导研讨，然而我在所期间，因为特殊形势下周总理采取的保护措施，虽然李四光先生的住所与地质力学研究所办公楼只隔着一道墙，但他已不再进入研究室，也因此我很遗憾地失去了直接接受他教诲的机会。不过，在研究所浓厚的学术氛围内，我还是间接地学习了地质力学的丰富内容和科学思想。另外因为参与了一些科研课题，得以有少量机会我跟随课题组去他的住所聆听教导，学习他处理滑坡、地震等自然灾害问题的科学思路，特别是地震预报，至今都是我坚持关注的课题。

李四光先生去世后，李林先生曾到地质力学研究所短暂工作，我有幸成为她领导下的四人小组成员。我与邹承鲁先生虽然没有直接接触，但他在20世纪80年代访美时，曾让邹宗平找我借英国小说家阿加莎·克里斯蒂写的侦探小说，我这才知道，大科学家原来也有和年轻人一样的爱好。时光流逝，李四光夫妇和邹承鲁、李林夫妇均已作古。当年因“文化大革命”停课，经常在地质力学研究所的办公楼里跑来跑去的初中生邹宗平大丫头，有幸赶上了恢复高考重返校园成为工农兵大学生的难得机会，在父母的关切下调整着人生轨迹并走向世界，如今也在退休之年成为李四光纪念馆的高级顾问。本书用生动的语言和翔实的事实，揭示了诸多重要历史场景，展示了他们一家人在难忘岁月中栩栩如生的形象。

李四光先生的科学成就之一，是在20世纪三四十年代把力学与地质学结合起来，创造性提出了地质力学构造体系的概念，揭示了从宏大的野外构造到微小的手标本尺度，众多地质现象并非杂乱无序，而是因为有着统一的力学机制而形成，认识这些现象后面的支配规律，这就是地质力学的精髓。李四光先生的思想不仅当时走在世界构造地质学的前沿，在今天的构造地质学研究中仍具有指导意义。基于类似的科学思路，到60年代，更多学科的新发现被结合起来进行综合研究后诞生了板块构造理论，引发了地学界的一场革命。遗憾的是由于“文化大革命”，中国的地质工作者与世隔绝没能做出相应贡献。据一些地质老前辈介绍，李四光先生在生命的最后的几年里一直在关注和思考着板块学说的发现与进展，这在他的《天文、地质、古生物》一书中也有所反映。今天的我们应该继承李四光先生的科学精神和创新思路，对地质力学做进一步的开拓和发展。

李四光先生为我国的石油勘探做出了卓越贡献。如同本书记载：1953 年，毛主席接见了李四光，询问他“我国石油工业究竟靠开发天然石油还是走人造石油道路”。面临如此关键的重大选择，并且是直面中央领导人的垂询，李四光根据自己独创的地质力学理论，分析了石油形成的基本地质条件，他深信中国具有丰富的天然油气资源，并就勘探开发我国天然油气的光辉前景向毛主席作出肯定答复。虽然在我国石油事业的发展中许多学者都有自己的贡献，但是能够影响到毛主席、周总理等中央领导作出战略性决策，如此重大的责任和挑战落在了当时身为地质部部长的李四光肩上。也许有人会羡慕李四光先生能够拥有这样的机遇，但不要忘记了，伴随这种机遇的同时也是巨大的责任，李四光先生能够获得这种机遇并作出经得起历史考验的完美回答，这正是他毕生追求进步、追求科学、热爱祖国、热爱人民的结果。

1966 年邢台地震后，李四光先生一直关心着事关国家建设和人民生命安全的地震预报工作。他的科学思想可以概括为：一方面是通过地震地质研究确定地震孕育发生的背景，另一方面是通过地应力研究捕获地震发生的前兆。地震，在地应力超过岩石强度时破裂而发生，哪里是最有可能发生这种破裂的地方，这是地震地质研究的基本任务；临近地应力超过岩体和断层强度的时刻和规模，这是地震预报的核心问题，而把地应力观测作为前兆研究的突破口，长期准确精细观测十亿分之一的微小变形，是艰巨的任务。李四光先生领导我国科学工作者开启了这一创新研究并做出了重要贡献。通过半个世纪的持续努力，我国的地应力研究一直处于国际第一梯队，地应力和地形变、相关的其他物理和力学现象的可靠观测，以及长时间大量台站网络的大数据积累，最终将使人类突破地震预报的难题。

李四光先生去世后，他的女儿李林先生来到地质力学研究所，以求继承李四光先生的遗志做好大量整理工作。我有幸接受了李林先生的直接领导，虽然由于“文化大革命”，当时的科学研究不能正常开展，但她带领我们四人小组从岩石蠕变实验室的一些基本建设做起，要求我们在实验中要有严格的科学态度，同时耐心提高我们的英语和科学文献阅读基本功，引导我们走上科学研究的正道。我至今还记得，关于“激活能”的概念我一直搞不太清楚，李林先生孜孜不倦地给我进行辅导讲解，类似诸多教诲都令我受益终生。2003 年，我获得了“李四光地质科学奖”，这也是我在自己的人生科研历程中对得到过李家两代人谆谆教导的最好回报。

李四光先生及其后人的业绩，经得起时光的磨砺和历史的检验。2009 年 10 月，小行星“李四光星”正式命名；2021 年 11 月，小行星“邹承鲁星”正式命名。读着邹宗平的这部回忆录，仿佛是在浩瀚太阳系中这两颗小行星的星光照耀下，耳边又响起了李四光先生所谱曲的中国第一部小提琴曲《行路难》，这些都将激励着后人砥砺前行踏上新时代的新征程，用中华民族的辉煌复兴来告慰李四光先生。

中国科学院院士 石耀霖

2023 年 11 月

前言

很多朋友都劝我写一本讲述我家庭故事的书，长期以来自己也有此想法。无奈写作这一行非我擅长，实际操作起来诸多不易，因此这件事被搁置了很多年。2020 年 6 月，江苏凤凰科学技术出版社和我取得联系，提议由陈俭霖老师执笔，双方合作撰写一本李四光和他的家庭故事口述史，对此我当然是求之不得。

我的外祖父李四光（从咿呀学语开始我就称呼他老人家为“爷爷”）、母亲李林和父亲邹承鲁都是中国科学院院士，他们分属地质、物理和生物化学三个不同的学术领域，在各自工作中都做出了很好的成绩。我从小来到外祖父母的身边，父亲当时在上海工作，每年仅回北京两三次；母亲的单位在北京郊区，只有星期天才能回家。因为外祖父和父母经常忙得不着家，所以我基本上是跟随外祖母长大的。虽然小时候不太懂得为什么他们总是奇忙无比，但看到他们忙碌并快乐的样子，我自己也很高兴。

我的外祖父和父母分属于不同时代的人，他们的为人处世和对事业的看法也会有所不同，但是他们都同样热爱祖国，愿意为新中国的建设奉献自己的一生。作为科学工作者，他们在研究工作中大胆创新，严谨求实，绝不弄虚作假，不仅本职工作完成得很出色，也为后人做出了好的榜样。今天在这里讲述他们的故事，意在宣传科学精神，希望有更多的年轻人学科学，懂科学，讲科学，学会用科学的方法探求人生的出路。因为只有科学发展了，我们才会有更加美好的未来。

李四光去世迄今已半个世纪，关于他的传记、报告文学、年谱也有过很多版本，如何使《一生襟抱为国开——我的爷爷李四光》这本书区别于一般传记，能够将科学家以及他们的家庭生活真实生动地呈现给各位读者，这本身就是一大难题。本书的写作在这方面做出了很好的尝试，也期待读者们会喜欢我们努力的结果。

最后诚挚感谢江苏凤凰科学技术出版社，使我多年夙愿得以实现。

邹宗平

2023 年 10 月

目录

1 四岁那年，我被周总理抱在怀里的记忆

1957年3月24日，春风又绿江南岸，烟波浩渺的杭州西湖边，雷峰塔矗立在微微肃杀的倒春寒中。

这是个阳光明媚的上午，距雷峰塔咫尺之遥的南山招待所，一对年逾六旬的老夫妻刚吃过早饭，正在院子里慢慢踱步晒着太阳。忽听坡下有轿车声戛然而止，少顷，一个矫健的身影风尘仆仆地迎面走来，和老者爽朗地打着招呼："李老，您身体最近怎么样？我看您来了！"老者定睛一瞧，情不自禁地喊出了声："总理，是您？！"

被周总理称为"李老"的，就是我的爷爷李四光；一旁笑眯眯站着的老太太，是我的奶奶许淑彬。那一年李四光因肾病严重，甚至出现了尿血症状，经组织批准到杭州疗养，已两个多月了。

李四光紧紧握住周总理的手，激动得不知说什么才好，许淑彬忙提醒，说赶紧请屋里坐。总理拉着李四光的手走进房门，风趣地笑道："这次我可把他们（指警卫员）给甩掉了。"原来总理是因为陪同捷克斯洛伐克政府代表团到杭州参观，忙完公务后，向交际处要了辆车子，特意赶来看望李四光的。

客厅坐定。许淑彬想着上次周总理来到家中，和李四光长谈结束后竟然是饿着肚子离开的，这次可不能再犯同样的疏忽，她正准备起身去厨房忙中饭，忽然被总理叫住："许大姐，你不要走，一块儿谈谈！"

日理万机的大国总理要挽留家庭主妇一起谈话，许淑彬的心头顿时涌起一阵暖意。周总理关切询问过李四光的身体和病情，双方的交谈越来越亲密。许淑彬其实也很想多听总理再说会儿话，思虑再三，她还是轻轻退了出去。

那年也是国际共产主义运动史上的重要年份之一。周总理先谈到了前一年发生的"波匈事件"，表情有点严肃，接着又说：根据毛主席的指示，党内很快就要开始整风运动。这次整风要动员党内外的全部力量，尤其号召党外民主人士积极参与。总理希望李四光能够认真考虑，提些意见，协助搞好整风运动。

周总理忽然话锋一转，说："李老，我可不可以问你个问题？"李四光连忙回答："总理请讲。"总理微笑道："那你为什么到现在还没入党啊？如果个人有什么想法的话，我们可以谈谈嘛。"

听了这番推心置腹的话语，李四光既惊讶又感动，他终于可以把自己多年来在入党问题上犹豫不决的矛盾心态向周总理一吐为快："在旧社会我缺乏觉悟，没有投身于革命队伍中，已深感惭愧。革命成功后虽然为国家建设出了一点力，但距离一个共产党员的标准还相差很远。况且自己如今年纪大了，身体又不好，入了党也不一定能起到一个共产党员的先锋作用。"

周总理点点头，说："入党本着自觉自愿的原则，你也可以和地质部、科学院党组织的领导谈谈，不要爱面子嘛，爱面子就不是无产阶级知识分子的态度。"总理接着又鼓励道："现在搞社会主义建设，很需要知识分子为党工作，你可以再认真考虑一下。"

不知不觉两个小时过去了，厨房里的许淑彬已忙好了饭菜。这时正好有秘书进来汇报，请周总理赶紧回去处理要事。李四光夫妇考虑到总理日理万机，实在不便强留，也只能依依不舍地送到门口。

那天在场的，其实还有一个刚满四岁的我。当时负责保卫的警卫员捉了只麻雀，放在院子里正逗着我玩。奶奶后来告诉我，周总理临走时把我抱起来，亲切地问我的名字、几岁了。我搂着总理的脖子，听从爷爷奶奶的教导，天真地喊了声"周爷爷"。总理很高兴，用胡子扎着我的小脸，又亲了亲我，转身对李四光夫妇说："你们两位只有一个女儿，你们的女儿也只有一个女儿！"

这段珍贵而稍显模糊的回忆，在我日后的成长岁月中被奶奶和母亲反复提起。我感恩不已，自己是多么幸运，在少不更事的年纪便拥有了如此温暖的瞬间。我的小儿子曾和我打趣道："妈妈，你看你这辈子过得多么值得，你想想，有多少人能够拥有你这么幸福的回忆，小小年纪就被拥有几亿人口的大国总理抱在怀里，而你却在自顾玩自己的。"

1957 年春杭州南山招待所，爷爷、奶奶和我

2

李四光纪念馆

我是邹宗平，地质学家李四光的外孙女。岁月荏苒，故居门口的梧桐树叶黄了又青，六十八岁的我也到了当年李四光在杭州疗养时的年纪。

北京市海淀区民族大学南路 11 号，如今是中国地质科学院地质力学研究所的办公所在地，南门围墙边那幢上了年岁的西式别墅，依旧是从前的模样，小院里曲径通幽，花果树木四季点缀着假山和喷泉，我的爷爷李四光在这里度过了他人生的最后岁月。这座小院在他诞辰一百周年（1989 年）时被批准列为“李四光纪念馆”，当年的全国政协主席李先念也是湖北老乡，还特意为纪念馆题写了馆名。

20 世纪 60 年代，中央民族学院（现中央民族大学）的正门南侧还是社会主义学院所在地，再往里走便是一望无际的农田，东西向那条稍微显眼的柏油马路长约 800 多米，道路两旁种上了高高的杨树，这条马路也是当年为了地质力学研究所和李四光住宅的出行而修建的。今天的地质力学研究所和周边的几家单位，当年都归属北京市四季青公社万寿寺大队法华寺生产队，属于城乡结合的地带，附近菜地里种满了绿油油的蔬菜，以及各种杂草和绿藤，很多如今难得一见的蛇虫蚂蚁，北京城里几近销声匿迹的蟾蜍、黄鼠狼和刺猬等，这里是它们的天堂。孩子们放学后常到这边玩捉迷藏，穿过高高的围墙、沙土堆、脚手架和那片看起来有点阴森的明清乱坟地，还有高高的水塔和烟囱，便可直达民族学院内深不可测的防空洞。

南墙外古银杏树旁的菜地间，一条数米宽的土路，那里曾是李四光每天下班后散步的必经之路。从单位门口到白石桥路，途经紫竹院公园翠竹环绕的大水塘，通常他要走上一个来回。散步时，李四光经常和随员讨论工作，有时顺便带着个小马扎，累了就坐在银杏树下,静静思考。走的次数多了,周围的农民群众便称呼小路为“李四光小道”,后来名声越传越远,据说一度还上了北京市的交通地图,在邮局也备过案。也就在这条小路上，李四光接过下班归来的女儿李林，给我讲过各种有趣的小故事。此外，他还利用散步间隙的点滴时间进行思考,完成了重要专著《天文、地质、古生物（资料摘要）》中绝大部分内容的构思。

地质力学研究所大楼前矗立的李四光铜像，不觉已历经了三十年风雨，铜像底座刻着李四光的生卒年月“1889—1971”。无数次我停留驻足，与爷爷炯炯有神的目光长久对视。故居院子里的草坪中，

地质力学研究所大楼前的李四光铜像

书形雕塑上镌刻着李四光奋斗一生的座右铭："我是中华儿女，祖国培养长大的，我的知识和研究成果理应对祖国、人民有所回报，这是一个科技人员义不容辞的责任。"

作为20世纪著名的地质学家，李四光的奋斗精神和杰出贡献得到了党和国家领导人的高度评价。李四光1958年加入中国共产党，1969年当选为中国共产党第九次全国代表大会代表、第九届中共中央委员。敬爱的周总理曾说过："李四光同志是一面旗帜，是辛亥革命的老同志，入党晚了一点，政治上不是动动摇摇的。……对社会主义建设做出了很大的贡献，你们都要学习他。"邓小平在1992年南方谈话中说："高科技领域，中国也要在世界占有一席之地。我是个外行，但我要感谢科技工作者为国家做出的贡献和争得的荣誉。大家要记住那个年代，钱学森、李四光、钱三强那一批老科学家，在那么困难的条件下，把两弹一星和好多高科技搞起来。"温家宝1999年在李四光诞辰110周年纪念活动上也作出了评价："李四光是中国现代地质学的开拓者和新中国地质事业的主要奠基人之一，是卓越的科学家、杰出的教育家、伟大的爱国主义者，他把一生献给了科学事业，献给了祖国和人民。他从一个爱国的民主主义者转变为一个共产主义者和卓越的科学文化战士的人生道路，凝结了本世纪中国一代知识分子上下求索、不懈奋斗的历程，是中国先进知识分子的杰出代表，也是我国科技界的一面旗帜。”

马路对面，曾经的那片小树林已不复存在，“李四光小道”也由原来的田间小路变成了宽阔的万寿寺路，故居门口的梧桐，还是李四光当年搬家时亲手种下的。当我还是个柔软细嫩的婴儿时，就被父母送到这位慈祥老人的身边，耳濡目染他十多年的教诲。众人眼中的地质部长和大科学家，在我儿时的印象中，只不过是一位和蔼可亲、对晚辈关怀备至，偶尔也会生些溺爱之心的老爷爷。

静谧的故居里树叶婆娑，爷爷当年亲手制作推土用的小轱辘车，又仿佛在耳畔咿呀作响，那些伴我长大、教我成人的和风细语，在沧桑的小院中洒满温馨。身为“李四光纪念馆”顾问，我每天穿梭于故居和地质力学研究所的大楼展厅间，我深知自己肩上那份沉甸甸的责任，我渴望能把我记忆中的李四光，一位科学老人的故事，原原本本说给你听。

1962 年，李四光在紫竹院新居内用自制的推车运土

3 隔代亲的童年

前些年，有电视台的记者来采访我，说你们家的学风真好，一定要讲给现在的孩子们听听。这样的命题总让我犯难，仔细想来，我们家又究竟算是怎样的学风呢？

我的父亲邹承鲁和母亲李林都是20世纪留英博士，50年代初回到祖国，邹承鲁在中科院上海分院生化所工作，李林的单位是上海冶金所。1953年，出生于上海不久的我经常被母亲带回北京探亲。或许是应了人们常说的“隔代亲”，外祖父李四光和外祖母许淑彬对我这个唯一的外孙女是百般疼爱，总是抱在怀里舍不得撒手。见此情景的李林，想着自己不能朝夕陪伴年迈的父母，老人独居北京必定十分孤单，因此回上海后和丈夫商量，把当时六个月大的我送到了北京。

我来到北京时，李四光已是六十四岁的老人。外祖母许淑彬是位个性特别爽朗的老太太，她说："也别什么外不外的了，都自己家里人，以后就喊爷爷奶奶吧，简单，听着亲切。"从此我就称呼李四光为爷爷、许淑彬为奶奶了。

爷爷奶奶和小不点的我

我那位世俗称谓上的爷爷，也就是邹承鲁的父亲邹东湖，于1942年因肠癌去世，被安葬在无锡老家，我这辈子连他老人家的面都没见着；我的奶奶，邹承鲁的母亲胡葵，1948年跟随邹承鲁的大哥邹承曾去台湾生活，很多年杳无音信，直到"文革"结束后的1977年，彼此才取得了联系。老太太胡葵在给我的书信中还写道：我知道你在北京喊你外婆为奶奶，但是你可别忘了，你在台湾还有另外一个奶奶哦！又过了十多年，九十多岁的胡葵从台湾到北京探亲，那时我北京的奶奶许淑彬已不在人世。就这样，我两边的爷爷（除了早年去世的爷爷邹东湖）和奶奶都是在我人生的不同阶段分别出现，因此避免了日常称呼上的那些不便。

儿时的记忆中，爷爷李四光总是很忙。那时候他已没有太多爱好，除了地质、数学和物理方面的专业书籍，武侠小说和其他杂书都无暇触及。但只要有空，爷爷就给我讲故事，虽非高大上的内容，听着却很有趣。记得爷爷曾讲过：朱元璋本是叫花子出身，没多少文化，当了皇帝后常有很多文人墨客跟在身后拍马屁。一次下大雪，朱元璋带着一帮状元和进士们出城，大家风花雪月轮流吟诗作赋，有人奏请说：要不皇上您也来一首？朱元璋那天心情也特好，他即兴诵道：上下一笼统，井边大窟窿，黄狗身上白，白狗身上肿。大学士们纷纷点赞：好，写得好！

此外，还有什么“莲塘莲子跳，一脚跳下马”之类的接龙诗，很长一段，爷爷记性好，他能从头到尾背给我听。父亲邹承鲁从上海来北京探亲时，偶尔也会给我讲故事。等我慢慢长大，学会了自己看书，有一天忽然发现，父亲讲的什么“东周列国”“二桃杀三士”“晏子使楚”啊，书上基本都有，但爷爷讲的那些故事，我都没怎么看到过。我想，这些或许都是爷爷小时候在乡下生活时，从他的爷爷那里听来的吧。

到了小学一年级，我的户口从上海迁到了北京。北京的童年总体来说过得很寂寞，似乎自己经常被有意无意提醒着，“你们家跟我们不太一样”，但大家又不明说。说心里话，那种高级知识分子家庭，又和高干沾点边的所谓“优越感”，我是一点都没感觉到，反而更多是长期被悄然孤立后的些许自卑与沮丧。小孩子总归好玩，我也不愿被排斥在外，时常觉着自己该去做点什么，或许就能融进集体的氛围。那会儿只要有人愿意来找我玩，我都特别开心。直到出国前的这么多年，印象中在我学习和工作过的学校和单位，从来没有男生来表达过对我的喜欢，哪怕是一丁点儿的好感。当然，在校外和其他属于我的交友范围内，备受关注的我照样能挥洒自己天真活泼的个性。多年后一次小学同学聚会，忽听有男同学告诉我，说当年还特仰慕我，我笑着回答："你那个时候怎么不来跟我说呢？"

从小到大，我属于那种基本考试能及格、不用蹲班留级的 3 分学生（当时成绩按 5 分计）。在上海的小学读了一学期，又到北京象鼻子沟的大红门小学读一阵，后来因军备需要炸山挖洞，全家就搬到了李济深公馆去暂住，我也因此转去了史家胡同小学。那是一所历史悠久的优质小学，农村转来的我进校后立刻成了全班的差生。当时的学校格外重视教育质量，这可愁坏了校长和老师们，他们特地安排了成绩好的大队长每天督促我做功课，就这样被帮助了一学期，到离开时我总算又能得 3 分了。

北京的住所迟迟没有落实，爷爷听从组织安排，到青岛八大关附近暂时过渡，旁边有所北海舰队子弟小学。当爷爷的总归会担心外孙女的教育问题，不管学校教学质量如何，得有个学上才行啊，于是爷爷请秘书帮我去联系。对方学校开始不肯收，最后总算破了例。好像刚进去时我的成绩还行，一学期后又成了 3 分学生。

爷爷整天忙于工作和科研，基本上没有太多时间来管我的学习，奶奶对我更是宠得不行，家里的气氛总体轻松愉悦。只是到了星期六晚上，我才会有点小紧张，因为在郊区单位上班的母亲李林要回家了，她常拿着我的成绩单训斥我："你怎么老考 3 分啊？"

天性贪玩的我一有时间就爱看小说，母亲为此很担心。父亲邹承鲁对我的学习也很少过问，他的观点是：小孩子的成长应该顺其自然，女儿喜欢看书是好事，古话说"书无闲书"嘛。小时候一次我练毛笔字，握笔半天却怎么都临不出颜体的骨架，母亲一旁看了干着急，父亲却不以为然道："人各有体。"当然，父亲对我也不是一味溺爱，如果我犯错了也会挨批评，父亲只是希望我能按照自己的意愿去生活。偶尔观点不同时，我们也会有辩论，但从不会发生争吵，父女俩只是阐述各自的观点。总体来说，我们家的教育风格可以总结为一句话：宽容而不纵容。

回想起来，在我成长的过程中受到奶奶许淑彬的影响最大。许淑彬从前在女师大附中教过书，她一辈子说话做事不会拐弯抹角，教育理念是提倡自由发展，孩子愿意学的东西一概支持，不想学了也会给予适当鼓励。对于这一点，父亲邹承鲁也十分赞同。

那时小学有习字课，暑期老师布置了很多描红练习，我觉着乏味都给扔到了一边。等到快开学前，我就哭哭啼啼去求奶奶："奶奶呀，您看我还有这么多的描红没做完，老师要骂我的啊，怎么办啊？"奶奶一瞅："啊？整个暑假就光知道玩，作业都不管了？算了，快拿来，我给你描吧。"因为害怕被老师发觉，所以奶奶还不能描得太好，总给故意描得这儿缺一块、那儿多一点的，等到开学交作业时好歹算是过了关。如今想来，或许是因为那时练字懈怠，我现在的字写得都不咋的。我常以此来告诫听讲座的小朋友们：如果你们想把字写好，可千万别让奶奶从小帮着描红。

爷爷经常教育我，说人不能太自私，否则长大了一定会吃亏，英文有个单词"spoil"，意思就是"溺爱，被宠坏"。我小时候脾气可坏了，想要什么就得给什么，一不答应就又哭又闹。母亲李林打小习惯性地畏惧许淑彬，因为奶奶十分严厉，动辄会对她进行训斥。

奶奶许淑彬给我穿了漂亮的新衣裳

母亲李林曾跟我回忆过她的“悲惨童年”，说你奶奶从来不打我，打了自己的手会疼，她只是掐我，拧我的那一下，那是真的疼啊。

家里就这么一个宝贝疙瘩，奶奶当然舍不得拧我。到了小学三年级，那时全家已搬到了紫竹院，有一次奶奶让我去做个什么事，我不肯，奶奶就有点生气，她使劲朝我嚷嚷，我竟然毫不示弱地给顶了回去。那天爷爷正好也在，他老人家可是第一次见到这样的场面，从前许淑彬教训李林时，从来没听到有敢回嘴的时候。爷爷当场就被吓坏了，他一屁股坐到椅子上，感觉自己的心脏病马上就要犯了。才过一小会儿，回转神来的爷爷突然发现，还没等他突突乱跳的心脏平静下来，奶奶和我早就抱在一起，俩人的嘴都快亲上了。我甜甜地直喊“奶奶啊”，奶奶也慈祥地回着“心肝宝贝啊”，好像刚才啥事都没发生过。打那以后，不管我和奶奶在家再怎么吵架闹别扭，爷爷都熟视无睹，毫不担心，因为他知道，不用多久这俩人就会自动和好。虽然爷爷也说过，头回他看见我和奶奶互相较劲嚷嚷时，他真的以为是“第三次世界大战”要爆发了。奶奶生气时当然也会骂我。但每次爷爷在旁边听了就插话打趣，奶奶跟着就被逗笑了，然后也就犯不着再生气了。

爷爷对我自然是疼爱有加。小时候我晚上睡觉不老实，总爱蹬被子，家里保姆也没法时时照看，爷爷不放心，总是起夜帮我压被子。后来想，每天这样也不是个办法，他就缝了个地质队野外考察常用的睡袋，严严实实把我给裹住，总算解决了我睡觉着凉的问题。

杭州疗养期间，顽皮的我不肯好好吃早饭，任谁哄都不行。爷爷就说:“让我来吧。”他举着一片面包挡在我的小脸前逗我，问:“能看到爷爷吗？”我说：“不能。”爷爷说：“那你在面包上挖个洞看看？”我听话照做了。爷爷又说:“真乖,把面包往眼睛边上靠近一点，再看看有什么？”果然，我看到了爷爷的笑脸，很开心。爷爷继续哄我，说：“把刚才的那一小块放进嘴里，然后再眸一眼，是不是两只眼睛都能看见了？”就这样，眼睛，鼻子，嘴巴……直到那片面包变成了“千疮百孔”，早餐也就差不多了。南方话把偷瞄一眼叫“眸”，爷爷当年每看一眼他就喊“眸”，所以很多年里，我都把早餐吃吐司面包称为“吃眸”。

爷爷从来不过问我的功课，但这并不代表他对我的成长毫不关心。从小到大我挺爱看小说，到“文革”时，我读了一本苏联卫国战争时期的小说，里面有男主人公回到家乡和初恋女友之间的爱情描述。有一次我跟爷爷吵架，竟脱口而出道：“你们这些都属于资产阶级生活作风，我不要学你们，我要做小说里那样的人，要当英雄。”爷爷听了我的话，忽然有点小紧张，他特地把那本书给找来，忙里偷闲认真阅读了其中的部分章节，并告诉李林说：“你们得管管她，不能她想干吗就干吗，她还根本没到那个时候呢。”

4 马不停蹄的搬家

一开始，我跟着爷爷奶奶住在遂安伯胡同，那也是李四光 1950 年回到北京后的第一个住宅，算是胡同里的洋房。1955 年秋天，全家迁往复兴门内的嘉祥里胡同，就在如今西单大商业区南边的那一片。那是个西式四合院，暖气和给水排水都很齐备，生活也比较方便，南厢房和北厢房的房间有长廊相连，这样冬天冷的时候我也不用去外面，直接在走廊里跑来跑去，中间的花园草地里，记忆中平时没有太多的花。

通往香山的路上有个荒山沟，仿佛是大象的鼻子伸了出来，所以得名“象鼻子沟”，当年那里是一片荒芜的公社土地。地质部在象鼻子沟买好地皮，盖了办公室、实验室和职工宿舍，李四光的住所就盖在旁边，也方便他晚上去加班。李四光坚持认为偏僻清静的地方适合做科研，地质力学研究所的位置是要顺沟往上走，而职工宿舍安排在沟口，从单位走回宿舍至少要十几分钟，挺长的一段距离。

五岁的我那会儿有了点模糊的印象。冬天的西北风被山挡住，夏天的山风又顺沟而下，形成冬暖夏凉的天气。因为离公路比较远，路旁更有山泉溪流，景色宜人，李四光空闲时常去马路边散步。一直到1960年初，当时国家经济十分困难，蒋介石又在台湾叫嚣着“反攻大陆”，形势忽然变得格外紧张，象鼻子沟因为三面环山得天独厚的地形，军队提出要征用土地。为服从大局，研究所考虑要搬家了。

1960年，李四光与地质部党组书记何长工在象鼻子沟

那时的紫竹院是块明清旧坟地，清康熙年间的兵部尚书甘文、明朝大太监刘瑾，据说都埋葬于此。那里毗邻紫竹院公园，西面万寿寺，北向法华寺，地处北京三环附近。因为地皮产权归属中央民族学院，李四光向国务院提交了申请报告，最后特批18亩地，用于

建造新的地质力学研究所和蠕变实验室，旁边加盖一座住宅。

李四光一贯坚持宿舍绝不能盖在研究所的里面，因为科研工作经常需要足够的连续性，不能间歇性地断断续续去做，起码你得花上一段完整的时间去考虑你的研究思路。那会儿上班期间还要做广播体操，单位和宿舍若靠得近，没准有人就想着跑回去忙点家务什么的，如果家属们再成天串来串去，搞科研的氛围就给破坏了。

地质力学研究所如今的宿舍就挨着单位，偶尔我也听到过抱怨，大意是被家属们弄得不堪其扰。我只能笑着回答："谁让你们当初把宿舍盖这么近呢。"偶尔我也会浮想联翩：如果爷爷活到现在，他看到职工宿舍和单位就这么挨着，没准要气个半死。

建筑公司的设计师来咨询房屋式样，许淑彬表示和象鼻子沟的房子差不多就行。她还随手画了张英式住宅的结构图交给对方。因为英国属于相对寒冷的高纬度国家，设计图上的房间都被安排放在里面，外面再用走廊隔开。

周边夜以继日地开山放炮，进出汽车噪声不息，等待搬迁中的李四光每晚无法入睡，身体和工作都受到严重影响。考虑到这些实际情况，国务院机关事务管理局临时给安排了西总布胡同的一处宅子，也就是李济深副主席捐给国家的那座公馆。

1961 年春天，全家搬了过去。那座公馆靠火车站很近，同样也是日夜喧嚣，当时李四光已着手开始撰写《地质力学概论》，夏天时又因感冒发烧住进医院，但他依旧带病修改同事的论文稿。每次许淑彬去探视，李四光就把稿子给藏起来，等没人了再继续偷偷忙活。因为身体状况一直不见好转，最后在组织的照顾和安排下，李四光带着全家去青岛疗养，同时全力以赴完成他的写作计划。

又过了一阵，在北京工作的李林忽然接到通知，说让去参观紫竹院盖好的住宅。大家边聊边走，建筑单位正在介绍盖房的用料如何结实，忽听一声巨响，大伙儿受了惊吓，赶忙抬头看，原来是李四光卧室的天花板掉了下来。李林后来就给母亲许淑彬写了封信，说这房子造得有点怪，但具体怎么个怪法，好像又无法形容。

李四光夫妇回了北京，大家看到住宅都很惊讶，说这房子怎么造得这样大啊！虽然房间数量并不多，但每间都格外宽敞。事后得知，是国务院机关事务管理局作了指示：李四光在象鼻子沟的住所还算是新房，头尾也没住两年，考虑补偿的办法就是给紫竹院的房子盖大点。建筑公司表示为难，因为许淑彬提供了图纸，没法加大。上面命令说：照图样放大了盖！

当时正值三年困难时期，李四光为此很不开心，他多次表示：国家困难，我们怎么能住这么大的房子？我原本希望住这边是为了方便工作，而不是贪图舒服。他甚至提出，能否在附近找个农村的小房子。组织上三番五次派人来做工作，说您要是不住这儿，那还不得重找地方给您再盖嘛。李四光这才勉强搬了进去，但之后很长一段时间内，房子问题都成了压在他心里的一个负担。

整体放大再盖房的结果显然是有违科学的，因为外走廊宽了一倍，阳光很难照射进来，所有房间的光线都显得偏暗，而且地下有将近 1 米高的空间忘记安装通风口了，因此搬家后不到一年，饭厅和卧室的地板都开始潮湿腐烂，人走在上面晃晃悠悠。

单位领导很是担心，表示要尽快修理。但李四光很固执，他说自己也活不了多少年，不能再铺张浪费。领导们坚持饭厅那一块绝对要修，万一哪天真的踩塌就麻烦了。李四光又执意反对更换地板，他只让工人在墙壁上凿了些通风孔，卧室通往厕所的地下再搭些木板和桩子，就这样简单把地板给撑了起来。而最终的结果是：立桩的地方顶起一个鼓包，人走过去时摇晃感依旧，而且必须适当把脚抬高些，否则一不留神就会被绊倒。2014 年李四光纪念馆装修，我问工人能否把那个鼓包给保留下来，回答说没有办法，最终卧室所有的地板都进行了更换。但不知怎的，现在每次经过那块，我还是习惯性地把脚抬得稍微高一点，鼓包是没了，人的心里却有点空落落的。

1950 年，李四光回国后不久，有一天秘书领来一笔钱交给许淑彬，说上面通知让买些家具，简单收拾一下房子，这样人住得也舒服些。许淑彬一想那也行，正好从国外带回来的那点钱也用得差不多了，这笔钱先用着，等发了工资再还。北平和平解放前夕，很多达官显贵只顾趁乱逃跑，家里东西都随便丢到旧货市场去卖。许淑彬跑去挑了一堆，回来随意布置了一下。有领导过来看，好奇地问："许大姐，你怎么买的都是些旧货啊？"许淑彬回答："旧货便宜啊，回头还钱时压力也没那么大。"对方听了哈哈大笑，解释说，那笔钱是上面按规定批示的公款，先买点家具对付着过日子，当然，物品产权归属公家。许淑彬这时才明白了是怎么回事。

李四光故居的房间里原来铺了些漂亮的羊毛地毯，到了"文革"，这些自然都被打上了"资产阶级"的印记，李四光吩咐说："你们把地毯都给我卷了，统统扛走。"大部分地毯就这样都给处理了，只在会议室还留了一块。时间来到了 20 世纪 80 年代，地质部的意见是：这些旧家具即使还回来也没人要，不如折价卖给你们。结果一核算，因为是 1949 年前的旧东西，全都超过了固定资产的使用年限，属于报废品，彻底没法作价了。

从 1961 年的春天李四光搬来紫竹院，我们家一直都在向国务院机关事务管理局缴纳房租，每月 88 元，这在当时可不是个小数目。1971 年李四光去世，周总理又特别指示，意思是许大姐（指许淑彬）没有工作，也没工资，交房租可能会有困难，建议酌情减少，只付原来的十分之一即可。参照当时三室一厅的公寓标准来计算，每月房租 8 元。直到改革开放后房租相应提高，现在加起来每年不到 2000 块钱。2000 年，故居前半部分被辟成“李四光纪念馆”，房租改成只收后半部分住宅区的。很多年里，我都习惯了年底收到一张缴费通知。这房子属于正经八百的“央产房”，“租户”一栏填写的是我母亲李林的名字。

5 紫竹院里的回忆

1949 年 9 月中国人民政治协商会议第一届全体会议召开时，李四光尚在国外，只是以无党派人士身份担任了政协委员。1954 年 12 月，在中国人民政治协商会议第二届全国委员会第一次全体会议上，李四光被选为全国政协副主席，他也当选了第三、四届的全国政协副主席。因此，紫竹院的宅子当年是按照副国级的居住标准来建造的。

为了建房，曾经明清坟地上的很多老坟都给平了，一些户主也迁去了别地。院子里原先有两个坟包，上面各长了一棵葱郁的松柏，大伙儿估摸这是一对无主的夫妻坟，正准备把树砍了，坟包平了，再建成一个大花园。李四光历来崇尚因地制宜，他看到后连忙阻止，说："别砍，这古树长得挺好的，那个包上堆点石头不就变成假山了？"柏树因此得以保留，等假山堆好，中间还修了个漂亮的喷水池。到了"文革"，李四光拿着锤子，想把喷水池周围高低错落的石头全给砸掉，他边敲还边说："这些都是资产阶级的生活方式。"不过那时他年事已高，没那么大力气，起手砸了几块，旁边人也就跟着把那圈石头全给砸了。待砸完后，李四光又担心石块废墟会绊倒人，安排将周边用水泥再抹平一遍，一眼瞅去，显着那两棵古柏树越发孤零零的。

李四光自从搬到新家，除去工作和开会，基本上都深居简出，只有张奚若、周鲠生等人来家坐坐，这些都是他从同盟会成立起就相识的老朋友。同为中国科学院的领导搭档与同事，李四光去郭沫

下车准备开会的李四光

若的家中拜访过，但记忆中郭老没有来过紫竹院。

最早李四光的专车是辆苏联造吉姆车，车门特别大，后来国务院机关事务管理局给安排了一辆红旗高级轿车。从20世纪60年代开始，国产红旗车技术日臻完善，通常被指定为副部长以上首长专车和外事礼宾车。当年“坐红旗车”与“见毛主席”“住钓鱼台”一起，被视为中国政府给予外国来访者的最高礼遇。

如今的爷爷奶奶接送孩子们上下学都是寻常事。我上小学时，爷爷一有空闲也很想去接送，但我坚决不肯，我说：“您这么做大家会笑话我，本来我和同学们之间都有距离感了，不能再雪上加霜。”爷爷听了只能让步，他说：“那我就算是去散步。”然后不远不近地跟在我身后。走到中途，快到学校，我扭头说：“您赶紧回吧，可别让同学们瞧见。”

血脉亲情我当然很理解，但当年如果爷爷坚持要送我上学，就会整出比较大的动静，因为自回国开始，组织上给李四光安排了6名警卫，除了负责安保的警卫、管扫地的老邓、管买菜的老马，还有司机高师傅。这些警卫平常穿蓝色制服，外人不怎么看得出。我最担心的就是同学们如果看到这幅场景，那就更是有话要说我了。

紫竹院离城区有点远，买菜得去东华门，厨房孙师傅是地质部派来专做西餐的，爷爷在国外待了那么多年，中央领导特意有此安排，认为李四光应该是吃惯了西餐。但实际上李四光经常吃中餐，他也比较喜欢吃面包，有时还把面包当主食。如今的面包店很多都喜欢加酵母，但当时没有卖干酵母的，所以孙师傅定点会到啤酒厂去弄点啤酒花回来。啤酒花发酵培养酵母种子其实挺费事，有时要花好几天的时间。多年后我在网上看见，有一家据说是用啤酒花做面包的店，就去买了，我比较喜欢吃那种口味的面包，松软的啤酒花面包散发着独特的酒香气，那种酸酸甜甜的口味，是我儿时记忆的一种味道。

孙师傅除了会做西餐，各式点心也很拿手。因为家里有专门做菜的厨师，饮食方面奶奶和我相对比较随意，遇到饭菜合口就饱餐一顿，要是不对口味就懒得动筷子。但爷爷却极有规律，他对饭菜没有太多讲究,饮食定量,从不暴饮暴食。有时爷爷想吃老家的糍粑，油炸过后又软又泡，味道还不错，但吃多了又容易涨肚子。孙师傅还经常烧那种湖北鱼丸，里面没刺，也便于消化。

负责给爷爷提供服务的警卫们都由政务院（国务院）安排，家里的保姆宋阿姨是地质部的正式职工，她不但忠厚而且心灵手巧，据说用手缝针一天就能缝出一身衣服来。奶奶总夸她能干，大家相处得非常融洽。到了 1960 年，台海局势又变得紧张起来，北京的一些监狱接到通知，必须尽快搬到青海。宋阿姨的丈夫在清河监狱当狱警，宋阿姨觉得青海条件比较艰苦，她流着眼泪和奶奶说，她不想跟过去。奶奶就劝她，说小夫妻肯定不能分开，时间一长感情会受影响，婚姻容易出毛病。宋阿姨虽然心里老大的不情愿，最终哭哭啼啼还是跟着丈夫走了。

家里就这样没了保姆，考虑到实际情况，爷爷觉得最好有个女性服务人员陪着奶奶，这样生活也会方便些。但那时领导家找保姆也非易事，首先要通过政审等各种烦琐手续，所以老半天也没寻着特别中意的。

奶奶总觉得南方女性做事利索，而且爱干净，她忽然想起在杭州疗养时，外交部副部长仲曦东家那位姓胡的南京保姆，和爷爷的警卫谈恋爱并结了婚，等我们家回到北京，他们小两口实际上就两地分居了。奶奶就去和爷爷商量，说小胡人靠谱，做事也麻利，如果到了北京他们小夫妻团聚，这也算是成人之美。爷爷一听这主意不错，就让秘书到南京去办外调。秘书回来后，觉得小胡脾气比较大，未必适合当保姆。奶奶就帮小胡说话，她觉着是因为小夫妻分居久了，而且小胡生孩子时当兵的丈夫都没陪在身边，难免心里会不高兴。奶奶说："给她弄北京来就好了。"

当时小胡也有条件可转为地质部的正式职工，但爷爷总觉得自己身边的服务人员已经不少，而且小胡的工作主要是照顾奶奶的生活，所以尽量不给国家增添负担，权当是自家请的保姆。由于编制问题没解决，所以小胡一直没能享受公费医疗等各种待遇，这多少也成了个遗憾。小胡阿姨现在都八十多岁了，依旧住在李四光故居前的那间小屋里。

小胡阿姨来我们家时，厨房外面有 3 个大水池子，专门供洗衣服时用。因为水池有点高，小胡阿姨身高一米五多点，爷爷就问小胡：你个子这么矮，水池怕有点够不着吧？小胡说没事，脚下垫个小板凳就成。爷爷担心说：那也不安全啊！回头他就让人用木头做了个大脚踏，十分结实，爷爷还专门上去踩了试试，看是否稳当、高度是否合适。那个脚踏小胡阿姨后来一直用了很多年。

组织上安排的 6 名警卫，平时都在地质力学研究所的食堂吃饭。那时当兵每个月的津贴是 6 块钱，即便都贴补到伙食里，也吃不着太多东西，大家因此难免抱怨，觉得离开了连队，生活诸多不易。李四光了解到这些，他对警卫们说："你们都还这么年轻，每天营养跟不上，对身体也不好，那这样吧，我给你们想想办法。"他当即安排搭了个能生火做饭的小房子，位置就在住宅规划的地皮内。此外他还特意去和连队的领导商量，如何解决警卫们的实际困难。最终的处理办法是，小伙子们回连队把个人份额内的油、米、菜和肉全领回来，在小厨房里自己生火做饭，这样不仅节约了食堂用餐的费用，基本营养也能得到保证，每月紧巴巴的津贴多少还能结余一点，留着寄信或贴补家用。

李四光去世后，1971 年底警卫班撤走，小胡阿姨的丈夫去海淀区的一个公社当了武装部长。2014 年纪念馆扩建装修，地质力学研究所也盖了新的实验楼。但由于历史原因，力学所的进出门都得经过家属宿舍，这样多少有些不便。所长来找我商量，问李四光旧居可否让出一些地方，作为两家单位的一个共同出口。我同意把故居南门的位置向后退了 600 平方米，原来警卫班做饭的地方改作了传达室，本身这也是有利于工作的事。但因为故居这一片属于北京市近现代文物保护单位，按照规定里面所有物品只可修缮，既不能拆除也不能加盖，结果还没整出多大动静就被人举报了，说是有人在故居院内加盖建筑物。我们赶紧拿出当年的原图送交市建委，所幸那个小伙房的位置上千真万确有个建筑物的标志，足以证明我们只是做些修理而没有进行任何结构上的破坏。相关部门最终也接受了我们的解释，纪念馆的建筑分布就成了现在的格局。

爷爷、奶奶和警卫班的战士们

6 两代独生女

纪念馆的墙壁上悬挂着李四光夫妇当年的新婚合影，总有参观者好奇地问："这是李四光的第几任太太啊？"这时我必定会用十分自豪的语气告诉他们："这是李四光的第一任夫人，也是他自始至终唯一的夫人。"

古往今来，中国的传统家庭历来讲究开枝散叶，光宗耀祖，到了20世纪六七十年代，"人多力量大""多生孩子多光荣"的社会风气更是盛行一时，然而李四光和许淑彬夫妇膝下只有独生女李林，而邹承鲁和李林又单单生了我这么一个女儿，这也就是为什么当年周总理在杭州抱着我时，不禁有感而发的原因。

李四光当年从英国回到北大教书，其间与许淑彬相识相恋，婚后有了爱情结晶，也就是我的母亲李林。后来许淑彬又怀了个男胎，到了七个月因为搬箱子而不幸流产。不久许淑彬再次怀孕，等足月时却没法顺产，送到教会医院，医生告知腹中胎儿已无生命迹象，再不赶紧处理，大人也有性命之虞。令人痛心的是许淑彬在这次手术中身体受了损伤，再也无法生育。

我的太祖母，也就是李四光的母亲在湖北听闻此事，心中自然不悦，想着自己这么一个优秀的儿子，怎么可能无后呢？她就去和李四光商量，要不再娶一房，也好传宗接代。自幼接受新式教育观点长大的许淑彬听闻后十分震惊。李四光当即抚慰妻子，说："你尽管放心，我怎么可能做这样的事情呢！"

李四光幼读旧式私塾，十四岁起留学日本，当时的日本正推行明治维新，举国宣扬各种西洋的教育方式，这对李四光的思想意识也产生了较大影响，之后他又远赴英国伯明翰大学攻读硕士学位，因此在他人生观、世界观形成的重要时期，更多是汲取了英伦三岛的绅士理念，对女性历来十分尊重。

面对老家的威逼压力，李四光适时宽慰着老母亲，同时也明确表达了自己的意愿，他说："娶小老婆是旧社会遗留下来的陋习，男女结婚组成家庭需有感情基础，生育孩子也并非唯一目的，母亲如果执意令儿子再娶，不仅对女方不公，即便对儿子本身而言，那也是极不公之事，断不可为。"太祖母最终被说服，同意道："那就一个女儿吧。"

李四光的父亲在家开设了私塾，除去家中男孩，按理李四光的两个妹妹也应得到受教育的机会，然而由于重男轻女旧思想的作祟，大妹李希白从小被卖到别人家做童养媳，小妹希贤出生后四个月也被送去远房的赵姓亲戚家。旧社会这种对女性极度歧视的恶习激起了李四光的无比愤懑，当他日本留学归来，头一件事就用积攒的费用为大妹赎身，同时供养两个妹妹一起上学，只不过当时经费有限，小妹赵希贤上的是教会学校。

在妹妹们的成长过程中，李四光一直鼓励她们要自强自立，长大后不要依附于男人生活。当时湖北有位参加过辛亥革命的参事，也是李四光知根知底的好友。参事在太太去世后，娶了李四光的大妹李希白为妻，李希白最终活了 108 岁，也算寿终正寝。小妹赵希贤毕业后当了小学老师，后在中学进修时与梅姓校长结为夫妇。通过李四光介绍，小妹夫妻俩同赴法国留学，赵希贤归国后曾在重庆大学任职。

李四光和小妹赵希贤及妹夫在一起

在日常家庭生活中，李四光一直提倡女性应得到最大程度的尊重，这种观念的形成还要追溯到他的童年经历。小时候在湖北乡下，李四光经常看到男人醉酒后打老婆，他觉得这实在是无法容忍的人间悲剧，因此发誓此生滴酒不沾，常年饮食半素，生活极其简朴，但同时他又希望能在自己的能力范围内，努力为家庭成员创造最好的生活条件。

我的父亲邹承鲁和母亲李林在英国剑桥相恋结婚，后双双回国。1952 年下半年李林怀孕，那时夫妻俩差不多都近三十而立，很想要个孩子，双方家长也在不断催促，还特地把保姆郭妈从湖北接到了上海。此前李林曾怀孕过一次，因忙于博士论文做了人工流产。或许是因为工作紧张，这次李林怀孕四个月时又出现了先兆流产的症状，只得遵医嘱静卧在家。当时家里有郭妈照料，邹承鲁每天忙于研究，闲不住的李林过了静养期后便去单位上班，那天正好赶上是劳动日，她自告奋勇去搬铁锭，结果当晚就住进了医院。三天后，经过一番折腾，命大的我总算降临到了这个世界。

我的出生给年轻的父母亲带来了许多快乐，但同时也彻底改变了他们原先的工作与生活习惯。为避免郭妈劳累，小夫妻俩决定晚上自己来带小孩，但我总是哭闹不已，他们又根本无法照应得过来，最后还是交由郭妈全权负责。等我长到六个月，父母带着我去北京，一上火车我就哭闹不停，平时在家也缺乏照看经验的小夫妻俩顿时乱了手脚，一个说要换尿布，一个说要喂奶，结果是火车开一路，两人忙一路，我也啼哭了一路。后来李林回想起这事，还开玩笑说，没准当时的同车乘客都在怀疑这孩子是不是偷来的。

母亲李林在生我时子宫患了炎症，找过医生也没彻底治好，之后好几年内都没再怀孕。回北京后单位组织体检，她就到北京协和

1953 年，上海岳阳路 320 号大院，母亲李林和我

医院请林巧稚主任帮忙看一下。林巧稚仔细检查后，认为不过是简单的炎症导致所谓的输卵管不通，只需做个很小的手术，就可以重新恢复生育功能。李林听了有些犹豫，她认真想了想，说："我都三十多岁了，算了，还是不生了吧。"

后来有人猜测，说李林没有再生育是因为接触了放射性原料，也有人说是因为她工作繁忙，但其实这都不是主要原因。单纯地说，就是因为李林觉得很麻烦，而且从小她就害怕和医院打交道，有那么一点讳疾忌医的意思，加之她当时身为实验室主任，也确实肩负着比较重的担子，这也就是为什么我们家是两代独生女的真实原因。

7 由仲揆到四光

由凌子风导演、孙道临主演的电影《李四光》于 1979 年正式开拍，里面很多镜头都在如今的纪念馆里拍摄而成。影片的开头，李四光案头伏笔，配着许淑彬弹奏钢琴的背景，画外音是老两口的深情对白：“仲揆，你还记得你过去说过的话吗？你说过，六十岁以后就不搞研究了，跟我一块儿好好过日子……”

那时我已长大，电影还没拍完我就出国了。电影后来我也看过一回，只是有点纳闷，这台词似乎不像是出自我爷爷李四光之口，一位毕生把搞科学看得比生命还要重要的人，怎么会轻言放弃呢？无非是想方设法平衡好这两者间的关系罢了。不过，日常生活中奶奶一直称呼爷爷为“仲揆”，这些细节绝对符合事实。过去的人通常不会直呼对方的名字，几乎所有和爷爷接触的人都称他为“仲揆”，如今人们耳熟能详的李四光，这其中改名的缘由还颇具有些传奇色彩。

1889 年 10 月 26 日，李仲揆出生于湖北黄冈，蒙古族，祖父库里精通汉语，因家境贫寒，祖母带着儿子李卓侯沿途乞讨，最后流落到湖北黄冈县回龙山的破庙里安身。当时还是科举时代，太外公李卓侯白天砍柴度日，晚上刻苦读书，后与当地汉族女子龚氏结婚，二十三岁那年李卓侯考中秀才，一时名声大振，随后他找个破庙办起了私塾，十里八乡的村民都把孩子送过来识字读书。

湖北黄冈，李四光幼年生活过的老房子

太外公李卓侯育有四男两女，次子就是我的爷爷李仲揆。当时全家靠着太外公教书攒下的几亩薄地为生，太外婆纺纱织布，贴补家用。李卓侯教书崇尚西学，门生众多。后人李士琦在《先考士略》中曾记载：李卓侯不喜教习那些如何升官发财的文章，尤其厌恶八股文，每天只潜心研究诗文古词，私塾里一时生徒门庭若市。李卓侯上课时神态逼真，有时讲到兴头上更是手舞足蹈，学生们也都欢欣鼓舞，如沐春风。如此新颖的教学方式效果甚好，学生中后来成为举人秀才者也不乏其人，如黄州人朱子云等。著名的林氏三兄弟林育英、林育南和林育蓉，幼年时都曾师从太外公，其中的林育蓉就是后来大名鼎鼎的林彪。

李卓侯生性耿直，不畏强权，一身正气，疾恶如仇，他不仅好为乡亲们打抱不平，而且和黄冈革命党人来往密切，并为日知会会员吴贡三编写的反清手册《孔孟心肝》润色过文字。1906 年萍（乡）浏（阳）醴（陵）起义失败，吴贡三被捕，李卓侯受牵连，幸亏有乡亲们及时通风报信，逃往南京一年之多，后回乡继续教书，直至 1922 年去世。

童年的困苦给李仲揆留下了深刻印象，多年后他这样回忆道："每次想起父母亲的从前，浑身僵坐而一言不能发，周围人吃惊不知缘由，我总把话题岔开，实在不愿多提及伤心之往事。"懂事的李仲揆很小就帮着母亲分担各种家务，砍柴、挑水、舂米、推磨样样都会，白羊山是家乡附近最高的山头，他经常天蒙蒙亮就爬起床，和伙伴们一起上山砍柴。

李仲揆在艰难的岁月中逐渐长大，他从小最喜欢听祖父库里讲故事，上至天文，下到地理，病榻上的祖父给他讲人世间的各种奇闻逸事，尤其是“太平军出兵黄州，纵火焚烧清军营寨”等，李仲揆听了很喜欢，他不仅牢记心中，还经常绘声绘色地讲给其他的小伙伴们听。

因为家里开了私塾，除去日常杂事外，李仲揆每天早饭前习诵书文，饭后听课，练习毛笔字，写诗作文，晚间还要挑灯夜读。酷爱动脑筋的李仲揆，遇到不明白的问题总要打破砂锅问到底，直到有了满意答案为止。

李四光的父亲和母亲

聪明灵巧的李仲揆，各种农活都学得很快。他还喜欢自己动手做些小玩具，因为听父亲说过，甲午海战中国海军的战舰不敌日本吃了败仗，所以有空他就摆弄着家里的刀剪锤，在门槛上制作木头小船，或者铁片小汽轮。有一年元宵节，心灵手巧的李仲揆还给弟妹们做了“跑马灯”“猴子戏秋千”等各种彩色灯笼，引得大家一片叫好。大妹李希白晚年九十高龄时，还会津津乐道起二哥童年时做的灯笼。

儿时的乡村生活，让李仲揆亲身感受到劳苦人民的艰辛不易，并和他们结下了深厚感情。在这种困境中长到十三岁的李仲揆，不仅培养出勤劳好学的品格，他善良温和的心性也得到乡邻的一致公认和好评。1902 年，清末洋务派首领张之洞在湖北开矿办厂并成立了湖北省学务处，大批中小学堂陆续兴建并逐渐扩大规模，“湖北省，二百堂，武汉学生五千强”，省城办学的消息传到了黄冈，李仲揆萌生了去武汉读书的念头。

李仲揆的想法得到了家人支持，他身穿母亲用嫁衣改成的棉袄，手拿父母从乡亲们那里借来的盘缠，到省城报考武昌高等小学堂。武昌城守备衙门内，湖北省学务处气势森严，李仲揆在填表时心里一紧张，错把姓名栏看作年龄，直接写了个“十四”，因为从前的农村计算年龄都按照虚岁。报名表每张要花一个铜板去购买，李仲揆想着为了这次考试，仅有的一点盘缠都靠父母去借来，哪里还有多余的闲钱，无奈之际他灵机一动，提笔把“十”字添了几笔改成“李”，又觉得“李四”也难登大雅之堂，犯愁之际，抬头忽见中堂悬挂的那块“光被四表”的匾额，索性又在后面加了个“光”字，想着四面光明，这名字的寓意也很不错。自此，“李四光”就成了伴随爷爷一生的正式学名。

8 留学东瀛

武昌城内当时共设有东、南、西、北、中五所高等小学堂，每校各招收 100 名学生。李四光的投考成绩虽名列第一，但主考官见他身世清贫，又无靠山，打心眼里不是很想录取，幸好当时学校有位老师当过李卓侯的学生，在一旁帮着说情，李四光最后总算被留下，进入了西路高等小学堂。学堂开设有修身、读经、中文、算术、历史、地理、格致（声光电等自然科学）、体操等课程，学制四年，学费和伙食费全免，服装和用品也由学堂供给，此外每月还发放七两银子。

按照规定，高等小学堂每月举行考试，成绩优异者可官费送到英、美、法、德或者日本留学。李四光刻苦学习，尤其对西方科技知识的内容格外感兴趣，进校三个月后每次考试成绩都名列榜首，但校方并未按照规定送他出国留学。李四光一气之下离开了学校，又被校方抓回去，要求他赔偿三个月的学膳费和二十一两银子。李四光据理力争，他质问校方：为什么自己月考头名却无法获得出国留学的机会？校方理屈词穷，只得答应李四光再学习一个月后送他出国。1904 年 7 月，李四光终于获得选派名额，去往日本留学。那年湖北省官费留日学生总共九十人，高等小学堂的学生，东、南、西、北、中每校各取一名。

即将远渡重洋，李四光回到家乡向父母辞行，由于官方所发旅费有限，他只能买张统舱船票，再带些简便行李。天气炎热，统舱票的乘客白天挤在船底，个个汗流浃背，到了晚上再去甲板上睡觉，又被冻得瑟瑟发抖。离开家乡前，乡亲们盛情饯行，特意为他烧了只甲鱼。李四光平时哪里吃过这样的大荤，加之海上航行冷热交加，轮船驶出上海吴淞口，再穿越东海，经过日本长崎、神户，抵达横滨后，李四光腹泻不止，身上又无余钱，幸好身边中国同学去借了些钱，将他送到医院去看病。因为得的是痃疾，日本当局认为是传染病，李四光被强行送到医院隔离了一段时间。出院前，医生再三叮嘱以后要切忌食荤，自此李四光几乎吃了一辈子的素，最多只能吃一点蛋和鱼。所以后来也有人开玩笑，说李四光只能吃些不会叫的东西。

因为当时落下了病根，回国后的李四光总喜欢吃面，许淑彬担心他的营养跟不上，有一次就偷偷往素面里加了点鸡汤。李四光吃完面，什么话也没说。第二天继续吃面，许淑彬又加了点，李四光还是没吱声。奶奶很高兴，她悄悄对我说："平平你看，你爷爷也不是真的不能吃荤嘛。"第三天还吃面，心里偷着乐的奶奶手一抖，鸡汤稍微多倒了点，结果那天吃完面条爷爷就开始腹泻了。

身体痊愈后，李四光按照规定进入了弘文学院的普通科。这所弘文学院由日本著名教育家嘉纳治五郎先生于 1896 年创校，到 1909 年停办，共接收了近千名中国留学生，客观上为中日文化交流做出了一定的贡献。1902—1904 年期间，鲁迅先生也曾在该校文学院学习过。

《弘文学院章程》第一条规定：为清国学生教授日语及普通教育，以期培养成才。学校的办学方针本意是维护清政府的利益，这所补习性质的学校成为很多留学生日后升学的过渡桥梁，也为部分只想快速获得毕业证书者提供了基本的寄宿和学习条件。当时中国留学生来日本普遍怀有两种动机：一为救国，以期学成归国后振兴教育和实业；另一种只想早点毕业，获取回国升官发财的敲门砖。留学生们心态各异，专心向学者有之，关心改革从事各种活动者也不少，当然也不乏那些整日游玩和胡闹的小混混。

李四光的留学目标非常明确，他要在弘文学院认真学好日语和初等数理化，为日后升学打下扎实基础。按清政府学部规定，三年留学期间，李四光每月可领到一定数目的官费，这笔费用扣除学费和膳宿费后所剩无几，为了照顾家中生活，负担弟妹们的上学费用，李四光平时尽量省吃俭用，他经常把生米放进暖瓶，灌进开水放上一夜，泡成粥后填饱肚子，平日里咸菜下饭更是家常便饭。生活虽然艰苦，但比起吃学校食堂或者到房东家包伙，还是能省下不少钱。

1907 年 7 月，李四光在弘文学院顺利毕业，考入大阪高等工业学校。这所于 1899 年开办的学校，设有机械、应用化学、窑业、酿造、采矿冶金、造船、舶用机关和电气八个学科，修学年限为三年。由于期待进入高等专门学校继续深造的考生众多，大阪高等工业学校每年只接收十名中国留学生。李四光从小立志强国学习造船，他选择了舶用机关学科，一年级新生共计十九人，李四光是唯一的外国留学生。

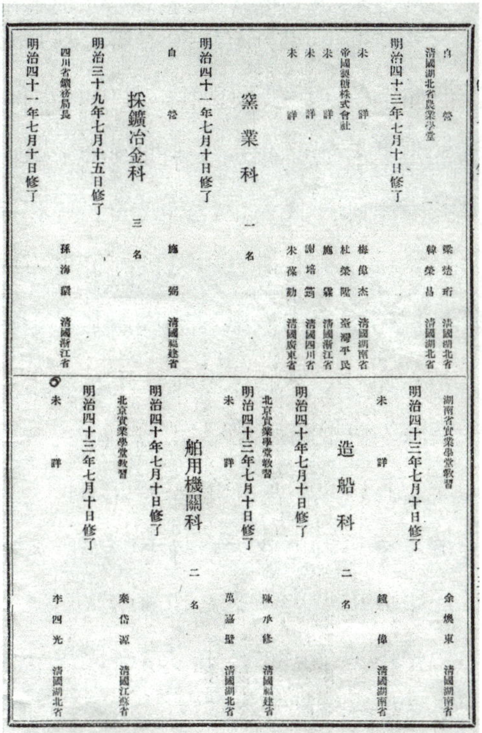
自　營　梁煥珩　清國湖北省
清國湖北省農業學堂　韓榮昌　清國湖北省
明治四十三年七月十日修了
未　詳　梅偉杰　清國湖南省
帝國製糖株式會社　杜榮陞　臺灣平民
未　詳　施　霖　清國浙江省
未　詳　謝培篤　清國四川省
未　詳　朱葆勳　清國廣東省
窯業科　一名
明治四十一年七月十日修了
自　營　施　錫　清國福建省
採鑛冶金科　三名
明治三十九年七月十五日修了
四川省鑛務局長　孫海嶽　清國浙江省
明治四十一年七月十日修了

湖南省實業學堂教習　余煥東　清國湖南省
明治四十三年七月十日修了
未　詳　鍾　偉　清國湖南省
造船科　二名
明治四十年七月十日修了
北京實業學堂教習　陳承修　清國福建省
明治四十三年七月十日修了
未　詳　萬嘉璧　清國湖北省
船用機關科　二名
明治四十年七月十日修了
北京實業學堂教習　秦佁源　清國江蘇省
明治四十三年七月十日修了
未　詳　李四光　清國湖北省

李四光被大阪高等工业学校录取的记录

大阪高等工业学校的课程十分繁重，第一学年有数学、物理、无机化学、力学及材料强弱论、舶用机关、制图、实修和英语，第二年又增加了冶金学和造船学，第三年还要学习电气工学、水力学、工业经济、工厂建筑法和簿记，每周学时多达 40 小时。李四光在弘文学院着重补习了日文，但他的理科基础相对薄弱，因此把主要精力集中到几门主课上，取得了不错的成绩。第一学年，物理全班第一；第三学年，实修全班第二，英语排名第四。但因为日本当局对中国留学生实行歧视，李四光的考试成绩虽名列前茅，却从未获得过奖学金。

李四光毕生著作硕果累累，家里的书籍资料众多，几排大书橱都塞得满满的。但如果留意就会发现，这其中一本日文书籍都没有。和爷爷一起生活的那些年里，我也从未询问个中缘由。当然，最主要的原因应该是我爷爷那一代人，包括我的父亲和母亲，他们从上中学到上大学，经常都是在躲避日本飞机的警报声中惊魂不定，铭心刻骨感受到那场侵略战争的残酷。抗战期间，李四光带领地质研究所东奔西走、到处搬迁，好几次避难途中差点丢了性命，因此打心底里对日本人充满了仇恨与反感。

等到我后来学习古诗词，其中的一个难题是，如何用现代汉语把唐诗读得很押韵。爷爷告诉我说，日本的很多文化都是从中国的唐代学去的，他还跟我讲了唐朝鉴真和尚六次东渡，并最终成为日本佛教律宗开山鼻祖的故事。正是由于这些渊源，很多日本人对唐诗都有所了解，尤其是张继的《枫桥夜泊》——“月落乌啼霜满天，江枫渔火对愁眠”。爷爷回忆说：在日本，很多男人晚上喜欢去居

1908 年，李四光在大阪高等工业学校就读

酒屋，喝得酩酊大醉也不晓得回家，他留学时深夜经常遇到那些发酒疯的日本男人，在空旷的大街上高声念诗，听到最多的就是《枫桥夜泊》。当然，日本人缘何会对这首唐诗如此感兴趣，原因不得而知，只奇怪这诗词的结尾用日语诵读，却十分押韵，爷爷对此印象很深刻。那天爷爷一时兴起，他还特意把这首唐诗用日语完整地为我读了一遍，虽然我从头到尾什么都没听明白，但记忆中这是爷爷唯一的一次说日语。也就是那一回，我突然意识到，我的爷爷真的曾在日本留学过七年。

9

一心向学，蔚为国用

从象鼻子沟到香山，小时候爷爷经常带着我去那里散步，也就在这条路上，我听他说起过同盟会的故事。那会儿年纪小，也没怎么完全听懂，爷爷平生也没有记日记的习惯，留下的回忆文章更是屈指可数。多年后，我读了爷爷写的那篇《追念君武先生几件小故事》，才真正了解到当年他在日本留学参加同盟会的始末。

爷爷撰文纪念的马君武先生，是中国近代获得德国工学博士第一人，广西大学的创建人和首任校长。从文中得知：李四光在日本弘文学院读书期间，以孙中山为代表的资产阶级革命派的浪潮兴盛一时，抨击清政府、弘扬革命的各种书报杂志如《湖北学生界》《新湖南》《浙江潮》《江苏》等在东京先后出版，这些与国家前途命运攸关的进步思想主张，对李四光的世界观形成产生了积极影响。因此，除去为日后升学的刻苦学习外，李四光还经常去留学生会馆，参加各种集会和演讲。

1904 年底，李四光与同在弘文学院学习的宋教仁相识，彼此交往甚密。当时正值学校放年假，日俄战争在中国的东北三省打得是血雨腥风。有一天在街上，李四光偶遇宋教仁，对方笑嘻嘻地说："来，今天我给你介绍一个朋友。"两人并肩而行，去到一座两层楼的公寓，一个六块榻榻米的小房间里，二十多岁一身西服的马君武正在整理书籍。初次见面，大家微笑点头，一起坐下烤火，吃着花生闲聊，彼此成了朋友。

之后某一天，李四光正在小饭馆吃饭，忽听有朋友低声问："孙先生已经到了，决定明天在赤坂区开会，你知道吗？"李四光点点头。朋友说："好，明天我来约你一起过去。"第二天，大家坐了很长时间的电车，来到赤坂区的一座日式房屋前。房屋分前后两大间，侧面还有一二小间，中间有个小花池子，外观上看，像是日本中上等人家的标准布置。脱掉鞋子进去，里面已坐了有二三十人。孙中山先生在左边，黄兴、宋教仁、田梓琴、居觉生、刘揆一、刘道一和曹亚伯等也在场，此外还有宫崎滔天和一位头发左分的日本人。拥挤的人群中，李四光看到了马君武。

这就是同盟会成立的第一天。大家经过讨论，一致同意将组织名称定为"中国同盟会"，纲领为：驱除鞑虏，恢复中华，创立民国，平均地权。同盟会分执行部和组织部，公推黄兴担任执行部长。接着是宣誓仪式，由孙中山先生带领会员到旁边的小房间里逐个宣誓，并填发会员证书。那年李四光刚好十六岁，宣誓结束，孙中山先生抚摸着他的头，亲切叮嘱道:“年纪这么小就参加革命，这很好，你要努力向学，蔚为国用。”就这样，李四光成了孙中山先生在日本组建同盟会第一批最年轻的创始会员。

大家的情绪都很高涨。会议结束，李四光和马君武一道出门，到小饭馆里吃饭。8 月 20 日下午，同盟会成立大会正式召开，地点设在赤坂区的一座木制洋房内，与会人员一百多人，孙中山先生现场发表了流畅透彻的演讲，他高声呼吁：“什么是革命？革命就是造反，我们反对的就是满清政府。我们现在力量还不够，革命是要靠大家一起造出来的！”

紧接着是众人发言。大家强烈控诉时有冒头的君主立宪论，说到革命更是群情激昂，大有秀才造反之势。有人问：“我们现在革命是反对满清,如果有满人要求加入同盟会,又当如何？”众人哗然，马君武站起身，直截了当地回答：“我们反对的是卖国亡国的满洲政府，如果满人中有与我们志同道合的，当然表示欢迎。”孙中山先生带领众人集体鼓掌。

会议结束，李四光和马君武一同上街，刚好遇到留学生监督李宝巽，对他们张口便是横加斥责，说：“你们小孩子不好好读书，在外面干些什么我都知道，不要再胡闹了！”两人不予理会，转身就走，李四光还和马君武开玩笑道:“要不你去邀他也来参加同盟会，好不好？”马君武听了哈哈大笑。

参加同盟会之前，李四光虽然痛恨清政府的腐败无能，迫切希望改变这种局面，但他的思想主要受康有为、梁启超变法维新的影响，认为中国缺乏的是物质文明，即所谓火车、轮船和大炮等，因此他想通过留学，以期学到西方国家的先进技术。在接受了孙中山先生的资产阶级民主革命思想后，李四光开始意识到：国家要富强，首先政治上一定要变革，必须推翻清政府，但具体的措施和办法，年轻的李四光尚未思虑明确，某种程度上他认为这些当属社会活动家们考虑的范畴，自己则要在科技强国方面做出更多的努力。孙中山先生勉励赠予的“努力向学，蔚为国用”八个大字，李四光始终牢记在心，并对他日后科技报国产生了积极深远的影响。

同盟会的成立引起了清政府的恐慌，革命党人在日本的活动受到了当局监视。1905 年日本文部省公布了《清国留学生取缔规则》，引发学生抗议，罢课归国。12 月 7 日，日本最大的报纸《朝日新闻》

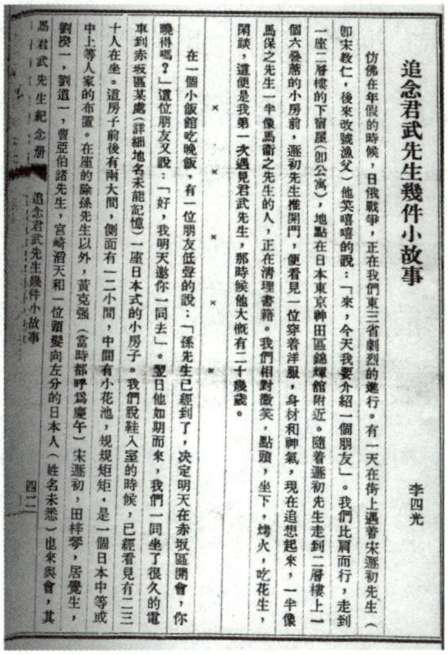
追念君武先生幾件小故事

李四光

彷彿在年假的時候，日俄戰爭，正在我們東三省劇烈的進行。有一天在街上遇着宋遯初先生（即宋教仁，後來改號漁父）他笑嘻嘻的說：「來，今天我要介紹一個朋友」。我們比肩而行，走到一座二層樓的下宿屋（即公寓），地點在日本東京神田區錦輝館附近。隨着遯初先生走到二層樓上一個六疊蓆的小房前，遯初先生推開門，便看見一位穿着洋服，身材和神氣，現在追想起來，一半像馬保之先生一半像馬衡之先生的人，正在清理書籍。我們相對微笑，點頭，坐下，烤火，吃花生，閑談，這便是我第一次遇見君武先生，那時候他大概有二十幾歲。

× × × × ×

在一個小飯館吃晚飯，有一位朋友低聲的說：「孫先生已經到了，決定明天在赤坂區開會，你曉得嗎？」這位朋友又說：「好，我明天邀你一同去」。翌日他如期而來，我們一同坐了很久的電車到赤坂區某處（詳細地名未能記憶）一座日本式的小房子。我們脫鞋入室的時候，已經看見有二三十人在坐。這房子前後有兩大間，側面有一二小間，中間有小花池，規規矩矩，是一個日本中等或中上等人家的布置。在座的除孫先生以外，黃克強（當時都呼爲慶午）宋遯初，田梓琴，居覺生，劉揆一，劉道一，曹亞伯諸先生，宮崎滔天和一位頭髮向左分的日本人（姓名未悉）也來與會，其

馬君武先生紀念册　追念君武先生幾件小故事　四二

李四光撰写的纪念文章
——《追念君武先生几件小故事》

发表文章，称："清国学生过于狭义解释省令，此亦清国人特有之放纵卑劣行为所致，他们的团结力量亦甚为薄弱。"陈天华见报后愤不欲生，为唤醒同胞自强，当日挥笔写下《绝命书》，于次日清晨投海自杀，年仅三十岁。

李四光当时正准备和其他留学生一同回国，但孙中山先生担心同盟会员如果大批归国，会有被清政府一网打尽的危险。同时，日本政府也在国内外舆论压力之下作出让步，答应留学生提出的诸多条件，其中包括承认中国留日学生会馆的合法权利等。1906 年 1 月，中国留日学生开始复课，李四光在弘文学院的学业得以继续完成。

1925 年 3 月 12 日，伟大的爱国者和民主革命先行者孙中山先生在北京与世长辞。国民政府经过慎重考虑，选拔六人为其抬棺送灵，选拔标准有三条：与孙中山有密切关系；在辛亥革命中有贡献；对当时社会发展有重大推进作用。此时已回国担任北京大学地质系教授的李四光，有幸被选为抬棺成员之一。

为纪念孙中山先生，社会各界举行了隆重公祭，4 月 2 日，李四光奉命去中央公园社稷坛（今中山堂）抬棺。中山先生的灵柩被六人抬起，大家缓步前行，最后将灵柩放至高架灵梓上，由几十辆黑白相间的马车和送灵人陪同去往西山碧云寺，李四光则从中央公园一直步送到西直门外的万牲园（今北京动物园）。目睹这一历史性场面的地质学家袁复礼后来回忆说："李四光在这些抬棺者之中，是左前方的第一位。"袁复礼当年还拍摄了照片，可惜在"文革"中抄家均已遗失。

附　李四光在 1958 年 6 月 1 日《调查同盟会员项目》上的填表内容：

一、别名：李四光

二、出生年月：1889 年 10 月 26 日（阳历）

三、性别：男

四、家庭成分：农村知识分子

五、本人出身：私塾读书，并进过湖北武昌西路高等小学堂

六、辛亥前做过哪些工作：乙巳年同盟会在日本东京成立时参加同盟会，曾任同盟会湖北省书记

七、辛亥后担任过哪些职务：民二年，在湖北任军政府实业司司长

八、其他：1913 年倒袁运动失败后，去英国留学，1918 年回国后，任北京大学教授兼地质系主任，1927—1950 年任中央研究院地质研究所所长

10 第一次辞官——年轻的实业司司长

1910年春，李四光从日本大阪高等工业学校毕业回国，一开始在上海兵工厂担任工程师，后到武昌，被派遣在武昌湖北中等工业学堂任教。其间，湖北受同盟会影响而发展起来的共进会和文学社都在不断积蓄革命力量，李四光和武汉的黄冈同乡常有往来，这年冬天，大家到楚雄楼聚会，畅谈革命时局，展望未来，李四光在纸上写下了“雄视三楚”四个大字，以此明志。1911年9月，按照《考验游学毕业生章程》规定，李四光到北京参加了辛亥第六次廷试，以81分的成绩位列张榜公布最优等，被评定为“工科进士”。

同年10月10日夜，武昌起义爆发。从北京返回的李四光被委任为湖北军政府理财部参议，他积极投身运动，组织工人运输军火，支援前线。革命的战火燃遍了大江南北，腐败的清政府被推翻，1912 年 1 月 1 日，南京临时政府宣告成立，孙中山就任临时大总统，正式改国号为“中华民国”。不久，李四光被任命为南京临时政府特派汉口建筑筹备员。

同盟会的总部由日本东京移至南京，湖北同盟会重新组织了支部，李四光担任书记。1912 年 2 月 7 日，湖北军政府同时组织实业和教育两部，都督黎元洪召集各部处军镇负责人进行投票公选，李四光得票最多，被选为实业部部长。随后，实业部根据南京临时政府内务部的指示改为实业司，李四光任司长。

湖北实业当时在国内属于发达地区，武昌起义爆发后，汉口许多官办局厂的房屋和机器受损严重。为恢复武汉商业市场，努力实现孙中山先生“务使首义之区，变为模范之市”的愿望，李四光往返于南京和武汉之间，工作十分繁忙。

由于资产阶级的软弱性和革命的不彻底性，南京临时政府仅存在了 3 个月，孙中山先生就被迫辞去临时大总统职务，革命的胜利果实被袁世凯篡取，李四光的心情十分沉重，忧国忧民之心与日俱增。1912 年 4 月 7 日，孙中山先生到武昌，湖北军政各界召开欢迎大会。4 月 12 日,李四光和牟鸿勋(近代民主革命家,辛亥首义功臣)前往探望，孙中山讲述了革命的重要性，以及平均地权和兴办实业等政策问题，会谈后大家一起合影。

新上台的统治者继续争权夺利，黎元洪开始在湖北大肆排挤革命党人。担任实业司长 1 个月，李四光本就不擅长官场的往来应酬，再加上当时的一些封建豪绅、官僚政客，摇身一变都成了“革命人

1912 年 4 月 7 日，孙中山与湖北军政界人员在都督府合影
（第三排右二为李四光）

士”,他对这种现状深为不满。1912 年 7 月,李四光以“鄂中财政奇绌，办事棘手”为由提出辞职，黎元洪表面上客气挽留，实际上已电告袁世凯予以批准。8 月 8 日，袁世凯下令：湖北实业司司长李四光呈请辞职，准免本官。

辞职后的李四光心情十分郁闷。他没想到，好不容易推翻了皇帝，却又来了个军阀当政，革命力量分崩瓦解，理想也随之落空。许多曾在总统府就过职的革命党人都不愿再为袁世凯卖命，他们恳请孙中山先生设法安排出国留学，孙中山先生以“有功民国，向学甚诚，未便淹没”为由指令列为特案，全数派遣。

李四光也听说了此消息，他思忖着，既然力量不够，造反不成，反惹一肚子秽气，如今年龄还不算太大，不如再读书十年，备一份力量。于是他当即向黎元洪提出请求，希望继续到国外留学。袁世凯见电后本不想应允，但碍于湖北是辛亥革命的首义地区，若不批准，恐对其打着的“拥护共和”之旗号不利，于是勉强批复同意，但同时指明：不得据以为例。临时稽勋局批准第二期派送的留学生共计 26 名，湖北省的 12 人中，除去李四光外，还有担任过湖北军政府秘书的王世杰。

1913 年 3 月 20 日，宋教仁在上海遇刺；3 月下旬，孙中山先生从日本回上海兴兵讨袁，轰轰烈烈的“二次革命”爆发，不久宣告失败。同年 7 月，李四光按照通知去教育部报道，领取了留学证明和出国官费，回到黄冈与家人告别，和王世杰等一同乘船，由武汉出发到上海，第二次离开祖国，踏上了科技救国的漫漫征途。

11

在英国伯明翰大学学习地质

李四光一行四人出国前，从教育部领取的官费是金条。抵达上海后，大家先住在小旅馆，李四光自告奋勇去银行兑钱，让同伴们准备其他事情。李四光把金条藏在衣袋里，银行的人见他从头到脚一身穷学生装束，无端怀疑那些金条为偷盗之物，不由分说把人扣下，提出保释才能放人。李四光只能说出旅馆其他同伴的姓名，等到最后被保出来，整个人又饿又累，而且是担惊受怕被关押了一整天。

行李准备好，兑换的钱寄一部分回家，李四光和同伴们乘坐轮船漂洋过海到了英国。当时他们四人的英文都不太好，有个英文最差的同学漫无目的地上街找厕所，最后总算在地下室找到了。他看到厕所挂的牌子上写着“gentlemen”（先生），回到旅馆后高兴地对另外三人说：我今天学会了一个单词，原来厕所叫“gentlemen”。众人哄堂大笑，这时他才搞明白，是因为英国人绅士做派，讲究所谓雅致，所以男厕外写“gentlemen”（男士），女厕都用“ladies”（女士）来标明。

伯明翰大学的爱居巴斯顿（Edgbaston）校区，被公认是英国最美的校园之一，那里湖水清澈，绿树成荫，校园中央尖顶高耸的钟塔是世界上最高的独立式钟塔，各类建筑物错落有致。李四光去中国驻英使馆留欧监督处报完到，在学校附近找了家公寓。

房东是位十分热情的英国老太太，李四光利用课余时间，与同住的丁燮林一起跟着老太太补习英语。一开始，丁燮林因为年纪比李四光小四岁，记忆力也相对较好，所以进步更快。但李四光特别用功，当时的留学生与英国人作息规律差不多，普遍晚睡晚起，李四光坚信勤能补拙，他抓紧一切时间学习，即便假日去公园，身边也少不了一堆报纸杂志和书籍，有空就坐下来，在小桥流水的树荫旁抄抄

1914 年，李四光在宿舍读书

写写，默记单词。一段时间后，李四光很快就把学英语的进度给追了上来，听、说、写这几项都做到了流畅自如。

日本留学归国后，李四光发现当时的中国没有铁矿，无法炼钢，根本造不了轮船，因此他进入伯明翰大学读本科，开始学的是采矿专业。一年之后，李四光发现，中国虽然地大物博，矿产丰富，但国家自身并不具备采矿能力，当时军阀政府偏信洋人，几乎所有的勘探和开采权都掌握在外国人手里，而我们的同胞只能沦为劳工。李四光立志要改变这种令人痛心的局面，于是他改学地质专业。因为搞采矿一定离不开地质，他期望自己学成以后能报效祖国，开发出更多的矿产宝藏。

本科期间，李四光除地质学外还兼修了物理方面的课程。当时英国政府规定：公民家庭凡有两个儿子以上的都须服兵役，因此校园里英国学生人数很少，外国留学生这才得以有学习物理的机会。李四光选修物理的真正原因是他觉得，地质学归根结底是一门定性不定量的科学，今后地质学的发展不能仅仅停留在描述性科学的层次，必须朝着精准科学的方向不断深入。为了实现这个目标，就必须引进工具，所以要学习物理学和数学。这其中他认为力学部分的内容尤为重要。由于李四光很早认识到地质学的这些短板，所以扎实学习了相关基础课程，为日后地质力学的创立打下牢固基础。

1914 年 7 月，第一次世界大战爆发。为配合战争需要，英国国内的生产机构更多转向军事，导致生活用品日益短缺，物价飞涨，连冬季取暖的煤都成了紧俏物资，夜晚停电更是家常便饭，有时连买根蜡烛都很困难。生活状况如此恶劣，部分留学生只能选择停学回国。当时英国的很多大学都是通过增收学费的方法来维持正常运营，针对这种局面，中国当局对留学生每人每月增发学费 20 英镑，但根本无济于事。英国属多矿山国家，过度征兵使得当时的劳动力十分紧缺，寒门出身的李四光除了节衣缩食，还利用假期去矿山打些零工，以贴补生活费和维持学业，也就是在矿山打工期间，李四光养成了抽烟的习惯。

1916 年，李四光英国留学期间在矿山打工

李四光在伯明翰大学的指导老师是鲍尔敦教授。经过两年系统学习，加上暑期的矿工生涯，李四光对地质学理论和实践的了解都有显著增加。1917 年 7 月，李四光通过考试，顺利获得学士学位。考试期间，李四光的小腿长了个脓疮，疼痛难耐，为抓紧时间复习，同时也为节省医疗费，他用消过毒的刮胡刀，咬牙把脓疮和周围腐肉挖掉，简单包扎后直接赶赴考场。等考完试再去医院，为他上药的医生都钦佩不已。李四光的伤腿足足养了小半年才好，而且永远留下了醒目的疤痕。

学士考试结束后，李四光利用暑期查阅了大量资料，编制出一幅中国若干地区地质情况的路线踏勘图。鲍尔敦教授看过以后非常兴奋，他认为，如果能再做些深入的工作将会十分有意义，同时他也提醒李四光：总结前人的研究成果固然重要，但更要考虑今后研究的突破点。

李四光听从了教授建议，他开始广泛收集能够入手的相关地质科学文献，摘录其中资料，经过深思熟虑，再提出中肯的评价及有价值的见解。这篇标题为《中国之地质》的论文共387页，通篇用英文撰写，李四光1918年5月提交伯明翰大学地质系并通过正式答辩，并据此获得了自然科学硕士学位。

论文“绪言”中，李四光开篇就引经据典地说明，过往地球上重大的地质过程和地球内部的物质状态，这些早就引起了中国古代思想家们的关注，如“沧海桑田”表明了地面升降的事实，而这也正是近代地质学“均衡论”的存在依据。同时，李四光还详细阐述了当今中国地质学的现状，他认为我国为数不多的一点地质知识，都是热忱的学者们在时代召唤下创造的结果，呼唤新一代的炎黄子孙要意识到自身肩负的责任，在努力发展纯科学理论的同时，学会用所学知识解决相关的工业问题。“绪言”还列举了众多西欧以及日本地质研究者的工作，以及我国知名地质学家丁文江和翁文灏的科研成就。全文分为地形、地质概况和经济地质三个部分，尤以第二部分的“地层”一章内容最为丰富，在每一地层的叙述后附有详细的化石表、化石出现成因及地点，这些都表现了李四光对地层学的重视以及他潜心研究调查取得的结果。

导师鲍尔敦建议李四光继续专业研究，待取得博士学位后再回国不迟。但此时李四光已有了归国打算，为积累更多英国矿山的实地知识，他又到英国东部的康维尔锡矿工作了一段时间。

1920 年初，李四光来到法国巴黎。第一次世界大战后，欧洲的局势动荡起伏。2 月 28 日，李四光应邀在巴黎勤工俭学会上作了题为《现代繁华与炭》的演讲，他开门见山谈及对事物认识应持有的科学态度，表示“人云亦云”只会成为人类进步的最大阻因，遇到新的现象和学说一定要分析研究。李四光认为：只要掌握逻辑思维，再纷繁复杂的世界和天经地义的学说都能搞清楚究竟怎么回事，他用了“心只管细，胆只管大”这八个字，表明真正讲学的精神可用一句话来概括，那就是“为真理而奋斗”。难能可贵的是，在这篇百年前的演讲中，李四光特别提到了要发展新能源，其中就包括原子能、太阳能、潮汐能和地热能。

随后，李四光去欧洲中南部最高的阿尔卑斯山考察，美丽的冰川地形给他留下了深刻印象，他登上主峰勃朗峰并拍摄了大量冰川照片。柏林考察期间，李四光经介绍加入了德国地质学会，其间接到导师鲍尔敦来电，推荐他转聘印度的矿山担任工程师。虽然去印度工作的薪水较高，对自己弟妹的日后升学也很有帮助，但为了实现科技救国的宏大抱负，李四光最终婉转谢绝了导师的好意。

12

中国第一首小提琴曲——《行路难》

李四光学习的是工科，但他对文学和音乐一直抱有浓厚兴趣。1915 年，李四光由采矿系转入地质系，他与同系的威尔士教授来往密切，并利用课余时间学会了拉小提琴，有时在威尔士教授的家里，李四光还会即兴演奏一段。

1919 年，正值国内军阀混战，留英七年的李四光即将返回苦难深重的祖国。巴黎滞留期间，他在随身携带的一张五线谱稿纸上写下了几句乐曲，共 5 行 19 小节，并将自己的英文名（J.S.Lee），以及创作时间（22 日）和地点（巴黎）都附在上面。第二年，李四光又在五线谱的背面以“行路难”为题，写下一首完整的小提琴曲，同时在稿纸的右上角署名“仲揆”，曲谱的右边留有“千九百二十年正月作于巴黎”的字样。

回国后，李四光把乐谱交给了音乐家萧友梅教授并请代为指正，从此乐谱一直保存在萧教授处。1940 年，萧友梅教授去世，李四光也从未和家人提及此事。直到 1990 年 3 月，上海音乐学院陈聆群教授为了编纂《萧友梅文集》，专程去北京探望萧教授的侄女萧淑娴，那时才被告知：多年前李四光曾作过一曲，可在二叔（即萧友梅）的遗物中找寻。陈聆群回上海后，果然在一包文稿中发现了此物，五线谱的眉端工工整整地写着曲名：《行路难》（1920 年作于巴黎），作者：仲揆。

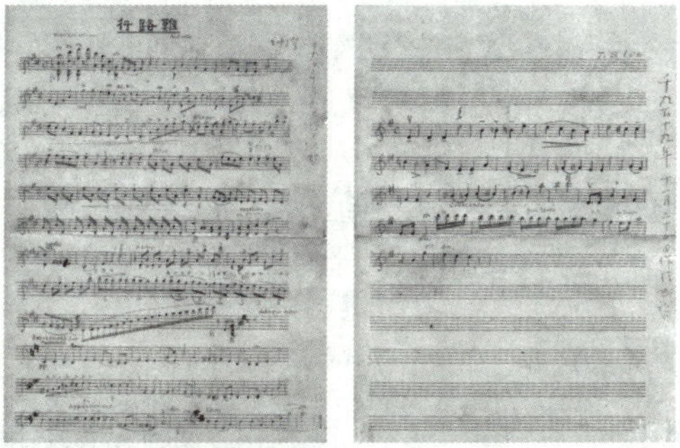

李四光谱写的小提琴曲《行路难》手稿

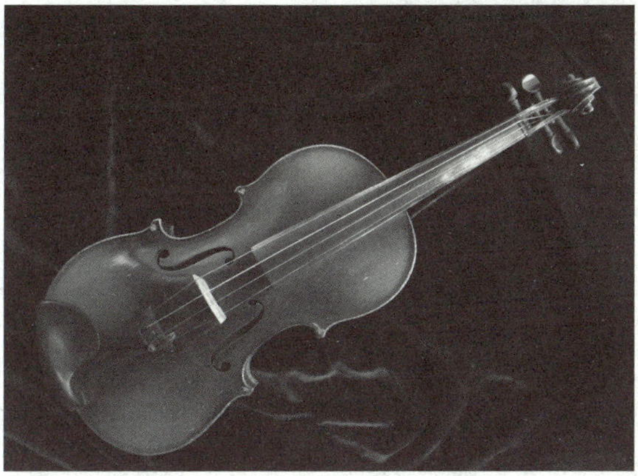

李四光在英国旧货摊上购买的小提琴

当年李四光为抒发内心苦闷所作的这首《行路难》，如今已被证实为中国有史以来的第一首小提琴独奏曲。此事见诸报端，李四光的多才多艺令人赞叹不已。

我小时候学过一点小提琴，后因频繁转学而被迫放弃。我有个表姐，也就是舅爷爷许坤的孙女，因和我年纪相仿，所以常来我家玩。有一天表姐说："我们把小提琴找出来吧，让姑爷爷拉一曲给我们听。"那天李四光其实要去开会，他看看手表，好像还有点时间，就站在走廊上对我们说："好吧，你们去把琴给我拿来。"

爷爷当真是很久没有拉过琴了，但为了让我们开心，他是又擦松香又要调音，我和表姐还在一旁不停催促，说："爷爷你快一点啊，我们都等不及了！"忙活半天的爷爷最后把琴一丢，说："这个音还没调好，今天不行了，我要去开会。"说完赶紧就出了门。

按照我的理解，但凡在小提琴方面有点基础的，基本都能从调音简单看出一个人的演奏水平。我就记得爷爷当时拉得那个吱哇乱叫啊，音色一点都不圆润，他那把小提琴是从英国旧货市场上买来的，风雨颠簸这些年后更是破得不行，因此我脑海里很早就留下了"爷爷的小提琴拉得不咋地"这么个印象。

直到三年前，在朋友的建议下我去了上海，目睹了传说中的乐谱手稿。爷爷的字我当然认识，千真万确是他老人家的亲笔。上海音乐学院作曲系陈钢教授曾捧着《行路难》手稿仔细端详，发现全曲有头有尾，层次清晰，中间还有转调。陈钢教授告诉我："这首小提琴曲一看就是没学过作曲的人写的，但是写曲的人自己本身会拉小提琴。"如此说来，倒与李四光的实际情况十分相符。

这首小提琴曲的五线谱原稿现藏于上海音乐学院图书馆。尘封了大半个世纪的《行路难》，在北京大学百年校庆的纪念晚会上首次公开演奏。如今，《行路难》的曲调每天在李四光纪念馆的长廊上低沉盘旋，它仿佛失群的孤雁正发出凄切的呜咽，茫茫迷途中苦苦寻觅着归乡之路。这般意境也与陈钢教授的评论不谋而合：最可贵的是乐曲立意深邃——行路难，这真是中国知识分子苦难历程的真切概括。

2001 年 2 月 16 日，在人民大会堂举办的“科学在中国”文艺晚会上，我国著名杂交水稻育种专家袁隆平院士表演的小提琴独奏曲目，恰恰就是李四光当年谱曲的那首《行路难》。面对记者提问，袁老谦虚地表示：“我拉得不好，但我喜欢古典的小提琴曲，它能把你带到一个很舒服很美好的境界。这首曲子是科学家李四光的作品，科研的艰辛、科学精神的内涵，只有身在其中的人感触最深，我理解这种艰辛。”

袁隆平院士不久前离世，令人惋惜不已。无论如何，当年李四光忧国忧民的归途中写下的这首《行路难》，冥冥中应该是得到了一份惺惺相惜的共鸣。

上海音乐学院在纪念李四光诞辰 130 周年全国巡展上演奏小提琴曲《行路难》

13

受聘归国

20世纪初，中国开始创办自己的地质事业。1910年，京师大学堂（北京大学前身）开办分科大学，分经科、法政科、文科、格致科、农科、工科和商科共七科，设十三学门。其中工科下设采冶门，格致科下设地质门。辛亥革命后，南京临时政府实业部矿物司下设地质科，后迁至北京，实业部划分为农林和工商两部，章鸿钊任农林部技正，工商部地质科长由丁文江担任。

丁文江，江苏泰兴人，1911年毕业于英国格拉斯哥大学，中国地质学的先驱者之一。1913年，作为北洋政府工商部下属的中国第一个培养地质专门人才的地质研究所创立，丁文江兼任所长，之后农林、工商两部合并为农商部，此时翁文灏从比利时留学归国，受聘任教。1916年成立了农商部地质调查所，丁文江任所长，章鸿钊和翁文灏分别担任地质和矿产股长。自此，中国地质学开始了较为系统的地质调查工作。

1918 年第一次世界大战结束，德国宣告投降。1919 年初，英、法、日、美等国召开对德合约的巴黎和会上，中国受到了列强的不公正待遇，为此，北京爆发了反对帝国主义、反对北洋政府的“五四”运动。运动的浩大声势传到海外，当时正在德国和法国考察的李四光很受震动。6 月 28 日，各战胜国在巴黎著名的凡尔赛宫镜厅签订了著名的《凡尔赛和约》，由于大会决定将战前德国在山东的特权全部转交给日本，严重损害了中国的利益，北洋政府代表拒绝在合约上签字。

就在这次和会期间，随梁启超到欧洲考察并兼任中国和会代表团顾问的丁文江，了解到李四光在英国学习地质的情况后，特约相见，丁强调了当时国内正着力培养地质力量的紧迫性，并诚挚邀请李四光回国到北大任教。此后，丁文江又委托丁燮林和赴英国的四弟丁文渊，与李四光再次商谈此事。

丁文江的这次邀约并非临时起意。当时北大地质系的教育质量实在不敢恭维，有初期毕业生到农商部地质调查所求职，丁所长亲自考核后，对其表现大为不满，带着成绩单直接去找胡适，并发表了自己的意见：“北大地质系是我国地质调查青年人才的重要来源，我搞了个非常简单的考试，只让他们分辨十种岩石种类，结果竟无一人及格，甚至有人还交了白卷。”胡适一看，果然成绩表上不少零分。丁文江继续直抒胸臆：“我想先与你商量，然后请校长蔡元培先生本人看看，北大的地质系办得糟糕到了怎样的地步。”

蔡元培先生从法国留学归来，1917 年 1 月起担任北京大学校长。为改变学校封建官僚气氛浓厚、制度混乱和学术空气薄弱等乱象，他对原有教学管理体制进行了大力整改。各科成立教授会，加强文理两科，恢复了地质系，同时将科以下各门一律改为系，此外，文科还聘请了陈独秀、李大钊等新文化运动的倡导者来校就职。

听到丁文江和胡适的直言陈述，蔡元培非但没有生气，反而虚心请教如何整顿改良，才能提高地质系的教学质量及学生专业知识水平。他更希望可以放眼四海，广纳贤才，因此委托胡适等对海外相关人员进行广泛了解，以期聘至北大，教书育人。

其后，有陶孟和（浙江人，社会学家）从欧洲致信胡适说："此间学生，有专门地质者李四光，曾在伯明翰充助教，若能延至吾校，当能胜任。又有丁燮林君，年只二十四岁，在伦敦充物理之助教，亦不覯之才。望与校长一商，如能得两君来吾校，则大佳矣。"

北大毕业后留学伦敦的傅斯年（历史学家，曾任国立中央研究院历史语言研究所所长）受蔡校长委托，也去信推荐：我不消说是竭力劝李四光去北大的，李君（李四光）及丁君（丁燮林），乃英学界之"两科学家"，不仅学问令大家佩服，即学问之外的事，也是留英精粹。他们所学的科学，真能脱离了机械的心境，而入于艺术的心境。……李君（李四光）生平，不仅学者，更是义侠之人。此间的留学界很多称道。

至此，蔡元培对李四光的才华与为人已基本了解。其间丁文江参加完巴黎和会，回国后即向蔡校长建议：聘请李四光先生来北大担任地质系教授，主讲岩石学等课程；此外，北大与地质调查所联合聘请美国古生物学家、哥伦比亚大学教授葛利普来北大教授古生物学，并主持地质调查所的古生物学研究。

1919 年秋，李四光在柏林接到由伦敦转来的北京大学校长蔡元培的聘请电报，随后他给傅斯年去信，了解到北大整顿的相关情形。虽然李四光对于当时北洋军阀你争我夺、混战一片的局面深为不满，但他仍满怀期待归国后可从事地质矿产调查方面的工作。

欧洲的地质考察结束，李四光回到伯明翰大学，他在决定接受北大的聘请后，赴伦敦与丁燮林（受聘于北大物理系）、王世杰（受聘于北大法律系）再次商议，1920 年秋从欧洲启程归国。途中，为了解十月革命后的苏俄近况，李四光特地取道莫斯科，火车经西伯利亚，最后到达北京。在去湖北老家看望了亲朋好友后，1921 年 1 月，李四光正式开始了他在北大的执教生涯。

1923 年，李四光和北京大学地质系古生物组毕业生合影（前排左二为李四光）

14

北大的教书生涯

受聘北大，李四光和朋友一起在地安门内东吉祥胡同合租了一座四合院，同住的还有丁燮林等。当时的北大地质系设在马神庙路北的红楼（北大文科楼），办公室和上课地点则在大礼堂的东边楼内。马神庙是座旧庙宇，里面的房子破旧不堪，地质系实验室的条件十分简陋。针对这种状况，李四光提出了一系列整改计划，对原先的桌椅板凳、显微镜以及实验室的其他设备都进行了必要的修缮和更新。

租住的四合院与红楼之间有块久未清理的荒地，杂草齐腰，夏天蚊蝇滋生，环境脏乱差。李四光向蔡元培校长毛遂自荐，兼任了学校庶务主任，同时负责修整校舍。李四光留日期间学过工程设计，他安排施工单位把垃圾全部清理完毕，院子中心用石灰画出圆圈，四周开辟小道，碎石铺砌呈放射状展开，分别通往大门、教室和礼堂等处，道旁还栽上冬青和刺柏，院中央的洼地处挖个池子，种上荷花，中央搭起高约 1 米半的圆形小石台，上面安放了日晷（根据日影位置测定时间，古代的计时仪器），石台正刻“仰以观于天文”，背面是“俯以察于地理”。破旧的院子经此修葺后，面貌焕然一新。

或许是为了渲染当年师生们的勤劳与身体力行，我看过很多记载说，整修校园的事都是李四光带着学生去完成的，这并不符合事实。当时学生的任务就是埋头读书，而且地质系人数很少，完成不了多少这样的体力活。按照李四光的设计，先修了个大讲堂用于开会，后又打造了小花园，为方便外出实习的学生洗澡，他还设法做了个浴室，这些都是李四光任职期间为学生们谋求的福利。

地质系在北大当时属于小系，每届只招学生数名，李四光被安排教授岩石学、地质构造学和地壳发展史。因为专业资料十分匮乏，地质系的很多教材都由李四光亲自编写，为此他每上一节课都要备课数小时，有时直接在办公室为学生授课。学生的课堂笔记他都要亲自查看，若发现学生有不理解的内容，则单独留下进行辅导。

此外，李四光的授课方式也很有特色。他十分注重教学内容的丰富性与启发性，平时上课从不照本宣科，只偶尔带些标本。如讲授矿物学时，没有木质或者玻璃质晶体的教学模型，李四光就在黑板上画出几大晶系矿物晶体形态；有关半导体内容，如等轴晶系八面体转变为四面体时的发育和不发育晶面等，他都会细致讲解；在教授火成岩的分类时，他又要求学生要注重加强思索，自发提出下一个分类标准。

至于考试内容，李四光要求学生绝不可机械地死记硬背或者照抄笔记，除规定作答的书面试卷外，他会现场发给学生每人六七块带编号的岩石标本，要求说明名称、矿物成分、生成条件和矿产的关系等，待作答完毕，再逐一由偏光显微镜进行确认。如此灵活机动的考试方式，对于培养学生理论结合实践的能力大有裨益，学生如果平时不注重实验与野外考察，根本无法做出正确解答。

关于如何培养独立考察与研究工作的实际能力，李四光常和学生们分享自己的独门心得。许杰主要是研究古生物化石中的笔石，经常会整理各种材料，李四光循循善诱道："做研究工作，首先要仔细看实物标本，不要上来就查阅各种参考资料，以免造成先入为主的印象，思维受到束缚，要先观察化石外形，根据实际分析提出论据，然后再翻阅其他国外的参考书，进行比较和鉴定。"

学好地质，光靠"纸上谈兵"显然不够。除去课堂理论知识，李四光经常带领学生到陈列室观摩各种岩石标本，通过显微镜观察和辨别不同岩石的结构与性质，并结合野外考察了解各种岩石与地质构造。身为指导老师，李四光总要边走边看边说，以加强学生对化石、地层、构造和岩石等专业知识的实地了解。他的步伐很大，又习惯性地走在最前面，学生们有时都跟不上。

地质系的野外考察十分辛苦。当时交通条件普遍很差，出外多靠步行，师生们经常一早出门，日落西山才能赶回住地。在考察徐州附近的九龙山时，大家骑着小毛驴翻山越岭，遇到有研究价值的地质现象则当即停下，观察、打石头和做笔记。根据教学需要，学生实习的地点也不断改变，李四光带领学生去了河南的六河沟煤矿、西山的三家店等，大家同吃同住，有时就在简陋的小店过夜。

李四光经常鼓励学生："搞地质就要不怕吃苦，好好努力，艰苦锻炼。"对于学生在实践中的发现，他通常都会给予充分肯定，以提高学生的学习兴趣。他要求学生将野外采集的标本带回学校，归类整理，贴上标签，陈列在实验室里。去西山杨家屯煤矿实习那次，大家很晚才赶上火车，到达北京城已是万家灯火。学生杨钟健背了块有植物化石的大石头，李四光见到后很高兴，美其名曰：这是"戴月荷石归。"

亲密无间的朝夕相处使得师生们结下了深厚情谊。1921 年在香山卧佛寺实习，李四光带领学生去看望住在那儿的王世杰。学生们利用休息时间表演节目，杨钟健背着李四光的背包，拄着手杖，模仿老师健步如飞走路的样子，那惟妙惟肖的神态逗得大家哈哈大笑，师生们的疲乏一消而散。李四光也十分享受如此教学相长的愉悦氛围，有一回他还即兴写了首新体诗，发表在北大的《日刊》上。

因为实习多是早出晚归，地质系的学生经常会赶不上学校澡堂的开放时间。为了解决这个实际困难，李四光想方设法把系里的一间堂屋改造成了洗澡间。北大自由开放的学风素来有名，学校当时也没设围墙，许多旁听的校外人员因此顺便来洗澡，水电费骤然升高，学校表示难以承受，小澡堂因此后来上了锁。但地质系的学生们都知道，要洗澡，就去找李教授拿钥匙。

在北大教书期间，李四光的生活极其简朴。当时学校的很多教授都会选择坐人力包车，但李四光认为坐在车上让人拉着走，这是件极不合理的事，所以他坚持骑自行车上下班。此外他对衣着也不太讲究，有时袜子破了也毫不在意，学生就开玩笑称他“破袜子先生”。

海外留学的那些年，李四光时常感受到外国人对中国的歧视，故而产生了强烈的民族自尊心，因此除去一些学科上的专业名词，他上课都坚持用中文讲解。有一次，学生忽然在课堂上喊：“Mr. Li！”几声过后无人应答，李四光就问：“是在叫谁？”学生回答：“在喊老师你。”李四光很难得地沉下脸，他告诫学生：“你可以称我老李、小李，或者阿猫阿狗都可以，但是，不准你叫我 Mr. Li。”学生听后认真地点头，表示记住了。

1928 年，李四光与北大地质系学生合影（正中为李四光）

还有一次，外交部打电话到北大理学院，声称有英国人要来参观，要求学校派教授随行，介绍各系情况，身为地质系主任的李四光答应办理此事。第二天英国人带翻译来学校，李四光领着他们到实验室参观，并以中文介绍。英国人见李四光一身旧西装，不像教授装束，于是傲慢地用英语对翻译说："我需要一名教授来陪我，最好能用英文直接交谈。"翻译硬着头皮来跟李四光商量，说："要不我们明天再来，你们最好找一位能说英语的教授。"李四光不卑不亢地回答："你们明天来，负责接待的也还是我。"英国人终于明白了李四光的身份，当场道歉。李四光这时才改用英语和对方交流，继续陪同参观。

教书育人的同时，李四光一贯坚持要发展壮大我们民族自身的地质事业。当时中国最早的地质研究基本都属"买办科学"，其本质就是外国人出钱，让中国人替他们工作，最后所有的论文和成果都归属洋人。李四光十分痛恨这样的科研模式。

20 世纪早期，中国西部的广袤大地基本都属未被开垦的处女地，很多现存的古代文化遗址里埋藏着无数的丰富宝藏。19 世纪后半叶开始，许多外国"探险家"和学者们借科学考察之名蜂拥而至，他们甚至将发现的珍贵文物掠夺而去，中国学术界对此极为痛心，并开始设法阻止。1926 年，瑞典的斯文赫定博士带领一支由瑞典、德国和丹麦人组成的探险队来北京，准备去往西北进行考察，遭到北京学术界的反对。后经谈判达成协议，中方也派员共同参与，联合组成了西北科学考察团，中方由袁复礼担任团长。

袁复礼清华大学毕业，1922 年起到北大地质系兼课"地文学"，并担任教授和系主任。考察团出发前，李四光找到袁复礼并进行了一次谈话，他着重提醒道：考察中一定要坚持中方的计划和立场，不能对洋人言听计从，要争取有中国人自己的成果。

1927—1932年的这几年间，袁复礼参加了“中国—瑞典西北科学考察团”，在长达五年的蒙新地质考察中，考察团成员全靠骑马和步行，克服各种难以想象的困难，取得了创造性的成果。1928年，袁复礼在新疆吉木萨尔县三台大龙口首次发现了水龙兽、二齿兽和袁氏阔口龙等三叠纪爬行动物化石，受到国际学术界的高度称赞，他本人也因此获得瑞典皇家科学院颁发的北极星奖章，此举极大提高了中国科学家的国际地位。

西北科考硕果累累，北大邀请考察团去作报告，学生们听得津津有味。当时袁复礼在台上演讲，台下配合有幻灯片播放。待报告结束，灯光打亮，学生们这才发现，放幻灯的竟然是李四光教授。原来李四光和袁复礼曾有过口头约定：“你做了这么好的工作，取得如此优秀的成果，你只管在台上做演讲，我负责给你放幻灯片！”见到李四光正在忙着收拾幻灯片，袁复礼歉意道：“真对不起！”李四光回答：“对不起什么？你为咱中国人争了气！”然后又指着自己的脑袋，说：“中国人的这个，一点不比外国人次，我们决不要自轻自贱。这回是咱们高举旗帜，迈着大步，胜利向前了！”说完，李四光畅意地开怀大笑。

15

大龄青年的简朴婚礼

青年时期的李四光身材高大，相貌俊朗。北大教书期间，这位已过而立之年的大龄青年终于完成了他人生的一件大事，与许淑彬相识相恋，成就了一段幸福美满的姻缘。

我的太外公许士熊曾留学美国，清王朝被推翻后，他在北洋政府外交部驻英大使馆任职，后回国担任教育部秘书。太外公膝下一儿一女，女儿许淑彬备受宠爱，她在上海天主教堂的学校里读了五年书，英语、法语和音乐都具有较高水准。因为是在教会学校接受的教育，所以许淑彬的个性很直接，说话从来不会拐弯抹角。毕业后的许淑彬随母亲来到北京，在北京女子高等师范学校担任教师。

1920 年冬，甘肃发生大地震，中国大部分地区都显示出震感。

当时军阀混乱，地震又发生在偏远山区，适值寒冬，交通闭塞，灾民们饥寒交迫，惨不忍睹。北洋政府派翁文灏等人赴灾区进行现场勘查，建立了中国第一个大地震地质遗址。灾区的老百姓处在水深火热之中，北京高校的老师和学生自发募捐，许淑彬参加了学校举办的赈灾义演，表演节目是钢琴独奏。

那天李四光正好买了票，和朋友们一同去观看演出。伯明翰大学读书期间，李四光曾练习过小提琴，回国后工作繁忙，只偶尔拉上一曲缓解工作的劳累。此刻台上许淑彬优雅潇洒的台风，还有那技艺精湛的琴声，都让年轻的李四光一见倾心。演出结束后，经北大化学系丁旭贤教授的夫人陈淑介绍，李四光经常邀请许淑彬担任他的小提琴伴奏，一来二去两人也就慢慢熟悉了。

交往了一阵，有一天李四光忽然找到许淑彬，说："因为手头工作繁忙，以后没那么多时间，怕是不能再练小提琴了。"当时李四光上午在北大授课，下午带学生做实验，晚上熬夜搞科研，周六下午又要带学生到郊外实习，经常是忙到周日晚上才能回来，其间李四光每个星期会给许淑彬写封信，主要介绍带领学生在野外考察的情况，偶尔也附上几首自己写的诗歌。

除去学校放假，双方见面的机会越来越少，这样的状况持续了两年，大家都未提及婚姻之事。一天，李四光把父亲从湖北老家写来的一封信转给许淑彬，信件大意是：你既然和人家女孩相识两年，彼此都很了解，那是否可以考虑订婚了。

许淑彬当即回家征求母亲和兄长的意见。母亲认为：李四光虽然家庭贫困，姐妹众多，但为人忠厚，性格柔中带刚；自家女儿尽管娇生惯养了些，也属心地善良，刚中带柔，两人个性正好取长补短，言下之意老太太这算是点了头。那时太外公许士熊已去世，家中诸事基本上由儿子许坤定夺，刚从美国康奈尔大学毕业回国的许坤一开始不太中意这门亲事，他觉得门不当户不对，担心妹妹嫁过去日后难免吃苦。

面对自己的终身大事，许淑彬这次表现得格外有主见。经过了两年相处，她了解李四光工作勤恳，为人踏实，待人接物宁肯自己吃亏也从不计较，原则问题又能做到丝毫不让，尤其是李四光不仅品德好，脾气还十分温和，绝对符合自己意中人的完美标准。

见妹妹态度如此坚决，许坤最终对这桩婚事也表示同意。1923 年 1 月 14 日，在北京东吉祥胡同新租的一间小屋内，李四光和许淑彬举行了简单的婚礼，北大校长蔡元培先生担任主婚人，出席婚礼的还有丁燮林、王世杰和陈源夫妇等同事，时任地质界掌门人的丁文江和翁文灏等也到场表示祝贺。

说是婚礼，不过是朋友们一起简单聚了个餐。婚礼前一个月，李四光的父亲不幸去世；婚后第二天，许淑彬的母亲也因患脑溢血离世，这些不期而遇的变故，让两人的新婚少了很多快乐气氛。所以仪式一结束，李四光照常上班，许淑彬也没请婚假，继续到学校教书。同年 10 月 31 日，许淑彬产下一女，这一天刚好是李四光的三十四周岁零四天，他按照族谱给女儿取名为“李熙芝”。

有时我很好奇，是否结婚这样的事也会带有遗传。1949 年 8 月 25 日，在英国的海滨城市伯恩莫斯，邹承鲁和李林同样也只是举行了俭朴的婚礼。参加婚礼的除李四光和许淑彬外，还有老朋友陈西

李四光与许淑彬的结婚合影，
蔡元培先生为主婚人

滢、林淑华夫妇，以及他们的女儿陈小滢。时光荏苒，到了我这一辈，结婚就变得更加省事。当年我家老公公来征求我的意见，意思是他和我婆婆结婚那会儿家里穷，婚礼都没能举办，现在条件好些了，问我和他儿子的结婚是否要办个仪式。我的回答很干脆，直接说不用了。一来我觉得这样很费事，二来还有另一层考虑，真要举办婚礼，被邀请的也不过我先生这边的亲友，我们家人对这类事从来就没什么兴趣，不办也罢。

在美国结婚，最简便快捷又省钱的方式就是去市政府登记。市政厅的法官每天要审理很多案子，通常只在开庭前办理结婚之类的相关手续。开庭时间是早晨 8 点，我们 7 点半就匆匆赶到，因为那时我还在留学，每天要读书上课，一大早迷迷糊糊，被问了一堆的"愿意""不愿意"，我通通说"yes"，手续很快就履行完毕，两人开车打道回府，各回各的租处。等一觉睡醒，我忽然回过神来，哎呀，这都算是结过婚了，再怎么也得好好庆祝一下，于是和先生找个法国餐厅，美美地吃了一顿。

回想我们家三代人的婚礼模式，几乎如出一辙。或许大家的潜意识里都这么认为：结婚不过是两个人的事，没必要弄得那么复杂，如果搞得劳民伤财，那就更不可取，大家不如节约宝贵的时间，集中精力去做些更有意义的事情。

说来也巧，当年为我爷爷奶奶牵线的北大化学系丁旭贤教授的夫人陈淑，和那位参加了邹承鲁、李林在伯恩莫斯举行的婚礼，并送信协助李四光逃离英国的陈西滢（名源），他们原本就是堂兄妹，和许淑彬都是无锡老乡。作为著名的文学评论家和翻译家，陈西滢曾用英文和法文转译过屠格涅夫的《父与子》等名著。1924 年在胡适的支持下，陈西滢与徐志摩、王世杰等共创《现代评论》杂志，任《闲话》专栏主编，1928 年到国立武汉大学文学院任教并担任院长，后赴英国直至去世。

陈淑早年留学海外，后执教于北京女子高等师范学校，和许淑彬恰巧又成了同事。当年竺可桢担任浙江大学校长，抗战期间次子和夫人相继病逝，悲痛不已的竺可桢很长一段时间内再未考虑个人问题，加之公务也繁忙，直到 1943 年，竺可桢到四川游峨眉山，热忱善良的陈淑从中撮合，介绍了堂妹陈允敏与竺相识。陈允敏也是书香门第，受过高等教育，气质端庄大方，按照陈淑的安排，陈允敏陪同竺可桢一行，9 月 18 日抵达金顶。竺可桢的日记里后来曾记载，“稍息至正殿求签，余金顶正殿得大吉”，二人良缘始成。

1960 年，英国著名科学史家李约瑟花费多年心血撰写出多卷本

《中国科学技术史》，通过丰富的史料、深入的分析和大量的东西方比较研究，全面系统地论述了中国古代科学技术的辉煌成就及其对世界文明的伟大贡献，内容涉及哲学、历史、科学思想、数、理、化、天、地、生、农、医及工程技术等众多领域，其中的第三册专门讲述中国现代科学，李约瑟在扉页上特别表示：此书的出版是为了献给竺可桢和李四光。恰巧这两位科学家的夫人都是由陈淑介绍，如此也算趣事一桩。

To
CHU KHO-CHEN
Vice-President of Academia Sinica, formerly Director of the Meteorological Institute of the Academy, and President of Chekiang University,
Hangchow, Tsun-i, Mei-than
deeply learned in the history of science among the Chinese people, and a constant encourager of the project of this book

and to
LI SSU-KUANG
Minister of National Resources and Director of the Chinese Geological Survey, Vice-President of Academia Sinica and formerly Director of its Geological Institute,
Nanking, Kweilin, Liang-fêng
the 土宿真君 of our age

with gratitude and affection
this third volume
is dedicated

《中国科学技术史》扉页，李约瑟对中国科学家竺可桢和李四光表示敬意

陈淑后来随丁先生去了浙江大学，很多年里丁、李两家一直保持着良好关系。有一次，听说网上有许淑彬写给陈淑回信的毛笔字信封，起初我不太相信，直到看过照片，确是奶奶许淑彬的笔迹，只不过这枚品相稍有残缺的信封，如今被标价到了1300元。于是又想起了儿时描红，那个故意帮我把毛笔字都不敢描全的老太太，如今竟“一字千金”，我的心底忽然有种莫名的自豪感。

爷爷和奶奶结婚后不久，在北京的景山东街花两百大洋购置了一个很小的四合院，其实这都是奶奶许淑彬出的钱。李四光当年的工资除了负担自己的小家庭外，还要资助老家的弟妹，当然会有一定的经济压力。北大属公立大学,北洋政府欠薪“打白条”已属常态，有时拖欠得太过厉害，基本生活都难以维持的教授们还专门成立了讨薪团。幸好许淑彬可以独当一面，她在北京女子师范大学附属中学同时教授英文、法文和音乐三门课，月收入三十五块大洋，因为教了相当长的时间，也有不少积蓄，加之当时也接近临产，与人合租也委实不便，于是夫妻俩一商量，就买下了这个小院。

李四光当时兼任着北大的庶务主任，所以后来有人猜疑说：李某人愿意当这个处长，就是为了贪污，所以才有钱买得起小院。听到这些闲言碎语，许淑彬非常生气，她跟李四光说：“不行，你到学校去和他们说清楚，是就是，不是就不是嘛。”

景山东街的那座小四合院，抗战期间被卖掉了。母亲李林生前曾说过几次，让我开车带她去看看，我磨蹭着没动身，因为那里停车实在不太方便。母亲去世后，我想起这事总觉得挺后悔，于是有一天自己开车找到了景山东街 5 号，等敲门进去，却发现小院早已被拆，盖成了一片新平房，从前四合院的模样荡然无存。

16

琴瑟相磨 终相合

小家庭组建后，李四光更加专注于他的科研工作。当时他正从事䗴科化石的研究，每天早晨七点钟到校，中午如果工友忘记喊他，有时忙到下午两点钟都记不得吃中饭；晚上家人不催的话，通常都要搞到九十点钟；等回家后继续钻研，三更半夜才能休息。李四光还有个习惯，为了把一个问题彻底弄明白，他常在院子里不停走动，反复思考，直到有了明确答案为止。因此相当长的一段时间内，李四光每晚睡眠时间只有四五个小时，而且还没有午睡习惯，但好在一直能保持旺盛的精力投入工作和学习，这基本上成了他婚后的生活常态。

寒门出身的李四光勤奋努力，他注重事业追求，从未敢一丝懈怠，而被称作“资产阶级大小姐”的许淑彬则完全不同，优越的家庭环境养成了她无忧无虑的活泼性格，她更多是希望得到丈夫的相依相伴，小夫妻尽享婚姻家庭生活的幸福。

性格上的明显差异，导致夫妻俩的生活出现一些小摩擦。许淑彬医院待产期间，李四光每天很晚从学校回来，还常是饿着肚子。到医院陪伴妻子，总不过那几句稍显刻板的问候：“你昨晚睡好了没有？”“今天好吗？”一旦落座，又埋头写他的资料。

即将临产的女人，难免会多些敏感，当然渴望得到更多的关心与体贴，丈夫的木讷让许淑彬颇有微词，她不免偶尔郁郁寡欢。而李四光总是微笑着安慰妻子：“没能抽出更多的时间陪你，我很抱歉，也许我不是你理想中那种最合适的结婚对象，但是请再思考一下，究竟是专心于事业的人好呢，还是能陪你玩的人更好？眼下我正处于事业关键时期，每天有忙不完的工作，如果不趁年轻努力去做，等年纪大时想做都来不及了。”听到这样的真诚坦白，深爱丈夫的妻子又能如何？嫁夫随夫，她只能悄悄地叹口气。

女儿熙芝不觉到了学步的年纪。难得碰到个星期天，李四光早就答应过要带全家一起去颐和园游玩。那时交通也不方便，到颐和园得骑毛驴才行。许淑彬周六一早就做好了出行准备，第二天毛驴到了家门口，等母女俩骑上去，李四光忽然说：“实在对不起，刚想起来，今天学校里有篇论文要修改，要不你们就自己去玩吧。”

为了照顾李四光的心情和工作，婚后许淑彬的大小姐脾气已然收敛很多，但这次她的心里实在有点不痛快，二话不说，带着女儿径直去了颐和园。到公园门口，忽然发现李四光骑着自行车又气喘吁吁追了过来。原来李四光到了学校，坐下来打开论文看了一会儿，总觉得心神不定，思来想去又赶去和母女俩会合。李四光不住地向许淑彬道歉，说是因为看到妻子生气，自己也无法安心工作了。难得丈夫如此真诚的低姿态，一场风波就此平息。

初为人父的李四光非常疼爱女儿。小熙芝几个月时常闹肚子疼，李四光每天下班回到家，总要把女儿暖在怀里，还要腾出一只手，在垫着的木板上继续写文章。女儿凌晨四点醒来要喝奶，李四光不愿总去叫醒保姆，他又希望妻子能多睡会儿觉，于是就自己爬起来煮牛奶，等把女儿喂饱哄睡着，再简单收拾一下就出门上班了。

李四光抱着女儿李林

身为地质系教授，李四光经常领着学生去野外实习考察，有时也会带些重要的标本回家，准备过几天再去学校仔细鉴定。一天李四光忽然发现，他从大同盆地带回来的那块冰川条痕砾石怎么都找不到了，李四光对这块标本印象很深，正是因为防止丢失，他才特意拍完照片后带回家中收藏。问了半天，最后才搞清楚，原来是许淑彬在家腌咸菜，觉着这石头大小合适，还有一面光的，就拿去压了咸菜，等到用完随手一放，再找时就不见了踪影。毕竟这是研究中国第四纪冰川采集到的第一块标本，李四光的焦急之情可想而知，他忍不住数落了妻子几句。

为了赶写论文，李四光每天早出晚归，时间一长，许淑彬的意见越来越大。一天，李四光又忙到很晚才悄悄走进家门，他看到床沿的被子半拖下来，以为是妻子早睡了，走过去想把被子盖好，仔细端详后忽然觉得有些异样，掀开一看，原来被子里裹着的是堆石头，再回头一瞧，女儿睡的小床也空空如也。原来许淑彬见李四光终日沉湎于工作，早把小家庭给置之脑后，而且自己怎么都劝不回头，索性一气之下带着女儿回了娘家。李四光呆怔了好半天，这时他才意识到，一个温暖的小家庭，不可能到处堆着的只有那冰冷的石头，第二天一早，他赶到许家，诚恳地赔礼道歉，总算把娘儿俩又给接了回来。

一场小摩擦风平浪息，夫妻间的默契和理解也与日俱增。许淑彬当初坚定选择李四光作为自己的终身伴侣，自然格外欣赏丈夫的勤奋与上进心，生活上想给予对方各种无微不至的关怀和照顾，对丈夫追求的事业也能更多地理解与支持；同时，李四光也对妻子操持家务的这份辛苦感激在心，竭尽所能为家庭成员创造更好的生活条件。

终于有一次，李四光在学校忙得又是忘了白天黑夜，但这回许淑彬再也不待在家里生闷气了，她领着女儿熙芝去了学校。小熙芝轻手轻脚走近父亲的书桌旁，埋头正观察显微镜薄片的李四光意识到身边似乎站着个小孩，他头也不抬地问一句："谁家的孩子啊，这么晚了怎么还不回去？"等回过神来，一家三口都笑作了一团。

17 北极阁下的先行者

北极阁，地处南京市区鼓楼广场东，又名“钦天山”“鸡笼山”。北依明城墙和玄武湖，西连鼓楼岗，南朝时为皇家园囿之一。明代朱元璋在此建观象台，又名“钦天台”，鸡笼山南设立的国子监（现东南大学四牌楼校区）为中国最早的国立大学。“南朝四百八十寺”之首的鸡鸣寺，即与北极阁毗邻。

北极阁南麓的中国科学院南京地质古生物研究所，中厅大门内立着一座半身铜像，这位双目炯炯有神，眉宇间饱含着智慧、儒雅、坚毅和自信的学者，正是教育家蔡元培先生。1927 年 4 月，国民政府定都南京，聘请蔡元培等筹备国立中央研究院（以下简称“中央研究院”）。经过广泛征集资料、详尽论证建院方略，以及各种充分的组织准备和物质筹措，1928 年 6 月 9 日，中央研究院在上海东亚酒楼召开第一次院务会议，蔡元培为首任院长，孙中山先生曾经的秘书杨杏佛（即杨铨）担任秘书长。

应蔡元培邀请，李四光南下主持中央研究院地质研究所的筹建工作。1928 年，地质研究所成立，李四光担任所长，同时兼任北大教授和地质系主任。此后他往返于两地，但工作重心已逐渐转移到了上海和南京。

在地质研究所的筹建和发展过程中，李四光倾注了无数心血。建所之初，即面临房屋、图书和仪器设备匮乏等诸多困难，地质研究所起初安置在上海闸北区，到第二年清明节，许淑彬带着女儿去探假，李四光表达了妻女能够留在身边的愿望。又过一年，地质研究所搬到当时法租界的霞飞路并成立了实验室，之后又数度搬迁。李四光曾回忆："隔不了多久，几个人又要扛起'地质研究所'这块招牌，在上海的马路上跑来跑去。"其中的艰辛，自不必多言。

地质研究所成立两周年之际，蔡元培先生来到上海，看望各位地质界人士。当时中央研究院在南京的选址营建已在进行中，回想几年来的诸多不易，蔡元培感触颇深，他招呼大家拍张合影。在这张格外珍贵的照片上，李四光端坐于前排同人中间，年仅 5 岁的女儿李林被两位德高望重的前辈护在中间，左边是中央研究院院长蔡元培，右边为中央研究院总干事杨杏佛。天真无邪的李林，用她清澈闪亮的童眸，见证了中国地质发展史上风雨飘摇的难忘一幕。

1930 年，国立中央研究院成立两周年纪念会上海同人合影
（前排左八为李四光，中间站立者为李林）

1932 年，中央研究院地质研究所迁往南京，合并于成贤街的中央研究院部办公。1933 年秋，坐落在鸡鸣寺路的办公大楼竣工，至此，地质研究所总算有了安身之处。按照李四光的统筹安排，研究所机构人员除聘请资深地质专家和特约研究员外，另外还吸收了一批年

1934 年，李四光带领杨钟健等在北京周口店进行考察
（左二为李四光，右二为杨钟健）

轻有为的地质学者。李四光十分重视地质学的基础研究工作，他根据需要把人员分配在不同专业岗位，并明确指出：地质所的研究工作，应特别注重讨论地质学上之重要理论，其目的在于解决地质学上之专门问题，而不以获得及鉴别资料为满足。

沧海桑田，今天，南京北极阁下树木葱茏的地质古生物研究所内，仍完好保留着中央研究院地质研究所的原址。这座由建筑大师杨廷宝设计的仿清宫殿式建筑，楼前两层石阶，中间有小平台可供休憩，两层大楼位于石阶顶部的大平台上。整座大楼依山而建，钢筋混凝土结构，单檐歇山顶，屋面覆盖着蓝色琉璃瓦，梁枋及檐口部分为仿木结构，漆以彩绘。大楼前部有亭式门廊，两侧栏杆，门廊雕梁画栋。在一楼中部设有地质标本陈列室，其余为制作、资料、科研、办公用房。大门右侧的大理石上刻有“国立中央研究院地质研究所（1928 年 1 月—1949 年 4 月）”字样，左侧嵌有“李四光先生办公旧址”铭牌。大楼如今被辟为“古植物学与孢粉学研究室”和“微体古生物学研究室”。

中央研究院地质研究所旧址

原中央研究院历史语言研究所的小路旁，方形石墩上立着一块拟纺锤䗴的化石。下注说明：䗴类化石（原生生物）。“䗴”字是我国科学家李四光所创。䗴类是一种现已灭绝的海生单细胞动物，是确定和划分石炭二叠纪地层的重要化石之一，拟纺锤䗴的时代为距今 2.7 亿年左右。

南京地质古生物研究所内的䗴类化石

古生物是地质系的必修基础课，而有关微体古生物学的研究，当时在全世界都属一个新的学科，应聘担任北大教授的李四光虽未专门系统学过，并且当时中国也没有前人研究䗴科化石的历史经验，但鉴于中国石炭二叠纪的地层中含有大量䗴科化石，如果要搞清楚地层的分层问题，确定䗴科化石的种类则成为当务之急。李四光毫不犹豫投入了新的挑战，他一面熟悉䗴科化石的分类知识，一面搜集国外的相关资料，以及国内各地区和化石分层的实物资料，通过分析比较和综合研究，掌握䗴科化石的外部形态和内部构造的观测资料，创立了许多新的种属名称，并利用䗴科化石对中国的石炭二叠纪进行了分层分带。

这一开拓性工作不仅解决了煤系地层的划分，而且为国内和欧美各国的石炭二叠纪生物地层学树立了典型范例，被国际上众多学者公认为极有价值的贡献。除发表《蜓蝌鉴定法》《蜓蝌的新名词描述》《山西东北平定盆地之蜓蝌》等学术论文外，李四光还创立了蜓科鉴定的10条标准，提高了鉴定标准的准确性和科学性。通过对中国北部蜓科的系统研究，李四光定出20多个新属，其中第一个新属被命名为鲍尔敦属，以感谢恩师在伯明翰大学的悉心指导；最后两个新属分别命名为丁文江属和翁文灏属，借此对为中国地质事业做出开拓成就的两位前辈表示尊敬。

蜓科化石的鉴定需要有足够证据来支撑，研究成果的获得实属不易。有时为了证实某一设想并解决问题，李四光不仅在野外翻山越岭，回来后还要专心致志看显微镜，废寝忘食查阅资料，两个烧饼和一杯白开水则成了他在实验室临时充饥的家常便饭。到了20世纪三四十年代，他和学生陈旭又对中国南方的蜓科做了系统调查，通过不断深入研究，最终解决了我国石炭一、二叠纪地层划分对比问题，并对之后煤田的普查勘探发挥了重要作用。

1927年，李四光人生的第一部重要科学专著《中国北部之蜓科》由中国地质调查所正式出版。鲍尔敦教授收到了李四光寄来的学术专著，他对学生完成了如此有意义的工作而深表欣慰，当即推荐给校方。正是由于这一创新性工作，伯明翰大学授予李四光自然科学博士学位。

科学博士是英国当时的最高学位，通常只授予有特殊贡献的科学家。在历年英国召开的地质年会上，只有科学博士才可以身着醒目的红色礼服，因此备受世人尊敬。按照校方规定，博士文凭须由代领人身着博士服、佩戴博士帽才算正式完成仪式，这约需花费 18 英镑。李四光当时身在中国，他和妻子商量说：“我做研究工作并非为了出名，而且还要花这么多钱，算了，我写封信去感谢他们的好意，这个博士学位不要就罢了。”许淑彬表示反对，她觉得博士学位如此难求，如果放弃不仅可惜，同时也辜负了老师们的厚爱。最后还是由许淑彬做主坚持给校方汇去了英镑，不久后收到了伯明翰大学寄来的博士文凭。

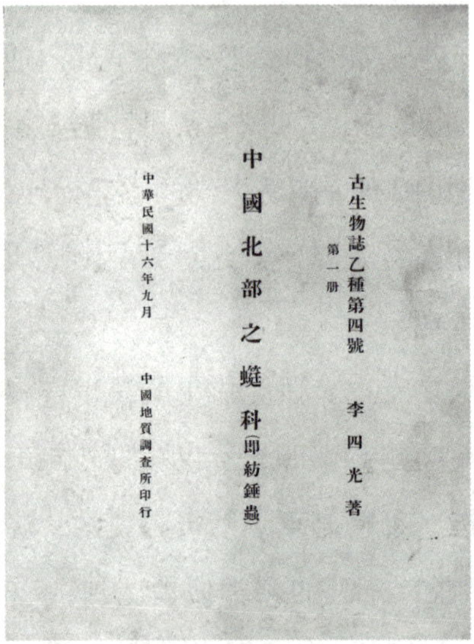
古生物誌乙種第四號
第一冊
李四光著
中國北部之蜓科（即紡錘蟲）
中華民國十六年九月
中國地質調查所印行

1927 年，李四光发表专著《中国北部之蜓科》

1950 年 8 月 25 日，周恩来总理签发“中央人民政府政务院任命通知书”，任命李四光为中国科学院古生物研究所所长。李四光上任后，将鸡鸣寺路原中央研究院地质研究所定为南京地质古生物研究所（以下简称“南古所”）办公所在地，同时把原中央研究院地质研究所、中央地质调查所古生物室和北京地质调查所新生代研究室的古生物学者共 22 名全部集中，分设古植物、古无脊椎动物和古脊椎动物三个研究室，这次创造性的重组，标志着上述三个分支学科在结构和领导体制上首次实现了全国统一，对中国古生物学的发展起到了重大的推动作用。

为了完善扩充古生物所文献资料的收藏，李四光通过与原中央地质研究所沟通交涉，将古生物方面的书刊拨归南古所图书馆。李四光深知，文献资料特别是世界上首次发表的古生物分类学文献，必定是开展古生物学研究不可或缺的基本条件，此类资料多在18、19世纪由西方学者发表于各类期刊，而原地质研究所遗留下来的书刊资料存在缺漏甚多等问题，远不能满足日益发展的科研需要。

2017年5月，我应邀到南京去作专题报告。南古所穆西南前所长回忆道：当时国内百废待兴，李四光决定，向中国科学院申请经费，到欧洲最大的荷兰旧书市场采购当时国内缺乏的过期期刊，由于采购规模过于庞大，还引发当地旧书市场价格的一度上扬。南古所通过这些措施，有效完善了图书馆馆藏，满足了所内及全国古生物科研及生产单位工作的研究需要。目前，南古所图书馆已成为亚洲最大、世界前列的专业图书馆，最早藏书为1642年瑞典出版。到所访问的瑞典科学家见书后十分惊讶，说是在瑞典都没见过。

虽然在南古所前后任职的时间并不算太长，但李四光凭借他的高瞻远瞩、精心组织与规划，为南古所随后一帆风顺的发展奠定了稳固基础。1952年底，李四光又把原古生物所的古脊椎部分，连同周口店的一些设备送还中国科学院，并成立了独立科室，命名为“古脊椎动物研究室”。同时，《中国古生物志》《中国古生物学报》和《古脊椎学报》等刊物如雨后春笋般面世，国外同行对古生物界这种罕见的欣欣向荣深表叹服。

南古所如今被公认为“世界三大古生物学研究中心”之一。从地质研究所大楼往西南方向，沿台阶缓步向上，不远处有座外观稍显破旧的青灰色小楼，名为“左之楼”。南古所的前辈们回忆说：二楼是李四光及全家住所，一楼最左边是食堂，在两层楼之间有个很小的升降梯，饭菜做好了可直接送往楼上，当年李四光最喜欢厨师精心烹制的板栗烧鸡和豆腐乳烧肉……微笑聆听着的我没做太多解释，因为我知道，这些美味当然不会是为终生半素的李四光所准备，但我的奶奶许淑彬，她老人家可是一辈子无肉不欢。

我在南京地质古生物研究所内的李四光旧居“左之楼”前留影

18

和鲁迅先生打的那场笔墨官司

婚后的许淑彬继续在国立北京女子师范大学（以下简称“女师大”）附中教书。1924年2月，女师大新上任了一位女校长杨荫榆，刚好也是无锡同乡。杨校长听闻李四光是北大知名教授，偶尔也到李家拜访，彼此以礼相待。

杨荫榆早年留学于日本东京高等师范学校，学成归国后被任命为国立北京女子师范大学校长。深受现代知识熏陶的杨校长照搬西方教育理论，一味强调秩序和学风，坚持学生应该“两耳不闻窗外事，一心只读圣贤书”的旧理念。同时，她还仰仗封建旧军阀的支持，对如火如荼的学潮多有阻挠，限制学生思想和行动诸方面的自由，这些终于激起了学生们的强烈反抗。1924年8月，在该校担任教授的鲁迅退回聘书；1925 年 5 月，学生们占领学校，爆发了一场“驱逐杨荫榆”的学潮。

女师大的学运局势相持不下，当时北大的教授们也分成了两派，以鲁迅为首的学生支持派在《语丝》上不断发文声援，而《现代评论》的陈西滢等人则支持杨荫榆，双方就此展开了笔战。鲁迅在《纪念刘和珍君》中有如下注释：“1925 年，北京女子师范大学校长杨荫榆为平息学潮，迫害学生，假借评议会的名义开除了许广平、刘和珍……6 名学生自治会成员。”李四光虽未参加这次笔战，但他认为，学生和教师应该联合反对军阀政府和外来侵略，而不应自起纠纷，学生应利用在校时间学好知识，最好不要动辄罢课，以免贻误学业，教师们既然为人师表，也不适合进行互相攻击。

到了 7 月底，在军阀政府和教育总长章士钊的支持下，杨荫榆联络各方制造舆论，准备收复女师大。她给李四光打去电话，表示女师大的问题可以解决了，第二天一早有几位朋友到校参观，还有演出，请务必到场。李四光想着女师大的学潮或许要告一段落，他真以为杨荫榆喊他去不过是单纯的看戏，绝不清楚对方的真实想法有可能是希望他们劝阻学生不要再闹学潮，虽然这里面也含了部分个人原因，因为当时的许淑彬也在女师大任职。

李四光婉拒了汽车接送，他径直骑自行车前往。等到校后，什么情况都还没弄清楚，警察就赶到了现场，然后校长和老师们忙着处理相关事务，大家各自散了。但李四光万万没想到，正是由于他的这一举动，会被骤然卷入女师大学潮的旋涡之中，甚至被同情学生的一方称为“拥护杨荫榆攻入女师大”的“三勇士”之一。

为澄清事实真相，李四光8月22日在《现代评论》上发表文章，题为《在北京女师大观剧的经验》，记录自己在女师大所看到的情形，他表示："有人以我为杨荫榆的'死党'，无论就私交、就职务说，这个头衔我真不配。我并不是票友，本行的笨事都做不完，哪有闲工夫去干这些玩意儿。假使我在女师大有了职务，或者一个'教育家'，或者社会上负众望的人，就那一天的情形看起来，既令替杨先生做了死党，我还不失为一个人。"字里行间如实表明：自己和杨荫榆并无传闻中的"死党"关系。

当时的李四光正忙于准备参加苏联科学院成立二百周年纪念大会，等到9月下旬从苏联回国，这才发现鲁迅早已发表了杂文《"碰壁"之余》，且矛头直指自己。当然，鲁迅的文笔永远是那么辛辣，其中有描述："庸人以为学潮的，到他眼里就等于'观剧'，这是何等逍遥自在。"之后，鲁迅又在《杂论管闲事·做学问·灰色等》中直接点了李四光的名，不过这次顺带还捎上了梁启超，原文如下："'北京国立图书馆'将要扩张，实在是再好没有的事，但听说所依靠的还是美国退还的赔款，常年经费又不过三万元，每月二千余。要用美国的赔款，也是非同小可的事，第一，馆长就必须是学贯中西、世界闻名的学者。据说，这自然只有梁启超先生了，但可惜西学不大贯，所以配上一个北大教授李四光先生做副馆长，凑成一个中外兼通的完人。然而两位的薪水每月就要一千多，所以此后也似乎不大能够多买书籍……"

然而，鲁迅这次真的是在没有完全弄清真相的前提下就贸然开了炮。军阀段祺瑞政府统治北京期间，各大学经费均无着落，教授每月只能发放十分之一的薪水，李四光名义上月薪400元，平常也只勉强领到40元。其间由于丁文江的热心推荐，李四光兼任了京师图书馆的副馆长，馆长是梁启超。北大有明文规定，教授不得在外私自兼职，为谋生计，当时也有教授在外偷接私活，此等事例屡见不鲜。但李四光一直恪守学校的各种规章制度，他在承诺担任京师图书馆副馆长前即向北大告假，停薪留职一年。此外，图书馆月薪规定为500元，李四光明确表示自己只领取定标薪水的一半，剩余250元都捐给学校去买书。

陈西滢在《致徐志摩信》中也对此事予以了澄清。李四光给当时《晨报副刊》的徐志摩去信，就关于兼职京师图书馆副馆长月薪一事进行说明。信中说：鲁迅先生未曾详查事实，竟然写出“月薪至少五六百元的李四光”一句话，我实在不敢承认。我听说鲁迅先生是当代比较有希望的文士。中国的文人，向来有作“捕风捉影之谈”的习惯，并不奇怪。所以他一再笑骂，我都能忍受，不答一个字。

鲁迅先生乃何等个性，见此反讽当然不肯罢休，随后在《不是信》一文中又予以了回击。其实李四光在发表了个人意见后，也对捎带讥讽的那几句略感不妥，于是马上给徐志摩去了第二封信，以《结束闲话，结束废话》为题，发表在《晨报副刊》上。信件中李四光作了非常诚恳的表述：

> 鲁迅先生骂我的话，虽然大部分都是误会，但在他也未始没有几分捕风捉影的理由。在事实明了的时候，我的事完了，用不着多说话。我也是因为涵养不足，所以在前信的第三段中

又提出闲话，与你发表那篇文字的苦衷不合，于事实上也没有何等的用处，请你替我删去了吧。

昨天我坐在书桌边冥想了一会，觉得天下恐怕没有绝对的好人，也没有绝对的坏人；我们用好意待人，也许坏人就变成了好人，用恶意测人，天下也许恶人居多。丢开意气，什么事似乎都可以平心的讨论；任意气的冲动，什么事也会弄坏了的。无论如何，我总觉得骂人是一件不好的事，不管你骂胜了还是骂败了，在个人方面没有得失，在社会上都有极大的恶果。你想这几月来，为了几个文人的开玩笑——至少我想在发动时候一大部分是开玩笑——弄到我们这一个小小的北京社会，满城风雨，谁是谁非，我们姑且不论，但是最可惜的，是一般看报纸青年，在不知不觉间已经染上污泥。如果他们将来变本加厉的骂起来，这个社会还可以居住吗？什么学问事业还有人过问么？

……

鲁迅先生我绝对的没有遇见，但是我想他一定有他的天才，也许有他特别的兴趣。任我不懂文字的人妄评一句，东方文学家的风味，他似乎格外的充足，所以他拿起笔来，总要写到露骨到底，绕尽了他的兴会，弄到人家无辜受累，他也管不着。但是只要我们能极力的容忍，天下想无不了之事；况且我们现在这个中国，已经给洋人、军阀、政客弄到不成局面，指导青年的人，还要彼此辱骂，制成一个恶劣的社会，这还不是自杀，什么叫自杀？

……因为我这种胡说，也许又要引起周先生的痛骂，所以我事先不能不在此声明，对于一切的笑骂，我以后绝不答一辞，仅守幽默罢了。

紧接着，鲁迅又发表了《我还不能“带住”》一文，但李四光信守诺言，沉默是金，坚决不再做任何回应，一场风波就此平息。1927 年，李四光离开北京，1935 年又赴欧洲待了一段时间，直到 1936 年回国。那一年鲁迅先生不幸去世。

长大后听闻此事的我曾问过爷爷，为何当年会采取那种息事宁人的做法。爷爷微笑道：“术业有专攻，鲁迅先生是专门靠写文章吃饭的，我要是天天来和他打嘴仗，自己的那些事是否还要做了呢？”往事重提，奶奶许淑彬也不无感慨道：“那场纠纷，说到底其实都是我给你爷爷惹出来的。”

多年后一次我去鲁迅博物馆，对方的工作人员表示我们两家还挺有渊源，我就简单地把当年事情的真实经过聊了一下，这也是李四光当年去女师大时心中的真实想法，他只是觉得，杨荫榆作为中国大学的第一位女性校长，在学校管理等方面很不容易，大家应该给予她更多的关心，有事说事，而不要上来一棍子打死，更无须动辄把人骂得狗血喷头。

19

珞珈独秀，山上有黉

凡去过武汉大学者，无不惊叹于整个校园气势磅礴的壮美布局。毕业于武大中文系的作家池莉曾在《老武汉》中有过这般描述：现在的武汉大学，仅就校舍来说，当然是而且绝对是中国最漂亮的大学校园，并形象地比喻为“学院版的北京故宫”。但鲜为人知的是，身为地质学家的李四光，曾与武汉大学结过一段为期十年的不解之缘。

1928 年，李四光出任中央研究院地质研究所所长。同年 8 月，国民政府决定组建国立武汉大学，李四光受国民政府大学院（教育部）院长蔡元培委托，加盟建设筹备委员会，负责在武昌郊外勘察校址并修建新校舍。

登上沧桑巍峨的黄鹤楼，李四光俯瞰蛇山，原武昌中山大学的校貌越发显得狭小，遥想自己曾就读过的英国伯明翰大学，他立志要修建出一所同样宽阔优雅的美丽校园。但建校事宜并非预期的顺利，几次筹备会召开下来，新校址选在何处皆无定论。有人提议将武汉的几个高校一起合并，择其中武昌东厂口的一处校址作为新校舍。但李四光提出了反对意见，他认为该校舍不仅面积小，而且周围都是闹市区，如果打算建立一所综合性的大学，以后再想扩大面积便绝无可能，因此一定要重新选址。李四光的设计理念是：理想的大学校园应建于山水俱佳、动静相宜之处，以激发起莘莘学子潜心向学的无限灵性。他觉得无论是搞科学还是择校址，一定不能只看眼皮子底下的那些事，更要考虑到学校将来的发展。

踌躇之际，有农学家叶雅各正对武昌进行农业调查并提议：武昌东湖一带的天然风景，唯国内各校舍所无，即国外大学亦属罕有。李四光闻言心动，他决定前往察看。当时武汉交通颇为不便，李四光带着干粮和水，一早便骑着小毛驴出了武昌的大东门。当来到罗家山前举目眺望，山脚下的东湖烟波浩渺、风光迷人，李四光禁不住感慨万千：果然一块办学的“风水宝地”啊，再也没有比这更合适的地方了。

今天的武汉大学历史档案馆内仍存有建校前的老照片，当年罗家山不过荒郊外的一片乱坟山，满目荒凉，因主人姓罗而得名。受命担任武大文学院院长的闻一多，以“坚硬玉饰”之意象征大学的新气象，为此更换了个书香四溢的名字——珞珈山。

新校舍的修建真可谓一路坎坷。首先是湖北省政府以占用耕地过多为由，迟迟不予批准建校申请。李四光等多方奔走，并邀请各方代表实地考察，最终省政府于1929年第17次政务会议上作出决议，圈定珞珈山一带土地3000余亩为武大新校址。8月15日公告正式张贴，又遭到乡绅和当地百姓的一片反对之声。

当年从武昌城至珞珈山无路可通，必须尽快修设一条公路，以便运输建筑器材和物资，但沿途坟墓众多，按照中国几千年的孝亲观念，迁徙祖先坟墓有祸及子孙、破坏“风水”之嫌，坟主们联合向省政府请愿，坚决反对迁坟。湖北省政府听信蛊惑之言，通知要求国立武汉大学重新选址并建议：武昌城东南南湖一带营田，城东徐家棚丙段旱地，均有外江内湖之胜，平旷空阔，风景佳丽，田内全无坟舍，工程也极简易。

李四光和校长王世杰不畏压力，他们据理力争：经专家考察，徐家棚为商业区，地势平坦，无山水之秀；而南湖为营房区，乃兵家必争之地。据此向湖北省政府严正磋商，请其变更上述决议案；呈报中央声明原址范围绝不可变更；工事仍照预定计划进行。最终在多方斡旋之下，旷日持久的迁坟闹剧宣告结束。

地皮刚敲定，跟着又是经费难关。学校最初呈报大学院申请经费为150万元。到了1929年，国民党中央政治会议决定拨款150万元用于兴建武大新校舍，由中央财政与湖北省政府各支付75万元。资金筹措难度巨大，当时全国的财政大权尽数掌握在财政部长宋子文手中，李四光、王世杰等多次请求照案拨款，对方态度冷漠，不为所动。无奈之下，李、王赴京求见当时的行政院长谭延闿（湖南茶陵人），陈述武大的修建将来对湖湘子弟影响最大，并表明了当下筹款的诸多困难。为乡情所动的谭延闿转而也去向宋子文说情，最后宋勉强答应，月筹款 5 万元，分 15 个月付清，如此总算解决了经费的一半。之后李四光和王世杰又多方奔走，湖北省的 75 万元也终告落实。

关于校园总体建筑设计师的选择，知人善任的李四光力荐了美国工程师凯尔斯。凯尔斯对中西方文化研究造诣颇深，他曾担任过清华大学的设计师，受此重托后不负众望，匠心构思，他将中国传统建筑“轴线对称、主次有序、中央殿堂、四隅崇楼”的理念巧妙融入校园设计，并因势利导结合珞珈山和狮子山一带的天然地形，最终完成了优美宜居的校园设计图。

1930 年 2 月，武大新校舍正式破土动工。李四光亲临现场指挥察看，并负责及时解决建造过程中的各种问题。他请来了工学院的缪恩钊负责监理，毕业于清华大学的缪恩钊曾在美国麻省理工学院和哈佛大学留学，与凯尔斯是同窗好友。同时，李四光又聘请叶雅各负责校园的整体绿化。

百年大计，教育第一，武大新校园的建设凝聚了各方有志之士的热忱心血。面对政局动荡、江洪爆发、进口建材价格上涨等诸多不利条件，承建方的汉协盛营造厂不惜亏本，恪守诚信，老板沈祝三曾规定：武大建筑，应着眼百年以上。晚年的沈老板虽双目失明，但仍矢志不移，确保武大的建筑质量历经风雨，厚重至今。

1932 年 1 月，第一期建设完工，主要项目有老斋舍、文学院、理学院主体，一区教授别墅群、珞珈山水塔等。凯尔斯的设计西体中用，不法常可，新校舍外观地道中式，内里采取钢筋混凝土结构，更显气势宏伟。

放眼望去，武大的整体建筑群美不胜收。工学院主楼为四角重檐攒尖顶的正方形大楼，仿佛在珞珈山这座天然屏风上镶嵌了一幅壁画，原本平缓的山体突显出钟灵秀气；主楼墙体装有宽大的落地玻璃窗，四角由绿色琉璃瓦歇山顶的中式配楼护持，雍容华贵，典雅大方；理学院正对行政大楼，背临东湖，其主楼穹隆形屋顶与南面工学院四角重檐攒尖顶遥相呼应，体现出“天圆地方”的中国传统建筑理念；两侧附楼与主楼以画廊相配，浑然一体；主楼内结构精美适用，一楼的两个大扇形阶梯教室顺应地势而建，平添陡峭之势，教室内圆形立柱更显中西合璧，柱体配有白纹状柱头装饰，庄严而不失雅致；狮子山南坡的老斋舍，建筑巧妙而顺应自然地势变化，不同标高处沿等高线修建房屋，而屋顶保持在同一平面，形成所谓“天平地不平”的格局；在接近山顶处建有三座宫殿式城楼，中间城楼与老图书馆位于同一轴线上，四栋宿舍一字排开，加以圆形拱门与门楼，可媲美布达拉宫之壮观。

此外，工学院教学楼的屋顶采用了玻璃天窗，使得楼内实现了全天然采光，格外明亮；1932 年竣工的老图书馆，设计上注重吸纳自然，光线充沛，适于阅读；作为学生宿舍的樱园老斋舍依山就势，老图书馆古朴典雅，居群楼中央，扼校舍至高，顶楼为等边八角形，单檐双歇山，副楼屋脊与大阅览室相连，称“歇山连脊”……这些匠心别具的构思受到国内外建筑专家的交口赞赏。难怪当年英国皇家科学院院士李约瑟站在雄伟的老斋舍下也惊叹不已：我从未见过如此用整座山的基础来构思的建筑！

与此同时，由叶雅各负责引种，王世杰带领学生从东门口到珞珈山大力造林，半年间植树50万株，其中名贵花草树木繁多，栽培精细，布局合理。至此校园绿化也基本成形。

1932年2月，国立武汉大学正式迁入珞珈山新址。5月26日，新校舍落成典礼隆重举行，蔡元培出席大会并作演讲，勉励师生们在优美的校园内更要勤奋学习。校长王世杰动情致谢："十二年前，我和李四光在回国途中曾设想，要在一个有山有水的地方建设一所大学。今天，这个愿望实现了。"

作为教育部代表，李四光欣然前往祝贺并作了学术讲座。随后，他来到珞珈山对面的狮子山顶，特意察看新校区落成全貌，眼见"荒凉遍山野，乱石满山冈"的珞珈山，经过短短两年建设成为一座建筑华美的宫殿式大学城，禁不住百感交集。

当时李四光身兼中央研究院地质研究所所长、北京大学地质系教授和武大建校筹备委员会委员长三职于一身，但他一直保持着平易近人的学者本色。1934年夏，李四光受校长王世杰邀请赴国立武汉大学讲学，其间的演讲内容，一次题为"庐山冰川"，一次题为"东亚恐慌中中国煤铁供给问题"。

李四光的演讲深受学生们的欢迎，每次理学院的阶梯教室内外都挤满了听众。当时正值日本侵略者犯我东三省、大举进犯华北地区的危急时刻，李四光的演讲开门见山："今天要谈的，不是一般的供应问题，而是中国在日本人侵略之下，中国自身供给煤铁的问题。"对于当时中国煤炭现状，李四光痛心疾首道："奉天附近抚顺之烟煤，其产量很多，煤质亦佳，而目下全区煤田，全在日人势力控制之下矣。”“日人深知中国之煤田，华北实占百分之九十二，而华南仅占百分之八，倘山西一带煤田尽入日人之手，则吾国工业之前途，可想而知矣！”“中国蕴藏的铁矿，为量极少，倘使中国工业发达，全部产量尚不足供给本国的需要，然而大部分——百分之九十以上之采取权，完全操诸日人之手！”演讲中李四光大声疾呼：“幸国人早日醒悟，急起图之！”其忧国忧民之心，溢于言表。

李四光身为武大建校筹备委员会的委员长，学校建成后理所当然可就职校长，但他心无此愿，官方最终正式任命王世杰为校长。1935 年，李四光应邀到国立武汉大学为第一届毕业生做报告，会后欣然挥毫为纪念刊题词：用创造的精神和科学的方法，求人生的出路。

珞珈山上古朴典雅、玲珑秀美的校园建筑群，今天多数已成为国家级重点保护文物，这些流光溢彩的完美杰作，仿佛绝美的画卷镶嵌在葱茏叠翠的珞珈山麓，又宛如回响在东湖岸边曲调优美的永恒绝唱。回首往昔，如果不是李四光坚持已见，武大校区极有可能会四分五裂，而绝非今日集中于东湖之畔的珞珈山。事实上，李四光当初为武大设计购置的地皮是以 20 世纪 30 年代学校的旧牌坊为界，后被其他单位逐渐蚕食，甚至还被科学院给挖走一块，导致现有面积比原先设计图要小了许多。

在武汉大学校园第四教学楼的对面，如今矗立着一座雕像，画面上的李四光背倚毛驴，右手轻抚驴鬃，左手斜放额头作瞭望状，真实再现了他当年不畏艰辛，亲赴珞珈山实地考察新址时的场景。

2008 年，我在武汉大学李四光的塑像前留影

20

二度辞官——国立中央大学代校长

南京大学百年校庆之际出版的图集《岁月屐痕——南京大学老照片》，在李四光的照片下面附有说明：李四光，湖北黄冈人。著名地质学、古生物学、第四纪冰川地质学、石油地质学、地震地质学家。1932 年 7—9 月曾任国立中央大学代理校长。

回顾国立中央大学（以下简称“中央大学”）校史，1932 年发生的那些匪夷所思的事绝对值得记载。这一年中，六位校长轮番上下，甚至还出现了选校长、等校长和打校长等罕见情形。当时，在国难危机的大背景下，政府教育也遭遇前所未有的困境，青年学生就业困难,思想和信仰方面也开始表现出困惑与彷徨。自 1920 年后，教育界逐渐成为政治力量中一支重要的生力军，各方统治势力都试图动员大学和青年学生参与，以达到其政治目的，1932年中央大学的学潮就是这一状况的集中反映。

1930年底，由北伐前参加国民党的朱家骅出任中央大学校长，他既具有学术界背景，又属于五四后涌现的新一代革命知识分子，上任后积极采取各项措施，力图稳定校园秩序，推进学术发展。然天不遂人愿，大规模学生反日请愿运动彻底粉碎了他的治校宏图。

1931年“九·一八”事变爆发，东北沦丧和国民政府的“不抵抗政策”激起了全国范围内的学生运动，其中以南京尤甚，中央大学则成了领头军。9月28日，中大学生殴打外交部长王正廷，轰动一时。如火如荼的学生运动令朱家骅心力交瘁，12月5日，学生出校游行，前来阻拦的校秘书长郭心崧被痛揍，学生聚集到南京卫戍司令部抗议，直到深夜才离去。绝望中的朱家骅明确表示，无论政府是否批准辞呈，第二天绝对不再到校办公。同一天，中大学生宣布无限期罢课，众多教授离校，形势一片混乱。12月8日，教育部下令学校提前放假，旨在变相疏散学生，以防事态扩大。1932年1月，南京国民政府批准了朱家骅的请辞。中大学生自治会制定了校长标准并提出人选，国民党中央内定顾孟余为校长。

顾孟余是国民党内汪精卫派的重要干部之一。长期以来，汪精卫和蒋介石为争夺国民党的最高领导权势同水火，1930年，蒋介石取得中原大战的胜利，为进一步垄断政权，他从开封前线致电国民党中央，要求制定训政时期约法，希望借此将自己推上中华民国总统的宝座，但此举遭到了粤籍领袖、立法院长胡汉民的强烈反对。1931年2月，蒋介石悍然在南京扣押胡汉民，此举促使了党内反蒋势力的大联合，导致自1927年宁汉分裂以来国民党内部的又一次大分裂——宁粤对峙。1932年初蒋介石下野，国民政府重新改组，孙科担任行政院长，1月9日任命桂崇基为中央大学新校长。

当时学校尚未复课，第二天桂崇基准备和代理校务的法学院院长刘光华接洽，其间与前来质问的学生发生冲突，桂崇基被打伤，经调解后脱围。中大学生赴国民党中央党部请愿，反对桂出任校长，他们用木架堵塞校门，只容一人进出；学校文书办公室的门窗被击碎，藏有学校大印章和重要文件的保险箱被拿走。学生坚称：校长问题一日不解决，一日拒不交还。12日，教育部收回校长任命并承诺：今后的校长人选，一定是专门从事教育而无任何政治色彩，以免因政局动荡而随意更换，导致学生学业受到影响。1月18日，中大学生自治会召开非常大会，确定了校长人选标准：纯粹学者，办理高等教育有成绩，毫无政治色彩。次日，中大学生分别向行政院和教育部请愿。1932年1月31日，国民政府任命任鸿隽为中央大学校长。

此时的任鸿隽长期滞留北平，并无履新动向，政府方面因此十分尴尬。2月底中央大学开学在即，教育部长朱家骅电请任鸿隽火速就职，对方称病无法南下，并多次请辞，中大校长一职请另选贤能。任鸿隽坚辞不就的深层原因，在于担心接手前任留下的烂摊子后，如何能根本性扭转学校面临的难局。当时中央大学的教育经费分别从江苏省和财政部两方支款，其中省款占主要比例，由于受日本侵华和江苏省遭受严重水灾等因素的影响，中央和地方财政都极度紧张，中央大学的经费危机空前严重，出现了长时间拖欠。

校长长期空缺，学校经费问题悬而未决，6月27日，中大学生代表200多人赴行政院请愿，汪精卫答应月底前解决。第二天行政院正式决议：批准任鸿隽的辞呈，由段锡朋出任中央大学代理校长。6月29日上午，段锡朋到校办理交接，部分学生赶到校长室，结果是一言不合，大打出手。段被殴致伤，长衫撕破，斯文扫地，车窗玻璃被砸碎，好不容易才狼狈离校。行政院当日召开临时会议，宣布中央大学立即解散，听候彻底处理，教职员重行聘任，学生重行甄别。教育部长朱家骅也引咎辞职。

“驱段事件”爆发后的第二天，行政院长汪精卫亲自发表谈话，把中大学生此次的殴打驱逐行为定性为：“学纪固扫地以尽，且至于触犯刑律”，对于此等“嚣风”，必须“决心整顿，究不容缓”。7月2日，中央大学停课。下午教育部派员接收中央大学，并勒令学生职员三日内一律离校。

中央大学解散完毕，7月6日行政院特设中央大学整理委员会，蔡元培被聘为整理委员会委员长，李四光任委员。整理委员会连续召开会议，最后商定了五条原则，主要涉及院系整理、学校行政组织、经费分配标准、学生甄别办法和提高教员待遇等问题，规定以上各项决议“交由校长办理”。7月18日，行政院聘任李四光为中央大学整理委员会副委员长；同日，蔡元培提名李四光为中央大学校长，并恳求道：中大的学生现在都不上课了，你去帮我处理一下。7月20日，蔡元培致电李四光，请速从北平南下接事。李四光表示同意，一周内即赴南京，出任中央大学整理委员会副委员长。

短时间内，两任校长均被学生当场驱逐，前车之鉴，心存忌惮的李四光为此格外强调：本人并非中央大学“代校长”，只负责执行整理委员会所定各项计划，待校长有了正式人选，自己仍将继续从事研究工作。7 月 28 日，李四光抵达南京，由于其著名学者身份和薄弱的政治背景，受到中大学生的热烈欢迎。李四光态度谦逊，当众表示需同蔡元培商妥才能进行实际整理工作。他每日到校办公，除确定学生甄别委员和各学院院长人选外，并着手考虑重新聘请教授事宜。

谨慎行事的李四光从不敢独断各项事务，他希望蔡元培可来南京进行全盘统筹。中大校长这颗烫手山芋的滋味并不好受，李四光的整理工作进展不顺，首先就是教授的应聘问题。段锡朋任代理校长期间，中央大学曾向 62 名教授颁发了下一学年聘书，直到李四光代理上任，其中仅 20 人应聘。聘任工作严重受阻，根本原因在于中央大学因学生“驱段”被解散时，政府下令教职员连同解聘，导致相当一部分教授极为不满。上任不到半月，李四光便以办事困难为由提出辞呈。8 月 10 日，蔡元培致函整理委员会，称李四光因“实施甚为困难”，已向行政院提出辞去整委会副委员长，蔡元培也打算辞去委员长的职务。

李四光自知不过一介学者，对于当官乃至于应付中央大学如此庞杂而纷乱的局面，他是既无经验，也毫无兴趣。即便当时受蔡元培委托，他也明确表态：“我只是临时去处理一下，解决一点燃眉之急，我是绝不会一直当这个校长的，请你们赶紧物色其他的合适人选。”在写给北大胡适的信函中，李四光更是直接袒露了自己郁郁寡欢之心绪：“关于中大事，惭愧极了。我不能整理，也觉得无法整理。一面是整委会，一面是老教授，一面是政府，一面是学生，四把尖刀好像都集中在我一个人身上。”自从到南京上任，“终日活埋在人丛祸结中，打不开一条出路。我想我是什么人，哪会干这种玩意，误人害己，罪恶难逃，想来想去，终只有辞职一途。”

8 月 23 日，行政院会议决议，准予蔡元培等辞去中央大学整理委员会委员，李四光辞去代理校长，同时任命罗家伦为校长。同样不愿接任的罗家伦也表示：“命令朝达，辞呈夕上，余时任中央政治学校校长，绝无弃之而从事风波时起、百端待理之中大的意愿。”最后仅以一年为限接受了职务。至此，历时四年的中大校长风波宣告结束。

位于南京大学鼓楼校区内的李四光工作室旧址

南京市汉口路22号，南京大学鼓楼老校区的民国建筑群中，至今保存有李四光当年的工作室。这段前后不到两个月、短暂出任中央大学代理校长的经历，也让李四光对今后的人生目标有了更为清醒的认识，他希望可以远离那些令人无法施展身手的各种桎梏，在无拘无束深奥无边的科技王国里实现真正的自身价值。

注：本节部分内容参考蒋松溪《中央大学的 1932 年——被解散与被继任》。

21

铁肩担道义

多年前，李四光的书桌上曾摆放过一个铜墨盒，上面镌刻着共产党人李大钊撰写的名联：铁肩担道义，妙手著文章。这其中还有一段荡气回肠的故事。

1926 年 7 月，轰轰烈烈的北伐战争开始，奉系军阀张作霖开始对革命群众实行疯狂镇压，第二年 4 月 6 日，中国共产党的创始人之一李大钊在北京被捕，28 日被残酷杀害。李大钊牺牲后，灵柩很长一段时间被安放在北京的妙光阁内，直到 1932 年，李大钊的夫人拖儿带女回京，着手为丈夫操办下葬事宜。感动于李大钊献身革命的大无畏精神，北大师生纷纷施以援手，大家不畏强权胁迫，集体筹资为李大钊进行公葬，李四光和北大的马寅初、梁漱溟等知名教授都积极响应，捐款义助。

身为北大同人，李四光对于李大钊先生的渊博学识和革命精神深表敬佩。公葬结束后，他特意去定制了那个有着特殊纪念意义的铜墨盒，无论走到哪里都随身携带，每每相望，仅表“斯人如对”，直至抗日战争全面爆发，在仓促搬迁中墨盒不知所踪。

怀着对军阀旧政府的无比愤懑，李四光离开北京去到上海。在那里，“四·一二”大屠杀虽已过去半年，但政府新贵们的纸醉金迷，爱国青年遭受迫害，新旧反动势力如出一辙的惨无人道，这些都让李四光对南京方面的期待逐渐破灭。当时的南京国民政府完全受控于蒋介石的独裁统治，李四光对国民党内部争权夺利、尔虞我诈的派系争斗的认识越来越深刻，他只想早日脱离这令人窒息的黑暗。

在上海的日子里，除去蔡元培，李四光与杨杏佛也相处十分融洽，虽然大家相识较晚，但共同的志向使得他们一见如故。从 1931 年开始，李四光在南京和北京两地间奔波，除了负责指导和协调科研工作外，他全心致力于中央研究院地质研究所的兴建。

南京的北极阁下，至今保留着当年地质研究所的旧址，这座古色古香民国建筑的落成，更要归功于时任中央研究院总干事杨杏佛的直接批准。1932 年，李四光作为科学界的代表参加“中英庚款董事会”并出任董事，也是由杨杏佛正式推荐。由于彼此间配合密切，李四光得以有更多的精力投身科研，而杨杏佛则在政治社会活动方面给予大量支持，双方在共同的事业奋斗中结下了深厚情谊。

除担任中央研究院总干事外，杨杏佛同时兼任中国民权保障同盟的总干事。他积极宣传同盟宗旨，为营救被反动政府无端逮捕的学生和进步人士积极奔走，这些活动引起了反动势力的憎恨和惴惴不安，他们想借机铲除正义之士，又慑于中国民权保障同盟发起者宋庆龄和蔡元培等人的崇高威望，不敢直接下手，于是把打击目标对准了杨杏佛。

之前听说杨杏佛数次收到过恐吓信，甚至信中还夹了手枪子弹，李四光一直忧心好友的安危。直到1933年6月18日收到蔡元培发来急电，被告知杨杏佛在上海的亚尔培路遭特务暗杀，李四光闻讯悲愤不已，当即赶到上海参加了杨杏佛的出殡仪式。

李四光百思不得其解，为什么杨杏佛这样的爱国者会被暗杀，我们又该用怎样的方式缅怀为正义事业而牺牲的仁人志士？痛定思痛，他决定要用一种科学工作者特有的方式来纪念挚友，同时向施暴者表示严正抗议，于是他把最新鉴定出的一个蜓科新属命名为“杨铨蜓”，并立言明志：“杨铨蜓的命名，是用以纪念中央研究院已故总干事杨杏佛先生的惨死。凡是为科学事业忠心服务的人，都不能不为这种令人沮丧的境遇而感到痛心。”他庄严宣告：“全世界的古生物学者们，只要你们将来检索蜓科化石的谱系，都将会看到在被黑暗笼罩着的30年代的中国，有一位热心为科学事业服务的人被杀害了，光荣属于被害者，而刽子手将永远被钉在历史的耻辱柱上！”

回到南京，李四光的心情久久不能平复。李大钊的被害，使他对旧军阀政府充满了唾弃；而杨杏佛之死，又让他开始对中国新的法西斯政府深恶痛绝。虽然，此时他是用“沮丧”一词来表达自己悲愤的心情，但回想之前的“四·一二大屠杀”，还有日寇悍然侵略东北时蒋介石采取的不抵抗政策，李四光对蒋家王朝残暴专制下的国家前途不再抱有任何幻想。

22

丁文江 恩恩怨怨

杨杏佛的遇难令国内众多学者忧愤交集，大家对研究院接下来的事业发展都产生了危机共识。蔡元培有意让李四光接任中央研究院总干事，但李四光表示年底计划赴英讲学。虽然无法胜任，李四光还是特意推荐了自己心目中的合适人选——丁文江。

在 20 世纪前半叶的中国科技发展史上，丁文江是一个“百科全书式”的人物。他 1887 年出生于江苏泰兴，自幼饱读经书，曾参加过秀才考试，十六岁时到日本，后转赴英国，以优异成绩取得剑桥大学的入学资格，后因经济拮据而转入格拉斯哥大学，获得地质学和动物学双学位，并同时掌握了英、法、德三门外语。1911 年 4 月丁文江回国，参加殿试名列最优等，被授予“格致科进士”。这也是中国历史上“海归”进士的最后榜单，六天之后，爆发了推翻封建帝制的辛亥革命。

1913 年 2 月，丁文江应召担任北洋政府工商部矿政司的地质科科长，同年 9 月 4 日，又被正式任命为地质调查所所长。在中国现代地质学的发展历程中，丁文江领导的地质调查所起到了开拓性的作用。蔡元培对丁文江的超凡才识和卓越成就有过高度评价；胡适盛赞丁文江是“一个最有光彩又最有能力的好人”“一个天生的能办事，能领导人，能训练人才，能建立学术的大人物”；傅斯年也曾撰文，赞丁文江为“新时代最良善最有用的中国之代表，欧化中国过程中产生的最高的菁华”。

李四光和丁文江的交往，还要追溯到当年北大聘请教授之事。1919 年 5 月，随梁启超到欧洲考察的丁文江了解到，英国伯明翰大学地质系有位来自中国的留学生李四光，并以优异成绩取得了硕士学位。求贤若渴的丁文江设法和李四光联系并当面会谈，随后又向蔡元培校长鼎力推荐，很快李四光便收到了校方聘书。1920 年 5 月，李四光回国担任北大地质系的教授，同时，丁文江还从美国请来了德裔美国古生物学家葛利普，负责地质调查所的古生物学研究并参与北大的课程教学。至此北大地质系的教学质量有了明显改观，并与地质调查所形成了密切合作的互补关系。

“九・一八”事变爆发，国难当头，北京知识界众议为国尽力，李四光也积极参加了以胡适和丁文江为组织核心的议政活动。同时，丁文江对李四光的生活与工作都十分关心，当他了解到李四光刚到北大，因校方薪水无法及时支付而一度经济拮据时，当即为其在京师图书馆谋得副馆长一职，以贴补家用。1922 年 1 月，丁文江主持筹建中国地质学会并提议成立五人筹备委员会，李四光名列其中。同年 2 月学会正式成立，李四光首任副会长。

惺惺相惜，李四光对丁文江也心存知遇之恩。1929 年丁文江到北京后暂无居所，李四光便热心将其接到家中寄住，之后李四光在北大校园主持修建地质学馆楼，也是采纳了丁文江的部分建议。投桃报李，二人由此私交甚好。

杨杏佛遭暗杀后，李四光等积极劝说丁文江继任总干事一职，一开始丁表示拒绝。6 月 23 日，丁文江赴美参加第十六届国际地质大会，其间，丁燮林（代理总干事）与李四光、傅斯年等联名致函，其字斟句酌，情真意切，于公于私，合情合理，在当时迫不得已的情况下，大家甚至希望用激将法力劝“丁大哥”早日即位。函中言：目下研究院之局面，自有其困难处，非振作一下不易保得住。不保得住，则以前所费之国帑，吾等所用之心血，皆付流水矣。环顾学术界人士，更无他人有此魄力。见义不赴，非所谓“丁大哥”也。

李四光深知丁文江绝对是以学术为重之人，因此发自肺腑地劝道：“地质所已在南京的北极阁下修建了办公场所，预计年底可以建成，丁兄可在其中开设工作室，参考资料和助手也都容易得到，总干事的职位开始是有些忙碌，但数月之后必定可以腾出更多时间来做自己的事情，这些都是经过考察的事实，绝非诳语。”1934 年 5 月 18 日，丁文江就任中央研究院总干事，由此，丁、李同院共事。李四光 1934 年 12 月赴英讲学前，还特意拜托丁文江代为指导地质研究所的工作。

1935 年底，铁道部请丁文江派人到湖南调查粤汉铁路沿线的煤矿情况，为将来抗战铁路所需燃料做准备。丁文江深感此事关系重大，决定亲赴湖南，丁此行还受当时的教育部长王世杰所托，为清华大学将来避难后方勘查新的校址。然而天有不测风云，12 月 7 日丁文江考察完谭家山煤矿后，次日抵达衡阳，当晚风雨交加，疲惫不堪的丁文江不慎将壁炉房间的门窗紧闭，沉沉昏睡中因煤气中毒而不省人事，被发现后送衡阳仁济医院治疗，后转至长沙湘雅医院，最终因病情恶化，不幸于 1936 年 1 月 5 日去世。

丁文江曾于 1935 年 2 月立下遗嘱："于余身故时即以所故地之地方区域以内为余葬地，所占坟地不得过半亩，所殓之棺，其值不得逾银一百元，今并指令余之亲属，不得为余开吊，发讣闻，诵经，或徇其他靡费无益之习尚；遇所故地有火葬设备时，余切托遗嘱执行人务必嘱余亲属将余遗体火化。"遵其生前意愿，同时为勉励后人向学，在湖南省教育厅厅长朱经农的建议下，丁文江被安葬在岳麓后山的左家垅（现中南大学本部北校区所在地）。

得知丁文江去世的消息，李四光惊恸不已。当时他的《中国地质学》一书在英国即将付梓，心情沉重的李四光在《自序》中写下了这样的话语："恰值原稿整理工作宣告结束之际，传来了我的朋友和我最尊重的同事丁文江博士不幸去世的消息，借此向这位致力于中国地质科学的有志之士聊表敬佩之情，我想应无不妥。"

不久抗战全面爆发，1937 年 11 月下旬，地质研究所从庐山迁往桂林，李四光一行乘船溯江而上。时值寒冬，江面寒风刺骨，船过黄冈，经武汉入洞庭湖，再到长沙。12 月 19 日，李四光参加了在长沙召开的中国地质学会理事会，战火纷飞的局势下，出席会议的理事仅五人。待会议结束，李四光专程去岳麓后山的左家垅，祭拜英年早逝的好友。

1940 年 3 月，中国地质学会第一届丁文江奖授奖大会召开，李四光主持并表达了对丁文江的高度敬意。1942 年，由各重要地质机关及团体推荐，并经基金委员会诸委员核查一致同意，第二届丁文江奖授予了李四光。在授奖典礼上，杨钟健作为委员会主席主持授奖，张更代表李四光接受了奖项。理事长翁文灏首先致辞，高度肯定了李四光热心培养后辈人才及其为发展中国地质学研究方面的贡献。他表示："地质科学在国内研究精神之提高，先生之力极大。"杨钟健在致辞中说："李先生在地质界推动之功至为显然，丁先生第一届奖金的得奖人为田奇㻪先生，是李先生的学生，及今天代表本会授第二届奖金的鄙人也是李先生的学生，在座诸位会员中李先生的学生占相当大一部分，然本会授奖金于李先生的主要动机还在于李先生的研究方面。"杨钟健还把李四光的治学经验概括为"博、精、约"三点。

1944 年 3 月 1 日，李四光出席在重庆举行的中央研究院评议会。会后去北碚中央地质调查所，特约黄汲清商谈，希望及早整理丁文江遗留下来的地质文稿，并表示丁先生的兄弟文渊先生也有此意。后经多方努力，1947 年中央地质调查所出版了《丁文江先生地质调查报告》一书。

这些都是李四光和丁文江当年交往的旧事。1949 年后，丁文江的名字似乎消失了很多年，只偶尔以"买办学者"的形象出现在一些批判性的文章之中。有报道说：在中科院的一次院务会议上，李四光曾以副院长身份作有关思想改造的报告，认为“最近二三十年以来，我们的学术界充满了买办意识”，并把这种意识的形成归结于已制度化了的“买办教育”。还有人根据相关资料得出结论，认为李四光按照非常时期的意识形态，将当年归国服务的留学生分为两类：一类是以外国人为后台老板而在中国学术界中得势的人，是将封建主义、官僚买办主义和帝国主义之一切集大成于一身的“聪敏者”；一类则是得不到外国人支持，或者是不接受他们的指导而单独工作的“倒霉者”。在这样买办选拔的制度中，也曾造出一些很能干的人才，可惜那些人才多半是为了外国服务而忘却了祖国。甚至还有人形象地描述，说李四光在某公开场合下痛心疾首斥责丁文江为“地阀”(地质界的学阀)。如此种种。

我觉得这些说法或许都有可能。不可否认，在特定环境下每个人的思想都有其一定的局限性，我也绝对不会认为，李四光是由于对丁文江充满极端的个人偏见才会发表了某些见解与评论。回顾李四光的整个人生轨迹，他从来就不屑假公济私或公报私仇之丑陋行径。两度国外留学，他怀抱科技救国的雄心壮志回国任教，目睹国外殖民主义者对旧中国的蚕食与侵略，无论是在精神、物质还是科技水平等各方面，他都希望贫穷落后的旧中国可以挺直腰杆站起来，不再遭受国外反动势力的压迫与掠夺。正是由于这种心态的影响，他对于那些旧中国许多知识分子一些“唯洋人说是从”的论调深恶痛绝，决心要走出中国人自己探索科技发展的新路子。李四光坚持认为：中国地质有其独特的区域特点和本身特有的完整性，决不能生搬硬套那些仅仅从西欧的区域地质建立起来的地质术语和概念来解释中国的地质现象以及中国独特的构造地质问题。

多年的国外生活，使得李四光的行事风格养成了“对事不对人”的习惯。归国前后，丁文江在生活和工作方面给予的关心照顾，李四光一直是感激与尊重并存，他觉得丁文江绝对是身体力行做了非常有益的工作，并为在前辈们的带领下中国地质界所取得的突出成就而欢欣鼓舞。从一开始李四光对丁文江寄予了很大的希望，再到后来的深入接触，他发现很多事情远没有他想象的那么简单。有时，如果对一些人和事寄予的希望越大，有可能到最后失望就越多，李四光逐渐感觉到，丁文江在处理一些问题时并不完全都在用科学的办法，反而是掺杂了一些封建官僚的东西，比如格外在意人情世故等。当然，面对中国沉淀了几千年的某些习气与惯性，若不能进行有效变通，行事方面确有许多困难，李四光对于这种现状也有充分理解，但令他最不能容忍的是，很多从事科学的知识分子是被旧势力给拉拢了过去。伴随着这些复杂心态，李四光和丁文江之间关系的转折点，最终出现在第四纪冰川的问题上。

从 1921 年起，李四光通过对太行山东麓和大同盆地一带的野外地质考察，提出了发现“第四纪冰川遗迹”的观点。刚开始他以为，身边的地质界同行们对于新发现的提出，可能会有一个比较大的争论，但身为中国地质界权威的翁文灏和丁文江等，却一致对中国的冰川问题采取了避而不谈或者故意忽略的态度，在他们看来，地质界权威提出的“中国无第四纪冰川”的结论不容置疑，甚至还不乏暗中支持外国学者，出面反对本土新论点的出现。基于这种现状，在当时中国的地质学家中，很少有人对李四光的发现表示过积极态度。

但李四光不为所动，他执着坚持要对庐山的第四纪冰川开展研究。1933 年，一次地质会议结束后，回到家中的李四光依然愤愤难平。许淑彬不解缘由，好半天李四光才告诉夫人，是因为丁文江在公开场合用讥讽的语气发表了评论：“人家都说中国没有冰川，可是我们的李四光先生就能找出冰川来给我们看看，这真是一大收获啊。”这般冷嘲热讽，和这种在科学研究中诸多不科学的处理方法，有可能成为他们关系恶化的一个重要节点。

1934 年，李四光在庐山陆续发现大批冰川遗迹，身为中国地质学会会长的丁文江与翁文灏终于不能视而不见，他们筹资邀请国外地质学家德日进、巴尔博和那林，还有李四光及学生杨钟健、喻德渊等同往庐山，进行冰川考察的实地论证，但丁文江本人并未随行。

在这次有关庐山第四纪冰川的考证中，李四光通过有理有据的现场论辩,也改变了部分国外专家对“中国无第四纪冰川论”的看法。但奇怪的是，这之后李四光在业内遭受排挤的现象愈发明显，他撰写那些阐述新观点的论文，从审核到发表，经常要费尽各种周折。为了摆脱各种反对势力的控制，失望之极的李四光不得已只能把论文寄往国外，并用英文直接在国外地质期刊上发表。

由于长期对国民党政府的腐败统治极度厌恶，加上对当时的中央研究院和地质研究所的学术环境也颇感失望，思想极度苦闷的李四光于 1934 年选择了赴英讲学。临行前，他慨叹道：偌大中国，却无我的容身之地！这也是他苦闷心情无法宣泄的真实流露。

到了 1950 年，在《新中国的科学工作》一文中，李四光一针见血地指出："在旧中国虽然也有了一些专门科学团体，但是因为组织那些专门团体的成员，多半直接间接受了外国某些学术机构的外国教授的影响，便不知不觉忘却在本国真正有独立性、有创造性的学术机构或团体。反而把国内的学术机构或团体，做成了外国尤其是欧美学术界的附属品。因为这样，在中国科学界，不免产生一种堕落的心理，好像中国人天生就不能独立地做学问，也不配发挥我们固有的创造能力。甚至于外国人所走过的错路，我们还得跟着走，我们走对了的路径，不得外国人的承认，也就被国内同行的人们抹杀了。"这段话也间接表明了李四光对于旧中国科技界发展思路的无奈与悲哀，以及所谓他与丁文江之间关系纠结的源头所在。

有人说，新中国成立后周总理曾问过李四光，说："丁文江是你的死对头吧？"据称李四光当时回答说："是朋友，又是对头，对立的统一嘛。"对此传闻我未经考证。但作为外孙女的我熟知爷爷的秉性，虽然他与人的日常交往总是大度包容，但面对科学观点上的分歧，必定会毫不让步坚持自己的原则，绝对不会轻易采取"一笑泯恩仇"的中庸态度。

丁文江作为中国地质界的先驱者，李四光打心眼里十分尊敬，但与此同时，他又对丁文江处理学术观点分歧时所持的某些方法不能完全认同。在李四光看来，科学上的新观点应该允许被提出、被讨论、被验证，而不是上来就被排斥、被打压，甚至被扼杀，这种思维和为人大度与否无关，也无所谓恩恩怨怨，而更应追溯到李四光毕生所坚持的基本原则：用科学的观点解决科学问题。这也是一个科学家对待科学的基本态度。

湖南长沙岳麓后山丁文江墓地

注：本节部分资料参考王金华《丁文江归葬长沙始末》。

23

《冰期之庐山》

对于复杂的自然现象，不同学者提出各自论点，这在科学界是十分正常的现象，也完全符合毛主席在1956年提出的“百花齐放，百家争鸣”指导方针。长期以来，国内外众多地质和地理学家的主流看法一致认为：在第四纪（距今二三百万年）这个全世界大冰期时代，由于中国北部在第四纪初期干旱少水，而南部总体温度较高，不易产生大规模的降雪，所以在没有做深入详细的工作前提下，认定在中国东部没有冰川。但李四光根据自己的实际考察提出了不同看法。“从低地冰川所扩展的纬度而言，我们的亚洲大陆确实突破了地球上所有大陆的纪录。”这是李四光表达的论点。

今天，北京地质力学研究所新大楼的中央大厅里展陈着李四光一生最重要著作的模型，其中最醒目的就是《冰期之庐山》。那么

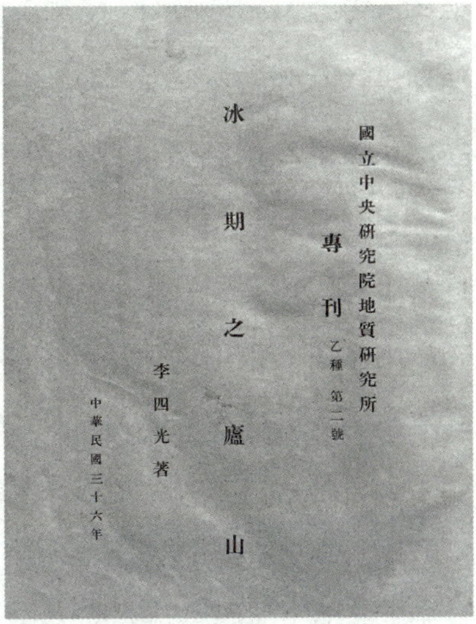
國立中央研究院地質研究所
專刊 乙種 第二號
冰期之廬山
李四光著
中華民國三十六年

李四光《冰期之庐山》

李四光是如何发现这一地质现象并提出相关学说的呢？这还要从他当年回国教书时说起。

1921年，李四光带领学生在华北地区的太行山东麓和大同盆地实习，观察到一些地质现象非常类似于他在欧洲阿尔卑斯山考察时看到的冰川流行痕迹，为此他将采集到的带冰川擦痕的漂砾带回北京并做细致研究，于1922年在英国发表了题为《华北挽近冰川作用的遗迹》的论文。李四光原以为，他提出的中国第四纪冰川的新观点有可能会引起较强烈的反响，然而事实并非如此。据说瑞典地质学家安特生看了李四光的文章，并未发表任何意见，不过是轻蔑地“哼”了一声。此后有关中国第四纪冰川的话题便被冷落了下来。

李四光也曾考虑过，是否自己的认识发生了偏差？但如果这些地质现象不是冰川作用的产物，又该做何解释？搞科学的人讲究尊重事实，有调查才有发言权，经过再三考虑，他决定继续坚持自己的观点，不放弃有关对中国冰川问题的研究。

随后几年中，李四光又在多地发现了冰川遗迹。1931年夏天，他带领学生实习时，在江西庐山观察到大量冰川流行的痕迹。庐山自古以来就是中国的风景名山，那里山势陡峭，树木参天，风光秀丽，唐代诗人李白曾留下“飞流直下三千尺，疑是银河落九天”的绝句，全神贯注扑在考察上的李四光，对身边的秀丽风光无心浏览。当时人工修筑的登山路只有北面一条，全面考察庐山的困难极大，李四光不分晴雨，每天身背工具包，脚穿草鞋，到处奔波，经常要忙到日落下山，摸黑走山路已成常事。有时天太晚了没法赶回驻地，就到庐山东面马祖山的庙里临时借宿。

身为导师，李四光身先士卒，遇到特殊地质现象必定反复推敲，绝不轻言放弃，这也是他多年养成的严谨认真、一丝不苟的工作习惯。一次考察中，李四光在庐山东麓鄱阳湖畔的峭壁上发现了一大块被后期冰川泥砾包围的前期冰川泥砾层，这也是划分冰期的最好佐证。但冰川泥砾的岩性不强，极易塌落，为深入考察，李四光不顾劝阻攀登峭壁，差点跌伤。但李四光没有退缩，他认为：冰期划分的重大问题，如果自己都搞不清楚，又如何能让他人信服？由于担心实证被洪水冲垮，他还特意找了适当的日照方向到湖边峭壁拍照，直到彻底弄明白为止。在庐山东面的王家坡南侧，大月山的峭岭呈北向的簸箕形山坳，这是一个由冰川剥蚀而成的典型冰斗，李四光命名为“大坳冰斗”,他翻过悬崖峭壁,上至山顶,下到冰斗谷底，完整采集到了第一手的资料。

通过长期考察研究，李四光发现：月轮山和王家坡沟谷底部的红色黏土中夹杂着大小不一的石块，有的砾石虽经长期风化，表面隐约还有模糊刻痕,这些砾石大小混杂,层次不清,零星散落于地上。面对这些很难用流水作用解释的现象，李四光的脑海里仿佛有一道光闪过——是否有可能这里曾发生过冰川呢？

从1931年开始，李四光带领学生来此实习，三上庐山做进一步跟踪勘察。李四光发现：如果高山里有大量的冰蚀地貌，山下就应该有相应规模的冰川沉积，从王家坡的长谷一直到牯岭西北，此处谷地泥砾层的分布形成了多种样式。从东林到西南，泥砾分布一直延伸到通远村，有的呈鼓丘或长垄状，部分长垄的深层泥砾多于黏土堆积，反而底部的黏土多于砾石。他认为这些上层的堆积属于另一个时代较新的冰川底碛，而庐山西北面泥砾的分布堆积形成半径不少于12千米的巨大扇形，鼓丘和垄显现的放射状分布则表现出山岳冰川运动的特征。再回到东边的含鄱岭，庐山绵延的陡峭山坡到此向内凹入形成袋形山口，从含鄱口到白鹤桥一个圆形穴地，东坡覆有陈旧的泥砾堆积，往下过渡到平原地带，花岗岩、片麻石等基岩露头，再往东过白鹿洞泥砾重新出现，鼓丘和垄组成的长形丘陵绵延数千米直达鄱阳湖，丘顶高出湖面100多米，其上堆积的巨大砾石，有的直径甚至超过2米。李四光经过反复思考后认为：巨大的砾石距离山脚如此之远，除了冰川的动力之外，根本无法用其他的自然力作用加以说明。

李四光一行从鄱阳湖口顺江而下，直到安徽东流，他发现在同样的长江南岸也有不规则的砾石和黏土组成的阶地。回到研究所后，李四光对野外考察的资料进行分析整理，最终得出以下结论：庐山在第四纪地质时期，至少经过两次冰期，甚至还可能有过第三次冰期；最古老的一次冰期历时较长，随后有一个气候温暖而比较干燥的间冰期；第二次冰期和间冰期都比第一次短，最后一次冰期虽然高山气候酷寒，但仅有少数冰川下到平地，历史可能短至数千年，此后气温雨量虽有波动，但没有再发生过冰川。

但为什么冰川遗迹只出现在庐山北半部，而南部却未可见，李四光觉得需要做更加广泛的研究。在相关的冰川遗迹证据被肯定后，他做出了推断：主要由于携带雪量的北风和东北风造成，因此在迎风背阳的北部和东北部发育较强，保存持久成为很自然的现象。综合庐山及江南其他地区的考察结果，李四光认为：中国的第四纪冰川主要是山谷冰川，只有山谷冰川特别发育的地区，才可能有山麓冰川的发生。这个观点也为第四纪冰川的研究指明了重要方向。

李四光后来曾感慨道，庐山的这个夏季是“一个幸运的季节”，他把庐山称为“困惑难解和耸人听闻学说的诞生场所”，是“中国第四纪冰川的典型地区”。1933 年，中国地质学会第十次年会在北京举行，李四光以《扬子江流域之第四纪冰川》为题发表了学术演讲，但参会的中外地质界专家对此论点多持怀疑态度。

1934 年春天，英国的巴尔博、法国的德日进，还有瑞典的诺林来到中国，和中方的部分地质专业人士同赴庐山实地考察。李四光以主讲人身份带领大家观看冰川遗迹，同时发表了自己的见解。巴尔博和德日进表示反对，他们以未发现冰期生物群化石为由，否认冰川的存在，认为庐山地区的泥砾堆积，不过是岩石碎块在潮湿情况下缓慢流动的产物，属于融冻泥流之类。李四光和外国权威们展开了针锋相对的辩论。虽然其间诺林也私下对李四光说：这些现象如果在我的家乡被发现，那么毫无疑问是由冰川造成的。

“庐山论冰”并未得出实质性结论，李四光意识到：如果要打破这些“科学怀疑派”们的保守论点，只有进行更加广泛的深入研究。1934 年，李四光发表了《关于研究长江下游冰川问题的材料》，列举出江浙一带的更多新发现。1936 年 5 月，李四光从英国讲学回南京，又到安徽黄山进行考察。在慈光寺，他发现了极为明显的 U 形谷，山谷东壁保存了几条平行排列不同长度的深宽形冰磨条痕，朝着山谷下方倾斜，反映出冰层移动的方向。这些确凿特征都让李四光欣喜不已，他用英文写成《安徽黄山之第四纪冰川现象》，并附照片发表在 1936 年 9 月的《中国地质会杂志》上，引起巨大轰动。德国知名冰川学家菲斯曼教授看完文章后惊讶不已，专程两次到黄山去观看冰川遗迹，回来后兴奋道“看到了，看到了，这是一个翻天覆地的发现”，并当即给德国的土壤冰川杂志撰写文章。至此，李四光关于中国第四纪冰川的研究，首次得到了国外科学家的公开承认。

1936 年 8 月，李四光带着助手第四次来庐山考察。这次他在芦林买了房子，并把全家都搬了过去。在白石嘴一带挖掘泥砾与石灰岩的接触面时，李四光发现石灰岩表面有明显的冰溜条痕，还在鞋山找到了许多带条痕的砂岩砾石，这里距离庐山 10 多千米，中间被湖水隔开。李四光考虑：如果不是冰川输送，砾石不可能在此出现，这种现象与瑞典、挪威的岩石经过冰川输送过北海抵达英伦三岛颇为相似。获此大量实证，李四光果断认为：“客之怀疑冰川现象者，至此可以涣然冰释矣。”

整理完这些年在庐山考察的全部资料，李四光写成了专著《冰期之庐山》，全书书稿完成于 1937 年。当时日本对中国的侵略战争已经开始，在那战火纷飞、民不聊生的年代，书稿也被整整搁置了十年，直到抗战胜利后的 1947 年，才用中英文同时刊印并正式发行。这本专著全面系统地论述了庐山地区的第四纪冰川遗迹，并划分了冰期与间冰期，同时还与欧洲的阿尔卑斯山地区进行比较，为我国第四纪冰川的研究正式开启了大门。

长期以来，有关中国第四纪冰川问题众说纷纭的各种观点，与其说是科学发展本身引起的争论，却更像是由外来文化侵略势力和本国买办思想结合所形成的复杂局面，它曾严重地阻碍了中国地质科学的顺利发展。新中国成立后，我国又陆续发现了其他冰川遗迹，中国的冰川问题随之产生各种不同的学说与见解。有地质学家曾发表题为《庐山真的有第四纪冰川吗？》的文章，认为通过对庐山在内的重点地区进行考察，以及对地貌和沉积物的冰川成因和非冰川成因的识别，结合冰川环境特点的重建、庐山似冰川地形和沉积物的成因进行辨析，提出了自己的新观点，即：庐山牯岭海拔 1165 米，从现代气候记录推测，7 月气温必须下降 20℃，庐山才具备积雪成冰条件，而长江中下游的所有地区，在任一冰期均未降温达此幅度，据此判断，地处中纬度的庐山形成第四纪冰川绝无可能；同时文章还从砾石组成、砾径变化、沉积结构、擦痕等各种沉积物特征分析，认为庐山较广泛分布的泥砾堆积均为泥石流而非冰川所成。

这些由不同观点引发的争论持续至今。1989 年，中国地质科学院地质研究所的韩同林教授，通过在青藏高原的野外考察研究的积累，首次发表了《青藏高原第四纪大陆冰盖形成的野外证据》论文，1991 年，韩同林完成专著《青藏大冰盖》，完全否定了“中国东部无冰川”的论点；1995 年，冰川学家徐道明和沈永平发表了《青藏高原的泛大冰盖遗迹与冰期》，认为高原在晚更新世时期曾发生泛大冰盖作用；1997 年，韩同林、劳雄和郭克毅等首次在河北丰宁喇嘛山的山脊、山峰上发现世界罕见的冰臼群，随后又在中国中东部发现大量冰臼群，同时向南直至海南岛，也发现有大量冰臼群分布；2004 年，韩同林发表了《发现冰臼》专著，在中国掀起了“冰臼发现热潮”；2003 年，海洋地质学家李乃胜院士等人出版了专著《崂山地质与古冰川研究》；2010 年中国第四纪委员会海岸分委员会副理事长赵松龄出版了专著《中国东部低海拔型古冰川遗迹》；2012 年自然资源部徐兴永院士、中国海洋所于洪军教授合著的《冰消期地貌》也相继面世，彻底打破了曾风靡一时的“中国东部中低山区无第四纪冰川”论断。某种程度上，这些成就的取得，是李四光提出“中国第四纪冰川”学说之后取得的一系列重大突破和胜利。

多年来，我一直坚持认为：李四光当年所做的相关地质工作，必定有他认为的确切证据。如果有人加以反对，那也一定是有自己的论点。科研工作者的任务，就是要确认哪种证据更具备说服力。地质学这门学科，它不同于物理和化学，可以依靠试验来进行佐证，更多时候人们只能通过自己观察到的现象去加以证明。科学界有两个很特别的领域——天文和地质，研究者们有时要证明自己提出的理论其实非常困难，因此各种学派会层出不穷。尤其是地质学，我们目前能观察到的很多现象都发生在亿万年前，随着技术手段的不断改进，科学家们有可能对地球上的某些现象作出进一步新的解释，但也未必就一定正确，只能通过时间来检验一切。

对于一个复杂的自然现象，研究者们提出不同认识，经过深入研究，扬长避短，去伪存真，改进和统一认识，这才是正确的科学态度，同时也折射出真正投身科学的研究者们必备的基本素质。就现阶段而言，关于中国的第四纪冰川，没有哪种定论已被认为一定正确。研究者观察到某自然现象，提出假说，再通过各种具体的实际工作来支撑自己的观点，这是普遍性的工作思维。地质学研究想要得出确凿定论，其难度格外巨大。搞科学的人不乏这种可能，做了一辈子的研究，最后发现此路不通，原先提出的结论都是错误的，但我们也不能因此认定他这一生都是失败的。选择科学，就不能惧怕走弯路，即便走了弯路，这也是科学研究过程中的一个必经步骤。牛顿说：我的成功是站在巨人的肩膀上。正是有了前人的无数实践，后人才可得以借鉴并选择各种更合适的研究路径，这些都应归属科学上的发现，所有在这条路上走得通和没走通的科学研究者们，我觉得都同样应被视作成功者。

面对种种学术纷争，李四光绝非心胸狭隘之人。他说过："关于科学上的问题，根据科学的事实，做严格的讨论，尖锐的批评，甚至比较长期的斗争,这是常有的事,并不是坏事。"他也经常告诫学生："不怀疑不能见真理，所以我希望大家都采取怀疑态度，不要为已成的学说所压倒。"李四光当年力排众议，提出了中国第四纪冰川的新论点，这之前确实没人提出过，李四光也实事求是做了大量的具体工作来加以论证,关于中国第四纪冰川的工作成果在当时英国《自然》杂志上均有报道，被公认为十分前沿的研究且卓有成效。

1979 年，"中国地质学会第四纪冰川与第四纪地质专业委员会"

成立。1989 年，为表彰和纪念李四光对中国第四纪冰川所做出的巨大贡献和高度爱国主义精神，同时展示迄今为止我国第四纪冰川研究取得的重要成果，在孙殿卿等人的积极推动和地质矿产部领导的大力支持下，北京石景山区的模式口建立了“中国第四纪冰川遗迹陈列馆”，并成为开展青少年科普教育、提高广大民众的冰川学科知识的学习基地。

庐山“芦林 1 号”的毛泽东同志旧居，如今已被辟成“庐山博物馆”，其中还专门设立了“庐山第四纪冰川遗迹”资料陈列馆。含鄱口的坡下芦林 52 号，李四光当年为考察庐山冰川曾在此购置了房产，1950 年回国后捐给了中国科学院，地点就在植物园旁边。这座房子很长时间内一直被空置。到了 1970 年，政府开始修建庐山第二条公路，修路工人无意中发现这座无人居住的空房，就在里面生火做饭，结果不小心造成意外失火，房子被彻底烧毁。因为那片地的产权属于中国科学院，后在原地重新盖了一栋疗养所的迎宾楼，正中悬挂有大理石铭牌，上刻“李四光先生考察第四纪冰川工作室旧址（1931—1934）”字样。

或许因为在那座房子里度过了自己的童年，母亲李林总觉着就这么被烧毁了其实挺可惜的，即便是捐赠物品，也应当好好爱护。后来我去庐山参观时，父亲邹承鲁还特意让我和对方单位说明，这里曾是李四光的住宅，并非当年考察冰川的工作室。对方回答：我们知道这里以前是李四光的家，但写成“工作室”似乎更气派些，并表示也有考虑，要把当年烧毁的房子换个地方按原样重盖，只因经费问题而最终作罢。

李四光当年在芦林买的房子

庐山李四光先生考察第四纪冰川工作室旧址（1931—1934）

2009年夏天，我去庐山寻找李四光当年建造的白石纪念馆遗址，结果踪迹全无，湖边早已盖满了各式小饭店，只在牯岭庐山中学的门口，还立着一块巨型的“飞来石”（李四光将其形象地称为“冰桌”），见证着百万年前这片土地上曾发生过的冰川漂砾。

牯岭庐山中学前的第四纪冰川遗迹——“冰桌”

庐山和黄山，这两座中华名山后来都被评为地质公园，其中冰川的发现成果都起到了至关重要的作用。因为地质公园的评定，要根据地质遗迹景观的重大科学考察价值、美学观赏价值、历史文化价值、稀有性、自然完整性、环境优美性、观赏的可达性和安全性等价值因素进行综合审核。当时相关单位邀请我去黄山，有地理学专业的老师来跟我建议，意思是目前冰川学说尚存争议，在地质公园的重新评定中最好不要提及，以避免造成误导。我的回答是：有关地质上的东西争论很多，但科学很多时候一定是需要争论的，为什么现在一提及冰川，就要说定论与否呢？即便大家趋之若鹜的“大陆漂移说”，其实也是存在争议的呀。

24

庐山拒召

虽然庐山第四纪冰川的考察工作取得了突破性进展，但李四光的心情一直无法轻松起来。1929 年 3 月，学生杨钟健的父亲去世，李四光在吊唁信中安慰道:“幸勿以一时而害千秋，吾人沉浮于此世，处境固有否泰之别，而最后同归于一途。乱世之劫，形骸之秽，任之听之。此非并求哲理以自解，事实实如斯也。”寥寥数语，明确表达了自己对时局的忧患与不满，这也为他日后与蒋介石、汪精卫的交恶埋下了伏笔。

庐山考察期间，李四光对贫苦的劳动者十分同情。当地村民生活穷困，不少人以抬轿送客谋生，上下山一趟，每顶轿子要付费 3 元 8 角，扣除轿租 2 角，轿夫每人仅能分得 9 角。但李四光上下山从不坐轿子，他总说：“我是人，他们抬轿的也是人，我怎么能坐着让他们抬呢？”这也从侧面反映出李四光作为读书人身上的那种

“呆气”。

其间，北大化学系丁旭贤教授的夫人陈淑来芦林看望许淑彬，陈淑也是当年为两人牵线搭桥的媒人。大家计划着上山游览，总共雇了三顶轿子，陈淑和许淑彬都坐了上去，唯独李四光坚持步行上山，说是要顺便观察庐山的地质状况，剩下一顶轿子空着上山。等到下山，李四光只把采集的标本放在轿上，自己仍旧是边走边看。

1935 年，中国正式收回庐山的行政权，但山谷间的各式别墅依旧属于达官贵人的产业。盛夏将临，前来避暑的国民政府新贵们接踵而至，但李四光从不与之搭讪，并刻意保持着距离。在李四光芦林住所的坡上，住着当时的国民政府主席林森。有一天李四光正打算出门，远远看到一顶轿子迎面过来，他知道是林森回来了，便临时改变方向，紧走几步上坡，先行回到自己家中。许淑彬同父异母的弟弟许保均当时也在家，问姐夫怎么又回来了，李四光回答说：“你没有看见那边来了一顶轿子？”

庐山考察的地质条件本就十分严峻，但最令李四光苦恼的还是那些层出不穷的政治干扰。作为国民党的政治和军事要地，当年庐山设有正式的训练学校和军官学校，加之官僚权贵别墅林立，军事戒备森严，地质考察团的居住和行动经常受到严格的监视和审查。

一次，李四光在庐山东面的山上带领学生考察冰川沉积。大家正聚精会神研究和绘制冰川分布图，突然有几个国民党兵冲过来，他们对考察团出示的证件不理不睬，直接是蛮横盘问，最后还强行搜走了全部图稿和记录。师生们被带到军官学校的校部，由一名少将军官进行所谓审讯。大家据理力争，表明李四光的身份是中央研究院地质研究所所长。著名的地质学家在自己国家的土地上进行正常的专业考察，却遭受到如此的非法扣留和百般侮辱，这怎不让人义愤填膺。最后还是由庐山管理局局长出面保释，对方这才罢休。大家摸黑回到了姑塘工作站。

最让李四光无法释怀的，还是“白石陈列馆”被炸的事件。作为庐山第四纪冰川发现的确凿实证，庐山东边山脚白石嘴发现的冰溜条痕石具有十分宝贵的科研价值，为此李四光专门设计修盖了三间房子，用来陈列冰碛标本。不久，国民党的军舰被日军步步紧逼，最后躲进了鄱阳湖，这里旋即成了所谓的“军事要地”。军队表示要在鄱阳湖里演练海军，不由分说炸毁了白石陈列馆，理由是防止军事机密泄露。师生们多年精心收集的标本毁于一旦，众人悲愤交加却无可奈何。等到李四光从外地回来，望着荡然无存的遗址，心痛得几天都吃不下饭，这也格外加剧了他对国民党政府的抵触和仇视情绪。

鄱阳湖冰川的擦痕照片

这之后蒋介石数次召见，李四光均以各种理由回绝，其中最广为人知的就是20世纪30年代的“庐山拒召”。1936年，西安事变和平解决，蒋介石侥幸获释后回到庐山疗养，不得不做些抗日和民主的表面文章。1937年6

月，蒋介石和汪精卫邀请全国知名教授及各界领袖来庐山会谈，以期交流“对政治、经济、教育方面”的意见。会谈定于7月15日到8月15日，分期分批进行，李四光被列入首批被邀名单中。

会谈临近，国民党政府要人、社会名流和大学教授们纷至沓来。7月4日，汪精卫抵达庐山。7月7日，日本侵略者悍然发动卢沟桥事变，举国上下一致要求抗日，南京国民政府在这危急存亡的关键时刻持何态度、庐山会谈又究竟能解决什么问题，这也成为李四光重点关心的所在。

早年在日本，李四光与汪精卫有过数面之交，也略知一些蒋、汪之间的矛盾，因此他特意去牯岭汪宅拜访。见面后，李四光直接表明态度，说：“现在再不打，就别无出路了。”而汪精卫却夸夸其谈，声称中国根本就不是日本的对手，其所谓“一面抵抗，一面交涉”的政策，真实的险恶用心不过是企图倚靠日方势力，在所谓“对日交涉”中培养自身力量，为日后与蒋的权力之争打下基础。李四光对这种论调甚为不满，双方产生了争论。汪精卫不以为然地说：“你一个书呆子懂什么？”李四光愤然回击道：“那就拭目以待！”说完起身告辞。

当时李四光在庐山还有位朋友李一平，原先在云南省主席龙云手下做事，后到庐山开办了“交庐精舍”，专门招收乡邻子弟免费入学。李四光的女儿李林当时也在此校读书。李四光见到李一平，说起这次与汪精卫的见面，怒不可遏道：“此人该杀！”

7月16日，国民政府第一次谈话会在牯岭图书馆举行，会议由汪精卫主持。17日，蒋介石发表谈话，并宴请与会人员。对蒋汪的真实面目早有清醒认识的李四光，身在庐山却直接拒绝了会谈邀请，如此铮铮风骨在当时“蒋管区”的知识界实属罕见，也因此，他获得了一大批同行发自内心的尊重和暗中保护。

抗战前，李四光从南京出差去武汉，刚好和蒋介石住在同一家饭店。蒋从报纸上了解到李四光到了武汉，提出会见。王世杰来征求李四光的意见，李四光明确表示不见，并请王转告蒋，说自己已离开武汉。第二天李四光直接去了广西，继续从事他的地质工作。

八年艰苦抗战，李四光在广西度过了近七个春秋，其间，他几乎每年都到重庆参加中央研究院的院务会议。为拉拢知识界，蒋介石在会议结束后通常会安排宴请，李四光每次都借故先行离开。一次李四光赴重庆开会，学生孙殿卿同往，顺便到北碚地质调查所借阅书籍。到了晚上，李四光通知让孙临时买票，即刻就走。后来孙殿卿终于明白，原来当晚蒋介石和宋美龄举办宴会，李四光的座位被安排在蒋的旁边。席间蒋介石忽然想起，问翁文灏：“李四光先生怎么没有来？”翁文灏回答说：“重感冒，发烧。”过了片刻，蒋介石又问陶孟和，陶孟和也附和道：“李先生病了。”多年后李四光一直铭记此事，并感激道：“翁文灏曾救过我一命。”

鉴于李四光在国内外学术界的声望，蒋介石屡次用高官厚禄进行拉拢。北京大学任教期间，李四光曾多次拒绝出任教育部长。即便为稳定局势，平复学生躁动情绪，李四光答应蔡元培在1931年出任中央大学代校长，但很快便辞职。1940年，李四光接朱家骅密电，对方希望李四光能代表蒋介石和国民政府赴印度和尼赫鲁会谈，李四光在电函中义正辞严地回复：“抗日战火弥漫，始而联英抗日，现又联印反英，出尔反尔，将何贻信于世人，两面美人，尤非弟所能为，请转告最高当局另聘贤能。”

1945 年 8 月，抗日战争胜利，颠沛流离的李四光移住重庆北碚养病，身为国民政府外交部长的王世杰前来看望。穷且益坚，不坠青云之志，贫病交加的李四光婉言谢绝了所谓的营养补助。不久，国民政府行政院长宋子文又登门拜访，邀请李四光出任驻英国大使，李四光以“自己的健康状况，已不允许从事大活动。医生一再要求静养。现在就本行业务已力不从心，何况外事政务，更无法承担”为由推辞。1948 年李四光被中央研究院评定为第一届院士，但他选择出国参加世界地质大会，再次避开了和蒋介石的直接见面。

作为中国历史名山，中共中央曾在庐山举行了对社会主义建设有着重大影响的三次会议。毗邻庐山会议旧址的庐山抗战纪念馆，左侧大厅就是 1937 年，时任国民党中央政治委员会主席汪精卫和国民政府行政院长蒋介石邀请各党派、各民主团体、社会各界知名人士来庐山召开“谈话会”的场所。旧址长桌上写有 7 月 16 日和 7 月 28 日两次谈话会出席代表的名单，但李四光的名字始终没有出现过。

庐山谈话会场旧址

25

《中国地质学》

1934年，李四光携妻女赴英国讲学，距离上次到西欧已整整二十二个年头过去，李四光也从当年的穷学生逐渐成长为蜚声国际的地质专家。

为了给家人营造相对舒适的旅途环境，在北大穿着破裤子教书的李四光这次特意买了头等舱船票。旅途遥遥，意大利造的万吨轮船在浩渺的海洋上随波逐流，船上乘客纷纷去参加游泳、打球、跳舞和看电影等娱乐活动，借此消遣打发寂寞。但许淑彬又犯了晕船的老毛病，她不仅吃东西没胃口，而且风浪一打过来就只能躺着。为了照顾好妻子，李四光每天把自己关在舱内，同时抓紧时间不厌其烦地修改讲稿。船上的中国乘客本来就少，李四光的这些另类举动自然引人注目，有乘客来劝许淑彬，说别让你家先生太用功了，要适当地注意休息、调节身体。许淑彬听了只是摇头苦笑。

抵达英国，全家人在伦敦租了房。因为要去皇家音乐学院进修作曲，许淑彬的中饭采取和当地英国工人类似的解决办法——喝杯自来水，坐在公园长椅上吃个面包简单充饥，到了晚上再回家做饭。李四光则一直埋头撰写文稿，中饭就让房东随便送点对付一下。

当时外界对中国的地质情况知之甚少，李四光的讲学目的主要考虑到：作为一个中国人，必须理直气壮地在国外同行面前表现出民族的尊严和气概，让他们进一步了解中国，只有在相互尊重的基础上建立真正的友谊，才能加强今后的深入合作。李四光认为：中国地质有自己独特的区域特点，决不能生搬硬套由西欧的区域地质建立起来的地质术语和概念来阐述中国的地质现象和独特的构造地质问题。因此，他按照自己的观点撰写了具有中国特色的地质学讲稿，并进行反复修订。

李四光对中国地质的地形、地层、古生物和构造等都了如指掌，他根据多年收集的地质资料，详细介绍了中国的自然区域、各个地质时期的造山运动和特殊构造形式，以及第四纪冰川流行等问题，他流畅地道的英语为鲜明坦率的演讲起到了锦上添花的效果，演讲全程受到英国地质学界的肯定和同行们的交口称赞。

讲学过程中，李四光应邀到各处参观访问，与英国地质界的新老朋友进行了广泛接触。其间，他应威尔士教授的邀请，在伯明翰大学的实验室和机械系制作了一个铅制的空心球体，内涂一层薄蜡，用于由地球自转速度变化引起地壳运动实验的操作演示。这个空心铅球后来被李四光携带回国，至今仍保存在地质力学研究所的模拟实验室。在地质界众多朋友的请求下，李四光又在英国多停留了一阵，他打算把演讲稿整理成书，再付印出版。

考虑到经费紧张，李四光携全家从伦敦搬到了房租相对便宜些的汉姆斯特灌木区。房屋四周有绿油油的草地，李四光很是喜欢，他经常散步并思考各种问题。房东是位英国人，平时以养狗为生，靠出售名狗给阔太太们来养家糊口。李四光有时也与房东聊天，听对方聊到对英国政府统治的满腹牢骚，李四光不禁感慨道：无论在哪个国家，穷苦阶层对于反动阶级永远都是充满了各种愤懑。

夫妇俩想尽各种方法节约经费，但依旧入不敷出，无奈之下，李四光只能求助当时任中国驻英大使的老乡郭泰祺帮忙。身居高位的郭态度比较冷淡，但尚未直接拒绝，最终让李四光一家三口在大使馆的三楼借住了一段时间。

当时，李四光的学生俞建章也在英国学习，住在离伦敦约两小时车程的布列斯特。每逢假日俞建章去看望李四光，都发现老师在埋头编纂《中国地质学》。1936 年全部书稿完成，李四光委托英国的一位朋友代为办理出版，之后便启程回国。1939 年，该书由伦敦杜马·摩尔第出版公司付印完毕。

虽然因为缺少了中国矿产分布的记载与讨论方面的内容叙述而显得有些美中不足，但《中国地质学》毕竟是中国人自己撰写的第一本中国地质学专著，一经出版，即在国内外引起强烈反响。英国皇家学会的李约瑟教授后来在阐述中国的大地构造时曾表示：“很幸运，在这一方面，最卓越的地质学家之一李四光为我们提供了第一部内容丰富的地学著作——《中国地质学》。”

当然，也有部分持异议者认为：如果没有宣扬外国学者在中国的工作情况，就根本不配讲中国地质学。李四光对此论调丝毫不以为怪，他撰写此书的指导思想，就是提倡不要迷信外国学者的立论，书中所引用的地质现象和某些结论的地质依据，多数属中国人自己的发现，甚至有一部分是外国人久寻而不得的结果，其观点有着旗帜鲜明的个人风格，与外国学者的分歧显然是针锋相对。以往，只要中国地质工作者和外国人共同研究取得的成果，发表文章时通常都会把外国人的名字放在前面或作特别说明——此论文是在某外国专家学者的指导下得以完成。但李四光反其道而行之，如在引用谭锡畴和法国地质学家德日进共同调查完成的《大兴安岭南部地质素描图》时，他把德日进的名字置于谭锡畴之后，这势必影响到了所谓外国专家的“威信”，自然引起对方的强烈不满。如此矛盾冲突，并不单纯属于学术上的见解不同。那段时期李四光的学术成果多数用英文发表于国外期刊，某种程度上也是为了抗衡国外学术界长期以来以不平等态度对待中国人的恶习，同时也表明自己坚决与帝国主义文化侵略势力作斗争的决心。

《中国地质学》原著为英文版，抗战时期由李四光的学生张文佑编译成中文缩写版，李四光曾作短序，说明成书的来历及演变经过。《中国地质学》后来做了扩编版，内容以地质力学理论为主导，综合分析了我国20世纪初以来特别是新中国成立以后，在基础地质研究、地质调查、矿产资源勘查、地质环境评价与地质灾害防治研究等方面所取得的大量资料，全面系统地论述了中国的基础地质与应用地质。这本书不仅内容丰富、结构新颖，而且集学术性、理论性和资料性于一体，是一部大型的综合性区域地质专著，因为具有较高的参考价值，故长期以来作为广大地学科研、地质勘查、环境地质、国土整治、灾害防治、工程与水文地质等方面人员，以及大专院校师生和地学爱好者的阅读参考书被广泛使用。

温家宝曾在《温家宝地质笔记》中这样回忆道："1960 年 9 月，我迈入北京地质学院校门时，随身带着父亲读过的一本书——李四光著的《中国地质学》。这本书是李四光先生 1939 年用英文写的，后来由张文佑先生翻译成中文。父亲早年就读于北京师范大学史地系。他读这本书非常认真，在书上画满了红线，在书中空白处写有心得体会。进校后我接着读它，在上面又圈圈点点，做了很多新标记。"2010 年 6 月 25 日，温家宝在和浙江大学学生座谈时，又再次提到父亲当年赠送的《中国地质学》，并说至今还保留着这本书。

1936 年 4 月，李四光继续到北美考察地质。从美国纽约坐上西行慢车，经华盛顿往西南穿越密西西比河到达圣路易斯，沿途李四光总要选择在地质现象显著的地方停下考察，因此经常停留于乡村小火车站，没有旅馆就临时借宿，或直接住在护路工人用树皮搭成的简陋木屋里。见到丈夫整天惦记着那些光秃秃的山，众多风景名胜都无暇顾及，许淑彬不免发点牢骚，李四光耐心解释道："来美国一次不容易，一定要利用这难得的机会把这边的地质状况看个清楚明白。"经过两个多星期的旅行，全家终于到达美国西海岸的洛杉矶，准备登船横渡太平洋回国。

26 广西七年

1937年8月，日军开始轰炸南京，中央研究院接到通知：鸡鸣寺被南京防空司令部紧急征用，限各所三日内全部迁移，过时不准出入。当时研究所半数以上的员工还在野外考察，留守南京的工作人员开始了刻不容缓的行动，书籍、仪器和已鉴定的标本等全部装箱，租了一条小帆船运往庐山，来不及迁出的物品暂存于地下室。幸好李四光对庐山的情况比较熟悉，待地质研究所迁来，临时在芦林和姑塘设立了办事处。

12月13日，南京沦陷。1938年广州、武汉失守，国民政府迁往重庆，中央研究院也奉命内迁。国难当头，地质研究所何去何从，忧心忡忡的李四光不停地忧思着对策。事实上，在追忆马君武先生的回忆录中，李四光就曾提到过“中日战争终不可避免”，并且预计战争爆发后，沿海及滨江的重镇都将很难守住。因此，他建议未来长期抗战的根据地应放在内地，并尽早做好相应准备，而且他还和马君武商量过，要在广西大学内建立一个科学实验馆，广招技术人才，以备战时各种物资器材的研究。他们的这种想法得到了李宗仁的支持，但计划尚未开始，卢沟桥事变便爆发了。

中央研究院的代理院长朱家骅要求各研究所迁往重庆，否则将停发经费，其他各种搬迁事宜也概不负责。根据对现状的各种考虑，李四光将搬迁地点选在了桂林，公开的理由是：重庆的各种机关已然众多，广西属于文化落后地区，迁几个学术机关过去也有好处。之后李四光与同事们克服各种阻挠和困难，把地质研究所迁到了桂林，当时一并搬过去的还有物理研究所、心理研究所和社会科学研究所等机关单位。

长江流域风云紧急，李四光在广西与马君武先生再度重逢。此时的马君武已经病重，两人来不及寒暄，李四光就直截了当地表明态度：“此来不是避乱，只想旧话重提，在广西办科学实验馆的事。”两人拿着帽子，直接去找当时的省政府主席黄旭初及诸位朋友。商拟建设的科学实验馆，由广西省政府与中央研究院合办，其主要任务为：应用自然科学，从事研究各项实际问题；搜集各项可供科学研究之用料，并设备及各项科学工作必需之工具；协助广西科学教育之发展。开办科学实验馆的建议最终得到大家的一致赞同，决定由李四光担任馆长，并负责筹建。

避难期间，李四光每日忙于科学实验馆的筹建和野外考察，身为广西大学校长的马君武也公务繁重、头绪万千，因此两家虽靠得很近，却难得有机会串门聊天。1940 年夏天，马君武先生因操劳过度骤然去世，李四光前一天还去病房探视过，他闻讯后悲痛不已，近四十年的往事在脑海中翻来覆去，于是含着眼泪写下了那篇《追念君武先生几件小故事》。

刚到桂林，地质研究所的经费严重不足，主要依靠给湖北、广西等省做些地质矿藏方面的调查工作来维持。幸好当时所里的年轻人多为单身，能够经常出野外考察，赚些费用。没过多久，在环湖东路与物理研究所合租的两层楼房又被日本人的飞机炸塌了一半，迫不得已，地质研究所于 1938 年 6 月迁入桂林市内的四川会馆。杂草丛生的空地上，李四光亲自设计并带领同事们一起动手，盖了两排木板房充当临时的办公室和宿舍，大门口的房檐挂了灯笼，上书“抗战到底”四个大字。

战事连续不断，国民政府派发的科研经费被一再核减，研究所的办公经费捉襟见肘，甚至连职工的生活保障也成了问题。李四光认为，此时向重庆方面乞讨已毫无用处，他当机立断采取各种举措，以期自力更生。比如，将部分人员出借给相应机关，加强与地方部门的合作，尽量取得广西省当局的支持。科学实验馆在良丰山区新建了办公室、实验楼及厂房宿舍，为确保职工生活用水，李四光又亲自设计打了口水井。馆内同时还设立了实验工厂，李四光兼任厂长。

科学实验馆的三人委员会中，李四光除担任委员外，还要兼管实验工厂的具体工作。工人们头一年的工资由广西省政府发放，到了第二年，实验工厂能够自主生产少量的科研及教学仪器，基本上独立自主解决了工资问题。大家一致同意要从结余费用中抽取一部分给李四光做生活费，但李四光坚决不肯，他建议余款先存起来，以备日后添置机器所用。

李四光十分关心员工的生活与健康。他规定：身体不适者先行馆内治疗，若病情严重，即刻送往外面大医院，若遇医疗费不足，可打报告申请借款；工作人员在野外的生病治疗费和医药费等，出差费用范围内允许报销。即便是来科学实验馆修理房子的木工和瓦工，李四光也常邀请他们到会客室内休息，十分客气地以烟茶招待。工作闲暇之余，李四光偶尔也和当地农民一起拉拉家常，这种无拘无束的亲近，让他仿佛又回到了纯真的童年时代。

科学实验馆成立后，靠着大家的共同努力，各项设施的建设都已初具一定规模，如发电所和金工、木工、电工等工场，科学材料的样品及仪器模型的陈列室和图书馆，与省政府合作的化验室，与中央研究院物理研究所合作的物理实验室，与地质研究所合作的地质矿产研究室，以及建设中的冶金炉和等温室等。为增加参观者的感性认识，李四光还在科学实验馆礼堂的天花板上，别出心裁用各种线条和五颜六色的电灯泡布置成了太阳、地球和月亮运转的模拟场景，激发出人们对天体运动研究的兴趣。

今天，在桂林雁山的广西植物研究所内，当年的科学实验馆（如今又被称为“李四光科学馆”）已被列为桂林市文物保护单位。作为永久性的陈列展览馆，它历经数十载岁月洗涤，依旧呈现出深邃风貌，向每一位后来者诉说着当年炮火中的沧桑往事。

李四光抗战时期在桂林雁山创建的科学实验馆旧址

1937年10月9日，李宗仁、白崇禧和黄旭初在桂林成立了“广西建设研究会”，李四光接受了当局聘请，担任研究员。1941年暑假，为反对中统特务高扬出任校长，广西大学的学生举行罢课，反动政府派遣200多名宪兵进行镇压，并逮捕学生百余人。受众人委托，李四光多次找到高扬进行义正辞严的交涉，迫使对方陆续释放了大部分学生。

迁居桂林期间，李四光除了主持中央研究院地质研究所、桂林科学实验馆的工作之外，还兼任了广西建设研究会经济部和文化部研究员、广西广播事业指导委员会委员、广西选考留学国外公费生办法改订委员，以及中国社科社社友会会长等职务。鉴于其在学术界的显著地位，蒋介石曾多次表示，希望李四光可以出任教育部长或大学校长，并要求将地质研究所迁往重庆，甚至以各种高官厚禄对李四光进行拉拢，但这些无一例外都遭到了拒绝。抗战期间，中央研究院每年要在重庆召开院务会议，李四光总是想方设法刻意回避，即便去了，也都是来去匆匆。这种拒不配合的态度终于惹恼了不可一世的独裁者。

良丰河，又名相思江，是漓江右岸的一条支流，发源于阳朔、临桂、永福三县交界处的架桥岭，不远处有个叫作清平乡的小山村。这里风景优美，形态各异的石灰岩小山包拔地而起，仿佛围起了一道天然屏障，靠近山脚的地方有十来户茅舍，合抱粗的榕树交错其中，一条清澈的小河弯弯曲曲从村前流过。

1942 年 8 月，宁静的村庄里突然搬来了一对中年夫妇。男子略显花白的头发，身着本地土灰布衣服，每天早出晚归，女主人则闭门在家，操持家务，偶尔家中也会有外人进出。小山村的夜晚没有电灯，劳作一天的人们都早早歇息，唯独这两间茅屋内时常亮着煤油灯昏黄的光。时间一长，淳朴的乡亲们都知道，这家的男主人是文化人，夜晚还要写书。

这对隐居乡野的神秘夫妇，就是李四光和夫人许淑彬。几天前，住在广西良丰的李四光接到时任国民政府资源委员会副主任钱昌照的秘密通知，说是蒋介石要派人来抓他。当时日军也开始对桂林市区施行狂轰滥炸，广西省政府临时作出决定：增辟避难岩洞，疏散市区人口。在这种危急情况下，李四光夫妇和地质研究所的同事们同坐一辆卡车，携带着罗盘和地质锤，临时避难来到了这里。

广西避乱途中的李四光和许淑彬夫妇

身为科学实验馆的馆长，李四光一直受到大家的敬重。这次搬迁多亏两名本地工人帮忙，总算在村子里临时租到了两间茅屋，全家人暂且有了安身之地。抗战时期的奸商不顾老百姓死活，豆油里经常掺加桐油，食用后轻则会泻肚子，重则甚至有可能闹出人命，此外，配给米里的石灰和小石子也难以淘洗干净，对肠胃严重不利。在如此艰难的生存环境中，身穿补丁衣服的李四光夫妇亲自动手开荒种菜，大小姐出身的许淑彬也逐渐摸索出各种生活技能。为了让身患肺结核病的丈夫身体不至于继续恶化，许淑彬去附近六塘圩集市买了个石头小磨，每天弄点黄豆磨成豆浆，或者点成豆腐当菜吃。此外，许淑彬还学会了养鸡，偶尔还可以用鸡蛋去和乡亲们换点小鱼和豆油，这样除了吃用，晚上写作时的灯油也得到了保障。有时他们还会托人送点青菜和鸡蛋等到研究所里，让学生们添加一点难得的营养。

苦中作乐的李四光一家和附近乡亲们越来越熟，逢年过节大家也时有来往，村里的孩子们每次见面都会“李爷爷”“李奶奶”的喊个不停。夏夜，众人在小院中纳凉，李四光对着满天繁星与银河，给山里孩子们讲“牛郎织女”的故事，还有《诗经》里“东有启明，西有长庚”之类的典故。孩子们听得很着迷,经常到夜深都不肯回家。久在樊笼里，复得返自然，避乱中的李四光在桂林乡下重拾了一回村居乐趣。“泉石且抒涓滴意，风尘莫叹客程颠”，这两句咏怀诗就是他当年真实心情的写照。

偏僻的小山村也为李四光整理资料提供了适宜环境。其间，他排除各种干扰，草拟了如《山字形构造之实验和理论研究》等论文初稿，此外，他还带领学生到南岭东段进行了重要考察。1942 年 3 月 20 日，中国地质学会第十八次年会及二十周年纪念会在重庆大学礼堂举行，因为赴资兴进行考察，身为纪念会主席的李四光未能出席会议，但他寄去了文稿《二十年经验之回顾》，并请人代为宣读。论文畅谈了近代科学在中国的发展及其和历史文化传统之间的联系，以及组织国际科学界反法西斯统一战线的必要性等重要问题。

1941 年皖南事变后，国内政治形势突发巨变。桂系军阀进一步向蒋介石妥协，随即他们对广西建设研究会和桂林科学实验馆的工作进展也兴趣锐减，此外，还安插了一些反动政客参与到研究会中。面对如此复杂局面，李四光对未来科研前途的认识也逐渐清醒。1942 年 9 月 15 日，他发表了《科学工作的几个基本问题》一文，其中不胜感慨：“数千年来，中国士大夫的毛病，在高谈阔论。今天时代不同了，你要仅靠高谈阔论，世界上就没有你立足的地方，也没有你说话的机会。说而不行，行而不力，用力不准确，都不是科学的精神。”

回想这几年为了广西建设，自己满腔热情撰写的那些文章与建议，如今看来都收效甚微，心灰意冷的李四光终于醒悟：讨论发展科学，图谋救国，必须紧紧抓住社会条件这一极为重要的前提！

1944 年 6 月，日军从湘桂路直扑桂林，桂林和良丰也不宜久留，再度内迁已迫在眉睫，李四光紧急安排地质研究所的同事们携带轻便物品，仓促离开桂林。逃离途中，难民们把慢车厢挤得水泄不通，众人饥渴困顿，又没有多少余钱，开始还能买点稀饭，到最后只能喝点车上的开水充饥。李四光又不幸染上了痢疾，身体极度虚弱。到了独山火车站，焦急万分的许淑彬托贵阳的亲戚设法弄到一辆卡车，总算把家属和行李安置妥当。当时车少人多，年轻一点的同事只能挤坐在车前叶子板上，走了 20 多天才赶到贵阳。

彼时的贵阳早已人满为患，李四光费尽周折把办事处设在乐湾万松阁旁的一座古庙内。身体尚未康复，他又领着同事去考察地热地质和第四纪冰川遗迹。现在贵阳市乌当区的“李四光广场”，就是当年李四光考察地热的地方。长途跋涉加上过度劳累，许淑彬的高血压毛病再度发作，许保均连夜到工作站去找李四光，因为没有降压药，只能临时用安眠药勉强凑合。等到许淑彬的病情稍微稳定些，李四光雇辆马车把妻子送到庙里，临时请了位师太代为照料。

兵荒马乱，国民党的部队溃不成军。10 月，独山失守，贵阳围困在即，眼看乐湾也待不住了，李四光和同事们被迫再度转移，奔往重庆。

1940年3月22日，中央研究院第一届评议会第五次年会合影
（后排右四为李四光）

27

一个弯曲的砾石

1942年，李四光的学生张更在桂林良丰雁山村山沟的砾石沉积物中发现一块呈90°、形状类似马鞍的砾石，石头虽不过寸长，弯曲的凹面带着皱纹，但凸起面十分光滑。张更拿着这块标本去请教老师，李四光手拿放大镜仔细端详后，连声夸好。他解释给大家听："这块小砾石弯曲成马鞍形，有可能是一端被紧紧夹在坚硬的石缝里，另一端长期被冰流推压，逐渐成此形状。这也证明了，岩石并非只会碎裂，在一定条件下也具可塑性，而且只可能是由于冰川作用而形成。"

李四光对这块小砾石爱不释手，担心磨坏标本，他特意做了个木盒，里面垫上棉花，并据此写了篇题为《一个弯曲的砾石》的论文，寄给英国《自然》杂志发表。文章详细阐述了砾石的弯曲形变，表明岩石的弹塑性和塑性形变，以及该现象对于探讨岩石的弹塑性能具有的重要意义。此后，他又在其他地区的冰川堆积物中找到了马鞍石、灯盏石和其他可以显示形变的小砾石。这些现象都表明了同一个原理：岩石在极低温度下（如冰川时期的温度），所承受的压力在弹性范围内，经过漫长时期可以发生塑性形变。

随后李四光应邀到广西大学去做学术报告，演讲中他着重提到：研究地质构造的岩石变形，必须考虑岩石的力学性质，以及各种岩石对应力作用的表现，如岩石的弹性、塑性、弹塑性、滞弹性等，这些都需要结合地质现象去做相关岩石力学方面的分析，把各种岩石的试样放在不同条件下进行各种实验，从而了解在不同加力的条件下岩石的变形、蠕变或者破裂反应。当谈到岩石形变的原理时，李四光从口袋里掏出木盒，把那块小砾石展示给大家看，他神采飞扬道："我搞了这么多年的地质，还没见过这么好的石头，它告诉了我们很有意义的知识，其价值比宝石还要贵重得多。"参会者争相传阅。或许是李四光的这番赞美让人产生了误解，等报告结束，这块马鞍石却不见了踪影，过了好久也不见有人送回。

面对空空如也的木盒，回到家中的李四光连晚饭都没心思吃了。丢失物品当然是再普通不过的事，但李四光这次的难受心情却前所未有，他懊恼地对许淑彬说："早知道就不把石头带过去了。"许淑彬也不知如何宽慰丈夫。听闻此事的广西大学校方深感不安，为此特意在校内张贴公告，表明李四光先生的小砾石虽然具有重大学术价值，但并无多少经济价值，请误拿者千万不要随意丢掉，可放到指定处，以便物归原主。没过两天，这块珍贵的砾石竟出现在学校大榕树的树洞里。

宝贝失而复得，李四光大喜过望，此后他对小砾石倍加珍视，凡有兴趣观摩者，当面可以，借阅或拿走则决不允许。很多年里，李四光将这块小砾石一直随身携带，直到去世都没再离过身。这块极具传奇色彩的小砾石，如今已成为李四光纪念馆的“镇馆之宝”。

李四光最珍爱的标本——一个弯曲的砾石

28

《石迹耿千秋》

桂林避难期间，发生了一件令李四光痛心不已的事，他最器重的学生朱森，因受国民党政府的迫害而不幸英年早逝。一位才华横溢的青年才俊，如此结局令他的老师愁肠百结。

朱森，字子元。1902 年出生于湖南郴县瑶琳的一个中产家庭，自幼聪慧，十一岁初小毕业后在家自修，十六岁直接考入中学。1922 年，二十岁的朱森考取了北京大学理学院预科，1924 年夏进入地质系学习。在他的同班同学中，后来成为著名地质学家和地理学家的有黄汲清、李春昱、常隆庆、杨曾威等。

北大地质系的系统学习为朱森奠定了扎实的专业基础。其间，李四光刚好担任岩石学与构造地质学的授课老师，美籍地质学家葛利普讲授古生物学和地史学，此外还有其他知识渊博、待人诚恳的优秀老师负责授课，这些都让年轻的朱森受益匪浅。

1927 年夏，朱森升入大三，他利用暑假返湘探亲的机会开展了乡土地质的调查工作，并初试锋芒写成《湖南郴县瑶林之古生代地层及动物群》（英文）一文，发表于当时的权威刊物——《中国地质学会志》上，轰动一时。

1928 年，朱森以优异的成绩从北大地质系毕业。当时受蔡元培之托，李四光正积极创办地质研究所，得意门生朱森也顺理成章被聘为助理员，后又升为研究员。在地质研究所工作的六年中，朱森考察了鄂北、豫南的秦岭东段地质，后将工作范围扩大到安徽，再由湖南进入广西考察南岭地质，足迹踏遍了大半个中国。

在多年的紧密合作中，朱森与李四光结下了深厚的师生情谊。1930 年，两人联名发表了《栖霞灰岩及其相关地层》（英文）一文，对中、下石炭统地层做了进一步细分，并创立“金陵石灰岩”“黄龙石灰岩”这两个地层名称。在李四光的指导下，朱森参加“宁镇山脉地质研究”项目并取得重要成果。1932 年，两人再度合作出版了《南京龙潭地区地质指南》，成为该地区地质学研究的权威著作。此外，朱森在古生物学、构造地质学、大地构造学方面都造诣颇深。1934 年，朱森得到中华文化教育基金会的资助，远涉重洋到美国哥伦比亚大学留学，1936 年获理学硕士学位，其间他驾车遨游美国，并进行了长途地质考察。

1936 年 4 月，李四光为考察北美地质横渡大西洋来到美国。当他从英国伦敦出发，抵达美国东海岸的纽约码头时，正在旅美攻读的朱森特意赶来迎接。轮船行将靠岸，想到很快就能与阔别已久的恩师异乡重逢，朱森兴奋得像个孩子。李四光在纽约逗留了四天，朱森自始至终是朝夕相伴、寸步不离，目睹这份浓厚师生情谊的吴半农（经济学家）也深受感动。

1937 年，朱森赴苏联莫斯科参加第十七届国际地质大会，并宣读《中国造山运动》一文，随后接到重庆大学校长胡庶华的聘书。当时，地质研究所正准备向广西迁移，朱森在长沙与李四光见面，征得老师同意，他于 1938 年携家眷赴重庆任职。痛感中国地质人才缺乏的朱森，决意竭力培养后进，他教学勤勉认真，深受学生的爱戴。

1941 年初，中央大学地质系主任李学清辞职，校长顾孟余有意聘请朱森接任。李四光曾在中央大学当过两个月的代理校长，他深知中大派系情况复杂，力劝朱森切勿前往。朱森考虑再三，又逢师兄俞建章答应代为主持重庆大学地质系系务，这才启程前往兼课。这年夏天，朱森野外考察归来，因胃溃疡的老毛病复发住院治疗。

当时国民政府规定：教授每月“优待”平价米五斗，朱森的份额由原重庆大学发给，应聘中央大学后，中央大学总务部门又发放了当月份额。毫不知情的朱森夫人误领后，竟被别有用心之人告至教育部与粮食部，诬指朱森重复冒领平价米，教育部长陈立夫通令以“贪污”之名，记朱森大过处分一次。一生清廉的朱森遭此不白之冤，郁结难解，急火攻心，以致病情急剧恶化，不治而死，年仅四十岁。

10 月 25 日，在中央大学的礼堂内隆重举行了朱森追悼会，会场到处悬挂着饱含忧愤之情的悼词。大家纷纷发言，声讨政府这种“欲加之罪，何患无辞”的迫害行为。李四光得知朱森死讯，痛惜不已，他在给地质研究所刘祖彝的信中写道：“子元已矣！我的思想太乱，一切不知从何说起，我只能想到他平时对我说话诚恳，及对我微笑的样子，其他都不堪设想了。”寥寥数语，悲情切切！

当时李四光身在桂林，工作上正遭遇到前所未有的严重困境，研究所住房、科研经费和人员工资等，种种难题都令他头疼不已，警报频发的战事导致单位的科研经费一再被核减，职工生活愈发难以为继。

民族危难，学生冤死，百感交集的李四光毅然接见新闻记者，并发表了义正辞严的讲话。他满腔悲愤道：“只要留心看各处通信，为朱先生鸣不平的文字，已经完全证明他的死，在事实上与他的生活问题毫无关系。这一点就个人看来，确实是值得郑重说明，也值得我们注意。做地质工作的人们，本来就准备接受饿死、热死、跌死、打死、唆死、累死，尤其是这个时期，有什么说头？不过要说是气死，则国家无谓的牺牲未免太大。死了还要受气，更是太不成话！”

李四光用了一连串的各种“死”字，这绝非耸人听闻，更不是无中生有。搞地质的人长年累月行走在人迹罕至的崇山峻岭、沙漠戈壁和茫茫草原，其中艰苦本不待言，如今更兼天灾人祸，内忧外患，李四光着重强调了唯独不能令人忍受的“气死”，这无疑是对国民党腐败统治下知识分子们不幸遭遇的深刻揭露和有力控诉。

李四光回忆起1932年秋，他和朱森结伴考察南岭主脉的那段经历，认为：“这次辛苦工作，可以说是朱先生致病的主因，然而这次工作的结果，也可以说是我们了解南岭的起点。我们思念朱先生，我们便忘不了南岭。”为纪念朱森，1942 年 8 月，李四光在《中国地质学会》上发表了题为《朱森蜓，蜓科之一新属》的论文，并着重强调：“这个新属名，是为了纪念已故的朱森先生而命名的，特别是为了纪念他在中国地层学上有重要的贡献。”同年 12 月，李四光又发表了文章《南岭何在》，并以《悼子元》的五言诗开头，字里行间表达了对朱森的无限哀思：

崎岖五岭路，嗟君从我游。
峰峦隐复现，环绕湘水头。
风云忽变色，瘴疠蒙金瓯。
山兮复何在，石迹耿千秋。

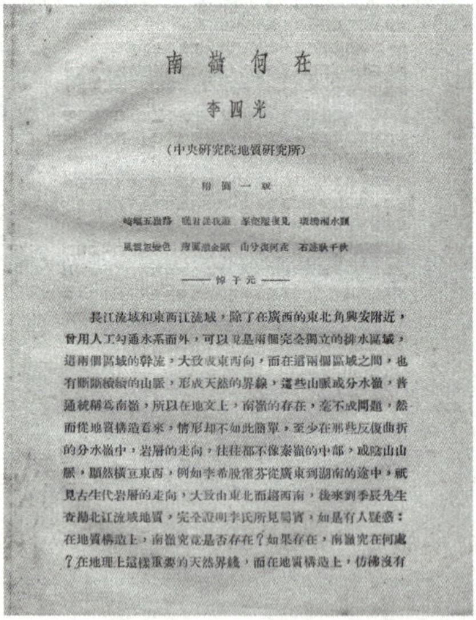

南嶺何在

李四光

（中央研究院地質研究所）

附圖一版

崎嶇五嶺路　嗟君從我遊　峯巒隱復見　環繞湘水頭
風雲忽變色　瘴癘蒙金甌　山兮復何在　石迹耿千秋

——悼子元——

長江流域和東西江流域，除了在廣西的東北角興安附近，曾用人工勾通水系而外，可以說是兩個完全獨立的排水區域，這兩個區域的幹流，大致成東西向，而在這兩個區域之間，也有斷斷續續的山脈，形成天然的界線，這些山脈或分水嶺，普通統稱爲南嶺，所以在地文上，南嶺的存在，毫不成問題，然而從地質構造看來，情形却不如此簡單，至少在那些反復曲折的分水嶺中，岩層的走向，往往都不像秦嶺的中部，或陰山山脈，顯然橫亘東西，例如李希霍芬從廣東到湖南的途中，祇見古生代岩層的走向，大致由東北而趨西南，後來到李捷先生查勘北江流域地質，完全證明李氏所見屬實，如是有人疑惑：在地質構造上，南嶺究竟是否存在？如果存在，南嶺究在何處？在地理上這樣重要的天然界綫，而在地質構造上，彷彿沒有

李四光作《南岭何在》，卷首为纪念朱森的五言诗

到了1944年，广西局势骤然紧张，众人纷纷从桂林逃往重庆，一些不良之徒趁机携带大量物品准备高价出售。见此情形，李四光愤怒不已，他大声疾呼："少数有钱有势的人这样一来更是要发国难财了，而千千万万被鬼子逼得家破人亡，四处逃亡又无处藏身的劳苦人，日子就更不好过。在这个世界里，一些想做学问，想有所作为的人，不要说安心工作，就连死了也都会无人问讯的。"

李四光的余生中从未停止过对朱森的怀念。1971年4月28日，李四光在去世前夜和女儿李林的最后一次谈话中，又谈起了他曾经的许多学生，其中特别提到了朱森。李四光感慨万千道："如果朱森能活到今天该有多好啊！他肯定可以为社会主义建设做出很大贡献。朱森在学术上有独特的见解，不是人云亦云的那种；朱森为人耿直，不为五斗米折腰，他在旧社会生了病没钱医，最后活活地给气死了。"对这位极其钟爱的学生，李四光是了如指掌，他还格外强调："像朱森这样的人，是比较容易接受马列主义的，而且他一定能改造好自己的世界观。"

1978年4月，许淑彬和李林合著发表了怀念李四光的小册子，经反复斟酌，书名最终被定为——《石迹耿千秋》。

29

李家有女初长成

李四光三十四岁时得了宝贝女儿李熙芝（后改名“李林”），自是疼爱有加。李林的童年在北京景山东街 5 号的四合院里度过，在母亲许淑彬的悉心培养下，她自幼学习钢琴，不仅乐感很好，而且每日练琴不辍，从不需要家长督促。一心期望着长大后成为钢琴家的李林，六岁时右手食指生疔疮，化脓溃烂后引发高烧，当时没有抗生素，李四光每天只能用酒精给女儿清洗伤口，最终炎症伤及骨头，等创口愈合，发现手指竟短了几毫米。李林痛哭不已，钢琴家的梦想就此破灭，但她此后保留了弹奏钢琴的爱好。

李四光常年奔波在外，更多时候只有李林和母亲许淑彬留守家中。许淑彬性子急，遇到不顺的事会发脾气，这让李林多少有点心生畏惧。身为独生女，李林平时玩伴也较少，但她很喜欢小动物，保姆有时到鸟市给她买鸽子，每次买回家后先关上 1 个月，待养熟了再放飞，结果都是一去杳无踪影。为此，李四光跟女儿开玩笑说："要不咱们在鸽子身上做个记号，等下次再买时留心确认，没准就是自家先前飞走的那只。"

幼年的李林跟舅舅许坤很亲近。许坤也就是一开始反对许淑彬嫁给李四光的那位舅姥爷，他毕业于美国康奈尔大学，回国后在北京大学工学院教书并兼任电车公司总工。爱屋及乌，宠爱外甥女的许坤每次来到李家，总会趴在地上让小小年纪的李林骑大马玩。李林后来回忆说，她身上很多偏西洋的生活方式，比方喜欢吃生菜沙拉、喝啤酒等，或许都来自幼年时的耳濡目染，她还在舅舅的教导下开始修理手表，并学会了照相和冲洗胶卷。当年全家出游拍的照片基本都由许坤冲洗，可惜抗战期间全都遗失了。

许坤精通机械，闲时喜欢摆弄机器零件，他买过几辆旧车，修好了开着出去玩。有一次许坤倒腾回来一辆老式烧炭的大卡车，到西山郊外找个地方教许淑彬开车，中途碰到一个隆起的土包，许淑彬直接就把方向盘给扔了，捂住眼睛"砰"地撞上去，结果坐车厢里玩的李林鼻子撞在前挡风板上，当场流血不止。这可把大家都吓得不轻，许淑彬连声嚷嚷"学不了了"，从那以后再也没摸过方向盘。

小时候，有一次李林持续高烧，李四光忽然想到在英国用过的偏方，他把面包切成丁，放进加热后的白兰地让李林喝下，其实就是起到发汗的功效。一开始李林特别不喜欢，因为洋酒的味道格外冲，但后来反而喝出了些感觉，甚至有时她还会想着，什么时候再患感冒，就可以再继续吃到那个白兰地泡面包丁了。

我们家喜欢喝酒的基因或许是隔代遗传。李四光儿时在乡下见到醉酒男人打老婆，他特别不能容忍这种陋习，因此一生滴酒不沾，而我奶奶是单纯对喝酒没兴趣。李林小时候除了吃过洋酒面包丁，那会儿家里也没其他藏酒。舅爷爷许坤钟爱外甥女，等李林稍微长大一点就带着出去玩，偶尔野餐时便教她喝啤酒。开始李林不怎么愿意喝，说有一股子马尿味。舅爷爷就笑话她说:“你喝过马尿哇？”几次过后，李林也慢慢喜欢上了喝酒。

那时全家住景山东街，许淑彬在院子里种了架葡萄，收成多时便煮葡萄汁，做成美味的自酿葡萄酒，放在瓶子里留着招待客人。好酒的李林发现了这个秘密，于是开始偷喝。两三回过后，瓶中的酒浅了不少，李林害怕父母知道后又要挨骂，就悄悄兑了水进去，然后闷不吭声。等家里来了客人，大家问许淑彬：“把你们家的葡萄酒拿给我们尝尝啊？”再一喝，哎呀，味都酸了，这葡萄酒怎么都发酵了啊？没办法，最后只能全给倒了。

这时家人才知道李林喜欢喝酒，问她从哪儿学的。李林如实回答，说是舅舅教的。爷爷后来跟我说过，说你那个舅爷爷在别的地方个性怎样我不知道，但他到我们家真是脾气好得不得了，你奶奶那会儿怒气冲天，不停数落着自己的哥哥，说：“人家孩子才这么一丁点大，你怎么能教她喝酒哇？”好脾气的许坤只晓得搓着手，嘿嘿直笑。

非常遗憾，我从来没有见过这位新潮而另类的舅爷爷，他在解放前就已去世，病因我猜想应该是和糖尿病有关。但奇怪的是，我奶奶长那么胖竟然没有糖尿病，或许这种病有“传儿不传女”的可能。舅爷爷去世后，有时爷爷和奶奶聊起从前的旧事，还说过：“为了女儿喝酒，你还骂他老半天，好了，现在人家也听不到了。”

李林天资聪颖，五岁开始上小学。平日不能长伴妻女的李四光深感内疚，虽然他一有空也会给女儿讲故事，但这远远满足不了李林对新知识的好奇心，于是夫妻俩商量就近给女儿找了所教会学校。李林后来感慨道：“早上学并不见得有太多的好处。”因为年龄比同班同学小，上课虽然挺有意思，但下了课找玩伴就没那么容易，其实也挺孤独的。也因此，李林的个性稍显孤僻胆怯。

一次，许淑彬给了李林一块钱，让交给黄包车师傅作拉车包银。结果那天班上就有同学刚好掉了一块钱，恰巧也是纸币。老师在班上动员学生，让偷钱的人赶紧把钱交上来，便既往不咎。李林本就胆小，她不知该怎么处理这件事，又害怕老师查到自己，就更说不清楚了，于是她跑到后花园，想把钱悄悄藏起来。正好花园的圈里关了只山羊，慌张之中李林手里拿的纸币正好凑到了羊嘴边，被羊一口叼过去给吞了。许淑彬得知此事后很生气，她劈头盖脸地责骂李林，说：“不是你偷的你慌什么啊，还这么心虚想着要去藏钱？你这么胆小，以后长大了怎么做事啊！”黄包车师傅当时也在旁边，都觉得这场景不忍再看下去，央求许淑彬说：“太太，您也别这么骂小孩了，那一块钱我不要了还不成么？”许淑彬答：“该你的钱我一定照付，但小孩子的教育也是必须的，她这么胆小不纠正怎么行？”之后很长时间内，李林都没了零花钱，即便是过年的压岁钱，大年三十给压到枕头下，第二天一早没等捂热就要被母亲收回，许淑彬还找了个理由美其名曰："给你存着。"多年以后，李林偶尔会把这件事当作笑话讲给外孙们听。

1928 年，李四光应邀到上海筹建中央研究院地质研究所。第二年清明节，许淑彬带着女儿赶去会合。因为自幼读的是教会学校，许淑彬在上海也有一些闺密，其中一位虔诚的基督徒终身未婚，也没有孩子，见到五岁的李林聪明活泼，喜欢得不得了，她自作主张把李林带到教堂，在神父主持下接受了洗礼，从此李林就有了个教名"Anna"。

除去地质研究所的工作，李四光当时还兼任了北大地质系主任。每次他到北京去授课，全家就一起回到景山东街的家。因此，李林的童年一直随父母在南北城市间游走，算起来居住在北京的时间不超过十年，但她总体的饮食习惯依旧偏北方。

1935 年，李林跟随父亲李四光远赴英伦。当时的英国小学里很难得见到东方面孔，人生地不熟的李林常受到同学们歧视，他们会指手画脚地对着李林喊"chink chink chinese!"，这句英国俚语有点类似"黑鬼"的意思。许淑彬听了很生气，她直接找到校长，说你们这样绝对不可以，属于明显的种族歧视，也是对我女儿的不尊重。欺软怕硬的校方见许淑彬态度鲜明，立马点头哈腰表示道歉，答应此类现象以后绝不再发生。与此同时，李四光也在不断鼓励女儿，要求她培养自信，消除怯弱。其间李林的英文水平有了长足长进，慢慢地和小伙伴的交流也顺畅了许多。等回到国内，李四光又担心女儿的英语搁久了难免生疏，于是去买了很多英文小说，以辅助提高李林的英文读写能力。

1936 年的夏天，李四光第四次到庐山考察。缘于对庐山冰川的痴迷，这次他索性在芦林买房搬家，李林也随之转到了牯岭教会中学上初中。李四光每天早出晚归考察冰川，精通音乐的许淑彬收集了当地采石工人劳动时的哼唱号子，平日里忙于在家作曲。到了周末，李林也会随父亲一同出野外，尽享庐山美景。当时许多外国人在牯岭镇上建造了私家别墅，新鲜牛奶和其他西式食品都有供应，瘦弱的李林因此增添了不少营养，山林间的清新空气让她的肺结核快速痊愈，没过几年便出落成一位身体健康的小姑娘。

好景不长，庐山舒适恬静的生活被侵略者的隆隆炮声彻底摧毁，1937 年 11 月，李林随父母离开庐山，向着广西大后方进发。当时日军已逼近南京，大批政府机关和老百姓蜂拥南迁，本不发达的交通路线更显拥挤。李四光费尽九牛二虎之力雇到两条木船，但因船小人多，很多物品只能暂留庐山，其中就包括李林冲洗的照片，还有许淑彬创作的全部曲谱。

经过艰难的长途跋涉，李四光全家总算到了桂林。这里虽然是省会，但一夜之间云集了外省迁来的各种机构和大批难民，物资供应极为匮乏。乡村的居住条件十分恶劣，李林不小心感染了寄生虫引发的贫血症，随后又染上伤寒，反复高烧让她整个人都迷迷糊糊，一家人原本窘迫的生活更是雪上加霜。

日军对广西实行狂轰滥炸，惶惶不可终日的桂林人一天要跑好几次警报。实在没办法，李四光让许淑彬缝了个大布口袋，一遇警报拉响就把李林装进袋里，被疾病折磨得面黄肌瘦的李四光当时也年近五十，这样背着女儿到处逃亡也绝非易事。

一天许淑彬不在家，空袭警报又突然响起，李四光背起李林就往后山跑，来到他们经常避险的一个山坳，那里早已聚集了众多难民。李四光对女儿说："这里人多，不如我们再走几步，到前面的一个山洞去躲躲看，时间还来得及。"等空袭过后再回头看，一枚炸弹正好落在之前的山坳，难民死伤无数。多年以后李林回想起这段惨痛而触目惊心的经历仍觉后怕，如果那天不是父亲决意要往前再走上一段，也许自己当时就没了性命，感恩有了父亲的细心呵护，自己的人生才得以延续。

即将上初三的李林不愿参加军训，她希望直接插班去考高中，但填写登记表时有规定，已注册在校的学生不能参加考试，如果插班则必须改名。情急之下，李林想起母亲许淑彬的字——许麟，但"麟"字笔画繁多，于是换用了最简单的"林"，从此李熙芝就变成了李林。

从初二直接跳到高一，李林在沦陷区的汉民中学读了两年。1940年，十六岁的李林再次跳级参加高考，虽然食指变形让自己的"钢琴梦"灰飞烟灭，但她从小幻想长大可以成为一名医生，为病人解除痛苦，因此第一志愿填报了贵阳医学院，并收到了录取通知。许淑彬顾虑重重，她极力劝阻女儿不要远赴贵阳，兵荒马乱，儿行千里母担忧，不如就近在广西上学，好歹全家人还能团聚。李林十分体谅母亲的心情，她同样不愿意家长为了自己的事情整日焦虑，一时间茫然不知所措。

知女莫若父，儿时的李林有一次曾把父亲停摆的一块手表拆开，清洗重装后竟然又能走动，这件事一直深深印在李四光的脑海里。

此刻身为一家之主的他果断作出决定，让女儿就读广西大学机械系。李林最终表示同意，并成为班上唯一的女生。

广西大学成立于1928年，首任校长就是李四光的好友马君武先生，两人还同为同盟会的创始成员。烽火连三月，彼时的桂林远离重庆国民政府的控制，校园内的政治气氛也相对自由，学生们在课外踊跃组织各种活动。尽管小学频繁转学，中学又是跳跃式的学习，但这些都没有对李林的专业攻读产生任何影响，她不仅功课出色，热爱体育，还成为戏剧社的活跃分子，在英国易卜生的名作《玩偶之家》中扮演女主角娜拉。演出很轰动，李四光和许淑彬十分自豪，还特意邀请了同事一同观看女儿的表演。

1944年夏天，李林以优异的成绩从广西大学毕业。虽然几年内广西屡遭日军的轰炸侵扰，好在靠近父母，李林的生活和学习相对有了基本保障，不必像其他背井离乡的同学，指望着微薄的助学金艰难求学。当时大学生毕业即失业已司空见惯，一个学机械的女生想在大西南找到合适的工作几无可能，但李林还是凭借流利的英语和快捷的打字速度，谋得了成都航空研究院助理员的职位。

同年6月，日军从湖广两面夹击直扑桂林，李四光带领地质研究所的人员离开桂林，去往贵阳避难。李林告别父母，带了份毕业证明书赴成都就职。之后的逃难路上，许淑彬一直小心保存着这份证明书，虽然再无机会回到广西大学将它换成正式的毕业证书。成都的工作持续到了1946年，抗战胜利后，李林萌生了出国留学的念头，经父亲的好友李约瑟推荐，她申请到了英国文化委员会的奖学金。

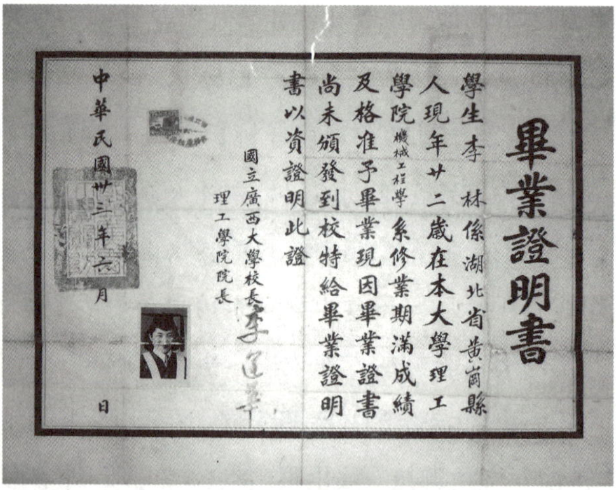
畢業證明書

學生李　林係湖北省黃岡縣人現年廿二歲在本大學理工學院機械工程學系修業期滿成績及格准予畢業現因畢業證書尚未頒發到校特給畢業證明書以資證明此證

國立廣西大學校長李運華
理工學院院長

中華民國卅三年六月　日

李林在广西大学的毕业证明书

为了按期赶上秋季入学，李林决定先坐船到美国旧金山，然后换乘火车横跨美国，再经纽约乘船去往英国。当时船期不定，有时会一等数月，好不容易等护照和签证办妥，船票也买好了，一个星期后即将离开南京，李林却一不小心把装有各种证件的包给遗忘在了黄包车上。幸好父亲的老朋友王世杰时任国民政府外交部长，总算在出发前重新补办好护照和留学签证，成都航空研究院的美国同事又帮忙补齐了美国签证。

多年后李林这样回忆道：本来，在广西大学学习机械学并不是我的兴趣，而到英国伯明翰大学改学金属物理硕士专业更是出乎意料。父亲原希望我学弹性力学，但因女秘书打字的一字之差，把“elasticity”打成了“plasticity”（塑性力学），我便分到了该校冶金系，从事物理冶金方面的研究。当时全系只有我一个女生，后来在剑桥大学就继续攻读金属物理的博士学位了。

在汉森教授的实验室，李林跟随考垂尔教授开始了金属可塑性方面的研究工作。这时的李林才意识到，自己在数学和物理两方面基础远远不够，平时在国内游刃有余的英语，写起研究报告也经常是词不达意。之后半年多时间，李林通过借阅同学们的课堂笔记，反复核对再进行补习，在实验室和图书馆里一待就到凌晨一两点，参加课外活动的时间也被大幅缩减，结识其他中国留学生的机会骤然减少。

靠着坚韧不拔的努力，李林修完了全部课程，并高质量完成题为《高纯铝的蠕变》的硕士论文，获得伯明翰大学硕士学位。但此时的李林对金属物理领域产生了浓厚兴趣，她向导师表达了想继续深造的愿望，结果被兜头泼了一瓢冷水，导师还给了句很随意的调侃，说："你现在可以去找个丈夫，结婚生孩子去了。"

当时的英国普遍比较保守，女孩子接受教育的目的不过是为了修身养性，以期将来成为上流社会的名媛。李林不甘心这样的结局，但摆在眼前的现实是奖学金已用完，也没有多余的费用可供她继续攻读博士。1948 年，李林到剑桥大学冶金系奥斯丁教授的实验室工作，分配的任务是准备样品并完成金相观察，具体步骤就是把纽扣大小的金属样品放在砂轮上，用手指按住抛光，再通过显微镜观察金相。实验样品多由炼钢厂送来，工作单调枯燥，但也能学到一些金相知识。

一次，李林正在给样品抛光，一不小心手指没有按紧，样品从旋转着的抛光机上飞了出去。样品弄丢了，李林心里很着急，同事帮忙找来磁铁往地上一吸，结果吸到好几块形状大小差不多的东西。大家的意思是随便挑上一块，反正教授也未必清楚。李林挑了块比较干净的，感觉像是自己刚弄丢的样品，继续抛光分析并写好了报告。

因为从小就被父亲严格教育过，要做个诚实孩子，因此在把样品和报告交给教授时，李林考虑再三还是照实说明了事情原委。教授收下报告，当场也没说什么。随后的日子里李林有些忐忑，一天忽然接到奥斯丁教授的通知，让她到办公室去一趟。教授先是表扬了李林金相实验做得很好，随后话锋一转，问她是否有继续深造的愿望。李林大喜过望，连声回答说："当然想啊，可是没有钱。"教授说，可以帮忙申请。最终在奥斯丁教授的协助下，李林获得了英国金属学会的奖学金，成为剑桥大学金属物理系的博士研究生。

多年后回想起读书时的这段经历，李林不胜感慨，她说："之所以最终获得深造良机，除去自己平时的工作努力，更深层次的原因或许还是那次'金相事件'给教授留下了深刻印象。感恩父亲李四光从小到大的言传身教，搞科学研究的人的确来不得半点虚假。"

李林开始了在剑桥大学的学习，由纳丁教授具体指导日常工作，她的研究课题是"运用透射电子显微镜观察金属材料的表面结构与功能"。学成归国后，李林成为中国第一个从事透射电镜研究的科学家。当然，最令她终生难忘的，还是在剑桥大学攻读博士期间，她收获了自己人生最浪漫的爱情。

30

我的父母爱情

想要学好物理，扎实的数学基础必不可少。在英国伯明翰大学攻读硕士期间，李林虽然花了大量时间去补习数学，但攻读博士阶段还是感受到了数学基础的薄弱。为此，在剑桥大学的两年多时间里，李林对于数学知识的“充电”从未间断，有时遇到实在搞不懂的问题，她就去请教同校的中国留学生，这其中就包括后来成为她终身伴侣的邹承鲁。

邹承鲁的老家在江苏无锡，苏南人普遍重视教育，祖父邹东湖大学毕业，因此子女们从小都接受了比较规范的系统教育。邹承鲁自幼随全家四处逃难，在北平、汉口等地辗转读完小学，长沙上了两年初中后又搬到重庆。在那里他考进了著名的南开中学，毕业后以优异成绩被西南联大化学系录取。

在西南联大求学的三年中，邹承鲁从一个好学的顽皮少年逐渐成长为诙谐幽默、学识丰富的优秀青年。毕业前最后一年，侵华日军对我国大后方发动了大规模进攻，国民政府号召在校学生踊跃从军，以提高队伍的知识水平。“一寸河山一寸血，十万青年十万军”，1945 年 1 月，邹承鲁和西南联大的 200 多名学生投笔从戎，随军越过著名的驼峰，到达印度的“中美汽车学校”兰姆伽培训基地，开始了他的运输兵生涯。随后数月，战事骤变，日本兵败已成定局，1945 年 7 月，邹承鲁随远征军车队回到昆明。8 月 15 日，日本军投降，美军派遣顾问来中国，军队急需翻译，邹承鲁报考了译员培训班并申请退役，最终回到阔别近 8 个月的西南联大，同时获得了毕业证书和学位证书。

1946 年 5 月，西南联大离开昆明北上前夕，学校在校舍内设立纪念碑，正面镌刻着冯友兰教授撰写的《国立西南联合大学纪念碑》碑文，背面是《国立西南联合大学抗战以来从军学生题名》，邹承鲁名列其中。

国立西南联合大学纪念碑，
上面刻有邹承鲁的名字

毕业后的邹承鲁希望尽快可以找份工作赚钱养家，但当时的情况是，多年的艰苦抗战让国家经济濒临崩溃的边缘，民族工业完全处于停顿，能够安心从事科研的单位更是遍寻不得。屡屡碰壁的邹承鲁只能央求时任招商局总经理的表哥胡时渊帮忙，最终被重庆北碚区的中央工业试验所录用，担任助理员职务。不久，邹承鲁随哥哥一同回南京，继续寻找新的工作。

此时，邹承鲁看到了报纸上刊登的一则消息，“庚子赔款”留英公费考试重新启动。1946 年，邹承鲁参加了第九届庚款留英考试，名列化学类第一，被安排在第二年秋季入学。等待出国期间，邹承鲁又托表哥帮忙，去台湾专卖局下属的樟脑厂当差。1947 年 2 月，台湾“二・二八事件”爆发，惊魂未定的邹承鲁吓得丢了铺盖，千方百计托工友弄到一条小船，总算逃回了大陆。

1947 年 7 月，邹承鲁告别家人，从上海启程。抵达英国后，当地的文化委员会为庚款学生办理了入学手续，邹承鲁被分派到伯明翰大学化学系，师从诺贝尔化学奖得主霍沃思教授，专门从事菊粉研究。但邹承鲁一直对生物化学抱有浓厚兴趣，出国前，他曾拜访国内的生化先驱王应睐教授并咨询研究方向。王先生也是通过 1938 年庚款考试才获得赴英留学的机会，他告诉邹承鲁：“英国的剑桥大学是世界上少数几个最活跃的生物化学研究中心之一，在生物化学的各个分支领域拥有世界知名的科学家，科研队伍实力超强，学术氛围浓厚。”因此，他建议邹承鲁填报剑桥大学生物化学专业，并推荐了自己从前的老师凯林教授。

邹承鲁拿着推荐信去找凯林教授。与中国不同，英国大学研究生的招收决定权在于教授，学生转学和更换专业的现象十分普遍。凯林教授不仅学问好，对待中国留学生也很友善，他看过信，又问了邹承鲁几个问题，说："等通知吧。"没过多久，邹承鲁收到回复，他向霍沃思教授说明原因，转去剑桥大学成了凯林教授的学生。

剑桥的中国留学生很少，彼此都很熟悉。说起来李林和邹承鲁还算是伯明翰大学的校友，只不过当时一个忙于功课，一个忙着转校，少有来往。一次剑桥中国留学生的聚会上，李林和邹承鲁同台演唱了一首《松花江上》，对音乐的共同爱好渐渐拉近了双方的距离，爱情之窗也悄然打开。那一年剑桥的夏天特别炎热，一天，不想待在实验室的李林约邹承鲁同去剑河划船，结果第二天的当地

李林和邹承鲁在剑河泛舟的照片

报纸刊登了报道：头天气温达到了 94 ℉（34.4℃），很多人为避暑到河上划船纳凉，并配图说明。李林一看照片，船上坐一起的那两个神采奕奕的年轻人，可不正是自己和邹承鲁嘛。她赶紧拉着邹承鲁，跑到报社去要了张照片，留作纪念。

随着交往增多，双方个性的差异也逐渐显现。李林是独生女，从小习惯了恃宠而骄，难免任性；而邹承鲁年轻气盛，由小到大也几乎没向什么人低过头。虽然两人偶尔会为一些小事起争执，但也并未影响恋情的顺利进展。李林欣赏邹承鲁的才华和他对科学的执着追求，而邹承鲁也很佩服李林做研究时一丝不苟的认真劲儿。窈窕淑女，君子好逑，经过一段时间的热恋，终于到了要谈婚论嫁的地步。

双方各自给家中去信。邹家很快有了回复，表示同意婚事。1948 年，李四光和许淑彬刚好到英国参加第十八届国际地质大会，会后继续留英做考察研究。接信后的许淑彬赶到剑桥去见未来的女婿，简单问过对方家庭情况，又惊又喜的许淑彬告诉李林，说两家竟然还是远房姻亲。原来邹承鲁的母亲胡葵是苏州女子师范的毕业生，许淑彬也曾在这所学校短暂就读过，后来去了上海的启明教会学校并在那里毕业。当年为邹承鲁找工作出力帮忙的表哥胡时渊，其实就是许淑彬的表弟，照这么一算，邹承鲁比李林还要大上一辈。

一番考察后，许淑彬对邹承鲁十分满意，她和女儿商量，不如趁自己和李四光都在英国，直接把婚事给办了，也算了却一桩心事。当时两个年轻人都是穷留学生，也没有太多的精力和金钱，只是简单买了些日常用品如床单、枕头和脸盆等，邹承鲁还用节省下来的奖学金为李林买了个最简单的结婚戒指。按照西方的约定俗成，男生向女生求婚时通常要送一个比较贵重的镶钻戒指，俗称订婚戒指。等结婚宣誓完毕，新人间相互交换的婚戒反而比较简约，一个普通的圈戒，象征着对婚姻的承诺和不离不弃的相守。所以，通常结婚仪式后的新娘都会无名指上戴两个戒指——订婚钻戒和婚戒。许淑彬当然舍不得女儿受丁点儿委屈，她干脆自掏 1500 英镑去订了个漂亮的订婚钻戒。后来，许淑彬还拿这件事打趣李林，说："写信说是让我去看男朋友，去了一看，原来两个人都要结婚了，敢情就是让我去花钱的呀。"

李四光对这位女婿也十分认可。他认为邹承鲁身上有着成为科学家必不可少的勤奋，且聪敏过人，但同时他又隐隐担心，总觉得邹承鲁个性不够收敛，难免日后吃亏。

婚后的李林很快有了身孕，因为忙于博士论文只能去做了人工流产。积极上进的邹承鲁不仅学业进展顺利，同时还被推选为 1949—1950 年度剑桥同学会会长。秉承同学会一贯的"左翼"传统，邹承鲁曾发过电报给毛泽东主席，祝贺中华人民共和国的成立，并派遣学生代表到东欧参加了第三届世界青年联欢节。

1951 年初，邹承鲁以《细胞色素 c 和琥珀酸脱氢酶的研究》为题顺利通过了博士论文答辩。其间，他收到来自国内的两封信件，一封邀请他到清华大学去做老师，另一封是王应睐教授写来的，建议他到上海的中国科学院生化所任职。

经过再三考虑，邹承鲁决定去上海。当时正值李林论文答辩前夕，邹承鲁本想等妻子毕业后一同回国，但他在学生会的一些激进活动被英国政府认定为不当过激行为，因此被限定毕业后必须马上离开英国。三个月后，李林获得物理学的博士学位，第二天她就匆匆启程，途经瑞典和苏联西伯利亚，返回祖国。临行匆忙，她甚至连博士证书都来不及领取，直到“文革”结束后的20世纪80年代，那本迟到了近三十年的博士证书，才由随团访华的师兄纳丁博士带到北京，并亲手转交到李林的手上。

身为院士夫妻，邹承鲁和李林在各自领域的学术成就毋庸置疑，但回归柴米油盐的具体家庭生活，反而稍显笨拙。小时候住在景山东街，那时家里有杨妈负责照顾，娇生惯养的李林不仅家务事一窍不通，甚至连自己的工资都不怎么会管理，属于极度的生活常识缺乏。当时李林每月工资200多块钱，也算是高收入人员，加之她既不用抚养女儿，也不必赡养父母，平时单位有食堂，周末回家吃喝现成，那些花不完的工资便很多都用于购物了。但实话说，我一直看不上母亲买的那些东西，既贵又不好看。小时候一次过生日，记得母亲给我买了条连衣裙，但我嫌式样不中意，试了一次后就再也没穿过。

小胡阿姨也曾和我聊过天，她说：“你爸爸在外面得了什么奖，回家从来也不肯说，好像怕你妈妈知道了会有点不高兴。”我当然能理解母亲的心情，这绝非是李林所谓的狭隘和争强好胜，而是她认为，我同样也付出了这么多努力，做了很多有意义的工作，为什么丈夫却能够得奖无数，说到底还不就因为我是个女的吗？甚至，在李林等13位女科学家于1980年获评中国科学院学部委员（院士）之前，全中国只有林巧稚这一位女性院士。换作一般家庭，妻子肯定会以丈夫的荣誉为骄傲，哪有听说丈夫得奖反而会郁闷的呢？这也从侧面反映出李林对当时社会“重男轻女”风气的无法认同。

一直到了晚年，中国科学院开始提高院士待遇，李林的工资从几千块一下子涨到了一万多。那时生物物理所还没来得及涨，李林为此高兴不已，她在家里对邹承鲁说过好多回：“怎么样，还是我赚得多吧。”每当这时，父亲就悄悄朝我使眼色：“一说这个她就特得意。”然后我们父女俩会心一笑。

31 冲破黎明前的黑暗

1946年11月，李四光一行离开了重庆。抗战终于等到了日本侵略者的投降，大家都在幻想着今后的美好生活。途中，船过白帝城，进入三峡，李四光回想起他曾带着北大地质系学生在此跋山涉水考察的往事，又兴致勃勃地指点着三峡地形，给身边的学生俞建章讲述黄陵背斜的概况。船到武汉，要停留较长一段时间，亲戚朋友们闻讯赶来相见，其中就有分别多年的妹妹李希白和妹夫贺有年。

轮船继续航行，终于到达南京下关码头，中央研究院的朱家骅院长已等候多时，同时还有赵金科、斯行健等地质研究所的同事。原来是俞建章提前发了电报，大家都希望李四光能够在南京住上一

1946 年，众人欢送李四光夫妇回南京

阵。朱家骅一脸关心，他从皮包里取出一沓钞票放到许淑彬手里，说：“知道你们现在手头一定比较紧，这是特意准备的一点健康营养费。”许淑彬赶紧推辞，李四光见此情景也态度鲜明地说：“这个不能收，我们看病的钱还是有的。”然后转移话题道：“谢谢你的好意，这次没打算在南京上岸，因为船票买的是直达上海，我现在心脏病和失眠症都有点厉害，约了大夫在上海见面，只能先去上海了。地质研究所的工作由端甫（即俞建章）代理，同时还请朱院长多加协助。”

到达上海，李四光住在岳阳路中央研究院的集体宿舍。经医生诊断，李四光的心脏病为心绞痛，同时还检查出了肺结核。休养期间，同事们不时过来看望，其中就有学生孙殿卿。李四光了解到孙殿卿在北大读书期间就和进步人士来往密切，为人处事十分牢靠，因此和孙殿卿私聊，看能否设法和中共代表团的董必武取得联系，询问西北地区是否需要地质工作者、做哪些工作、新疆天山山脉是否可以去考察，同时还请孙代为打听去解放区的路线。

经过一番努力，孙殿卿带来了董必武的回复。董老的意思是：我们知道仲揆先生在上海，但不能去看望，怕反而给他带来麻烦。眼下到解放区去，路上也很不方便，当前内战形势发展很快，蒋介石虽然垂死挣扎，但已在崩溃前夕。我们代表团（指中共代表团）在这里也停留不了多久，请转告李先生保重身体要紧，最好就近找到妥善住处，暂避战乱，望多珍重，后会有期。

1947 年 7 月，中国地质学会理事会经过讨论，投票选举由李四光、尹赞勋为代表参加 1948 年 2 月在伦敦举行的第十八届国际地质大会。李四光觉得这是暂避乌烟瘴气的绝好机会，于是从上海启程赴英国，夫人许淑彬也一同前往。

轮船先从上海到香港，途经法国马赛，换乘火车到加莱，最后再坐轮船抵达英国多佛。正在剑桥大学读博士的女儿李林早已到码头等候，她为父母在距伯明翰不远的斯屈列登租好了房子。那里环境清幽，空气质量也不错，比较适合李四光的身体状况。

8 月 25 日，因世界大战而延期七年的第十八届国际地质大会在伦敦亚尔培大厦正式开幕，李四光因心绞痛发作厉害，只出席了其中的重要会议，甚至连晚宴都未能参加。考虑到当前局面如此紧张，国内亦非乐土，返国亦难有适当之地可居、适当之工作可做，诚哉两难，因此闭会后李四光决定去海边的伯恩莫斯静养一阵，以观时

1948 年英国伦敦，李四光代表中国地质学会参加第十八届国际地质大会组委会合影（第二排右起第十三人为李四光，右起第十二人为许淑彬）

局发展。

李四光每日不停忙于写作，许淑彬很心疼，她要求丈夫每晚工作不能超过 11 点。但勤奋的李四光即便躺到床上也还是无法入睡，实在没有办法，许淑彬只能不停给他读报纸，有时甚至要读上两小时，直到丈夫进入梦乡。这样的习惯一直保持到回国，全家最后住进紫竹院的小院，那时才慢慢改掉。

身在国外的李四光一直关心着国内解放战争的进展状况，他经常和许淑彬提起：共产党一定会胜利！每天早晨，李四光都会利用 1 个小时的散步时间，去附近书店购买英国共产党出版的《工人日报》。书店里陈列了许多马列书籍和进步书刊，去的次数多了，老板也成了熟人，每天他都会把李四光需要的报纸提前留好。也就在这里，李四光买到了英文版的《自然辩证法》和《反杜林论》，一有时间便反复阅读。

1948 年 11 月，又是一个星期天，李林照例来看望父母，顺便还带来了英文报纸。李四光从头条新闻中忽然读到一条鼓舞人心的消息：沈阳解放了！他兴奋地告诉家人："祖国快要解放了，我们要尽快回去参加新中国的建设工作。"归心似箭的李四光，第一时间就预订了去往香港的船票，并办理好了签证。

1949 年元旦刚过，国民政府仓皇逃至广州，同时下令各大机关南迁。地质研究所也接到通知，被要求限期搬迁到广州的中山大学。1 月 13 日，许杰和赵金科等人秘密起草了《反对搬迁誓约》，其中有如下内容："同人等为尊重学术工作之独立与自由，兼顾及今后生活之困难，现已意见一致，决定留在南京或上海，以此相约，立誓遵守。如有违约背誓者，应与众共弃之，永远不许在地质界立足。"

李四光在英国得知此消息后，分别给许杰和赵金科写信，表明自己对待搬迁的态度，同时赞扬他们"愿留守本所，看护书籍、仪器，深为钦佩"。1 月 19 日，李四光再次发去专电，认为："只好任有志者前往；若为地质所同人避乱似无多大意义，我个人绝不赞成。"信中李四光还诚恳表示："现在是青黄不接的时候，最可虑者，是同人的柴米等各项生活问题。愿将个人名下所存的少许积资公开，作本所研究工作、个人救济之用，以箪食瓢饮，或尚可维持于一时，俟局面稍定，再从长计议可也。"

由于李四光的力阻，加上地质研究所同人的共同努力，地质研究所终于迎来了南京解放，所有资料和设备都完好无损地回到了人民的怀抱。1949 年 4 月，以郭沫若为团长的中国代表团赴布拉格出席世界维护和平大会。出国前，周恩来指示让给李四光带封信，邀

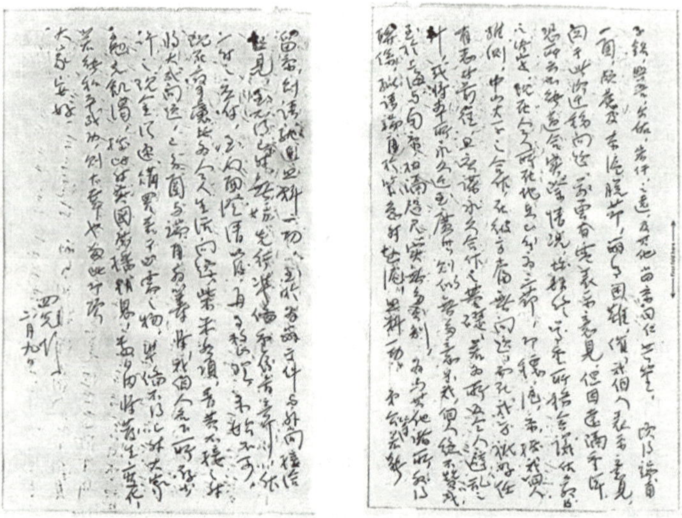

1949 年南京解放前夕，李四光写给地质所同人反对搬迁广州的信件

请他早日归国，参加新中国的建设工作。4 月 23 日，南京解放，陈毅司令员到地质研究所进行视察，他开门见山直接询问：“李四光现在何处？情况可好？”

当时从英国开往中国的轮船很少，有时要等半年左右才能启程，李四光和家人只能满怀期待耐心等待。归国在即，李四光特意安排李林和邹承鲁来到自己的居住地伯恩莫斯，在 1949 年 8 月 25 日为他们举办了简单的婚礼仪式。

虽是女儿新婚大喜，李四光脸上平静的笑容中却夹着一点心事重重，接下来的计划能否顺利实现，他不得而知。就在等候开船期间，国内报纸上正式公布了中国人民政治协商会议第一届全体会议代表的名单，李四光作为中华全国第一次自然科学工作者代表大会

李林和邹承鲁在婚礼上与父母合影

筹备委员会代表赫然在列。得知此消息的台湾国民党当局恼羞成怒，当即安排驻英代表郑天锡实施阻挠李四光归国的各种计划，并打算从伦敦进行扣押，然后再送往台湾。

性命攸关的紧急时刻，驻伦敦的国民党文化教育委员会委员陈西滢获知了消息，他紧急安排夫人凌叔华电话通知李四光。李四光和许淑彬经过简单商量，决定事不宜迟，随身只带了张 5 英镑的旅行支票，还有一个放有资料和几本书的小皮箱，冒着被特务扣留和暗杀的危险，当机立断只身从普利茅斯渡过英吉利海峡，先行去往法国。

临行前，李四光给国民党当局驻英代表郑天锡留了一封信，表明“我绝不会发表你们要我发表的声明，我立刻返回祖国”，并劝

李四光离开英国前和陈西滢的合影

告郑天锡不要再为蒋介石卖命。第二天，国民党当局驻英代表处果然派人找上门来，许淑彬淡然回答，说李四光外出考察去了，并坚决拒收对方送来的5000美金。随后，台湾方面收到郑天锡从伦敦发来的报告，意思是李四光不辞而别，去向不明。同时，散布在海外各地的国民党特务也陆续接到命令，要求立即采取紧急措施，严防李四光等知名人士返回大陆。

许淑彬退掉去法国马赛的船票，并搬去剑桥和女儿同住。她一边整理行装，一面等待着丈夫的消息，两个星期过去，总算收到了李四光的来信。李四光在信封上故意留下歪歪扭扭的英文地址，告知家人自己已顺利到达，暂住瑞士和德国交界的巴塞尔城。11月16日，许淑彬由李林陪同，匆匆赶往巴塞尔城，等找到丈夫栖身的小旅馆，却被告知李四光不在。旅馆老板说：“李先生一早就有事出门了，并留言做了安排，到达后先吃饭休息，不必久等。”原来李四光选择在巴塞尔躲避，正是因为看中了这里僻静而且附近地质情况较好。即便是在如此危急的时刻，李四光仍念念不忘他的科研工作。

安顿好母亲，李林返回剑桥继续读书。李四光和许淑彬买了从意大利热那亚开往香港的船票，12 月 2 日到达罗马，随即给女儿李林去信报了平安。因为担心国民党当局的密探有所察觉，因此明信片上的内容李四光都用左手书写，内容也比较含混。

逃亡至此，总算喘了口气，李四光关切地对许淑彬说：“从前也没有机会带你到处走走，以后要做的事一定很多，这或许是最后一次出国了，趁现在还能走动，我们去各地看看吧。”两人随后游览了佛罗伦萨、罗马、米兰和庞贝古城，因为身体和经济状况都很吃紧，旅游显得十分窘迫，中饭经常是在景点买个面

1949 年在瑞士巴塞尔，归国前夕的李四光和许淑彬夫妇

包随便对付。等赶到热那亚港口，两人终于支撑不住，先后病倒。许淑彬的血压急剧升高，李四光的心绞痛也突然发作，夫妇俩躺在简陋的小旅馆里无钱就医，只能盼望回国的轮船早点开动。富有同情心的旅馆意大利老板娘见状请来医生为他们打针吃药，夫妇俩的病情这才有所好转。

困境中的等待令人无比煎熬，但此时的李四光夫妇并不知情，祖国和人民其实一直都在牵挂着他们的安危。1949 年 11 月 15 日，周恩来总理专门给时任新华通讯社驻布拉格分社社长吴文焘和时任中国驻苏联大使王稼祥去信，特别叮嘱：“李四光先生受反动政府压迫，已秘密离英赴东欧，准备返国，请你们设法与之接触，并先向捷克当局交涉，给李以入境便利，并予保护。”虽然周总理已作了周密的部署，但因情况有变，李四光未能取道东欧回国。11月27日，

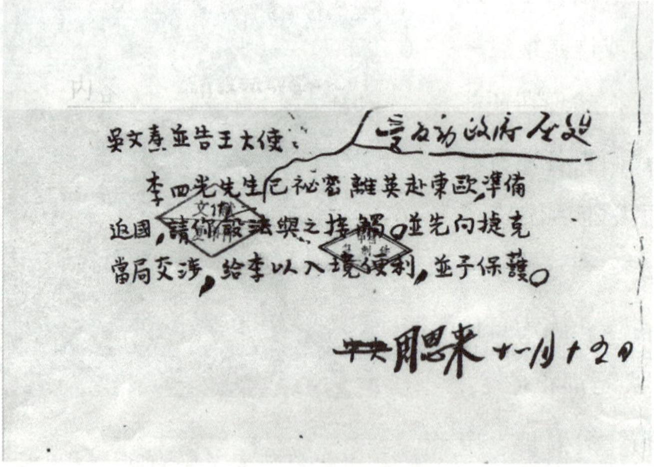

吴文焘並告王大使：
李四光先生受反动政府压迫，已秘密離英赴東歐準備返國，請你們設法與之接觸，並先向捷克當局交涉，給李以入境便利，並予保護。
周恩来 十一月十五日

周恩来密件通知，要求协助李四光回国

吴文燊给周总理回电：李四光尚无来捷消息。

12 月 25 日，从热那亚启程的轮船在苍茫大海上航行了两个月，终于抵达香港。途中李四光给同在日本留学过的陈厚甫去信，告知轮船到达香港的日期和轮次。接信后的陈厚甫亲自到港迎接，并预先为李四光夫妇安置好了僻静场所。

当时的广州刚刚解放，社会秩序还没有完全恢复，国民党残兵败将经常趁天黑在火车上抢劫伤人。一直到了 1950 年 4 月初，李四光夫妇决定从香港坐船到天津。他们买了两张英国海轮的船票，又向陈厚甫借点钱，支付了旅馆费用。

大家盼望着早日到达天津，结果事与愿违，海轮开到上海附近，又撞上了国民党逃跑时被击沉的轮船，经检查发现是被戳了个洞，只能暂时停泊。轮船发出急救信号，急救轮从后面开过来，势利的船长只顾让英国人先逃生，根本不管中国人的死活。李四光据理力争，为什么我们先买票的乘客反而要后行处理？船长给出的理由是：这些英国人按照规定要在两星期内到达天津，否则不予接收，并答应李四光退还全部船票钱，代为办理去天津船票。此时的李四光已不再相信船长的解释，他坚持要回到香港，等候其他轮船。海船上的水手见此情景都十分惊讶，他们对许淑彬赞叹道："你们家先生真是胆大，一点都不惧怕外国人，从前我们见到过，外国人蛮不讲理时，国民党的外交部长都不敢辩一句话。"

回到香港，又过了几天，归心似箭的李四光决定从广州乘火车先到上海，行李和书籍另找轮船代运至天津。与此同时，李四光离开伦敦的消息早已通过其他途径传回大陆，一直密切关注李四光安危的周总理立即委托华南军政委员会安排赴港接应，叶剑英派出的联络员黎雪很快与李四光接上了头。

听到祖国和党对自己的问候，李四光忍不住流下了热泪。操着一口流利英语的黎雪早年也曾在国外留学，抗战初期回国参加了革命。李四光无限感慨道："我要是能早一点和你们在一起多好！搞地质的，也可以为解放出点力嘛。打仗时帮你们看看地形，参加工作还可以受到锻炼。那时想去解放区，去不了，真惭愧。这次无论如何要回来，一定要和你们在一起，把自己的一切力量贡献出来。在共产党的领导下，努力学习，埋头做好工作。"

两天后的维多利亚港，一对男女正在海边散步。男士戴深色鸭舌帽，身穿灰色夹大衣，肩挂一架照相机；黑色大衣的女士手挎小皮包，戴一顶欧式宽边帽。他们正是应约而来的李四光夫妇。下午4点半，从坡上开过来一辆卧车，车上下来三人，大家围坐在长廊的桌旁喝茶，又聊了会儿天，很快便把李四光夫妇接走了。

1950年4月6日，早晨刚过6点，李四光夫妇已登上由香港去往九龙的轮渡，邻座一位姓刘的青年人全程负责照顾，偶尔大家聊些轻松的话题。不久轮渡抵达九龙，祖国的南大门就在眼前，排队等候检查的李四光显得有点迫不及待，当终于跨过最后的那座桥时，李四光内心的激动整个是无法言表：朝思暮想的祖国，我们终于回到您的怀抱了！

32 百废待兴，地质先行

1950年4月13日，李四光由广州抵达南京。今天的人们描述李四光这段归国经历，总会用“冲破重重障碍回到祖国”等词句来形容，但很长一段时间内未找到图证。直到后来，偶然一次整理资料，才在一本陈旧的微积分书籍中发现了李四光1950年到达南京，和前来迎接的南京市委宣传部和军管会高教处的领导们在南京火车站留下的这张照片。

长途奔波加上过度疲劳，李四光参加完一系列的欢迎活动后又病倒了。当月下旬，李四光停止了一切安排，暂作休息。5月6日，李四光携夫人去往北京，中央人民政府副主席李济深，中国科学院院长郭沫若、副院长陶孟和和竺可桢一行到车站迎接。当晚，郭沫若设宴招待，新朋旧友欢聚一堂，大家畅叙着新中国别开生面的万千气象。

1950 年，李四光归国，在南京火车站受到隆重迎接

一开始李四光夫妇被安排在六国饭店，这也是当时北京最高级的宾馆。归国匆匆，眼看积蓄也所剩无几，许淑彬正担心着房费的支付，接待人员见状请许淑彬放心，组织上已在考虑为他们安排宿舍，宾馆的暂住费用会由政府统一负责解决。

随后他们又搬去了北京饭店。第二天晚上 6 点左右，周总理亲自登门拜访，夫妇俩是既激动又紧张。周总理一见面就亲切寒暄道：“你终于回来了啊，欢迎，欢迎，祖国需要你啊！”在询问了生活方面的困难后，周总理又接着说：“不论工业还是国防，都和地质分不开，地质工作要先行。新中国成立不久，我们就打算召开第一次全国地质工作会议，那时候我想，没有个挂帅的不行，一定要等你回来。”

周总理高度称赞了李四光创建的地质力学。李四光也聊起这些年的国外所见所闻，他表示，愿意到南京继续从事地质方面的研究。周总理没有直接表态，而是从新中国当前最迫切的需要谈起，他希望李四光可以协助郭沫若做好自然科学方面的工作，同时把全国的地质工作者组织起来，担负起为国建设的重任。这份沉甸甸的信赖让李四光心潮澎湃，他为周总理的坦诚相见和深远考虑所深深折服，当场接受了总理交付的历史重托。临走前，双方还交流了对组织全国性地质工作机构的一些想法，畅谈新中国地质事业发展的辉煌远景。

谁也没有想到，归国后的头次会面竟是这种老友重逢的会谈方式。不知不觉近 3 个小时过去，当周总理准备离开时，许淑彬这才回过神来，她十分懊悔没能挽留总理一起吃顿晚饭。李四光的心情久久难以平复，他感慨道：“周总理的人格魅力实在是无以言表，似乎他提的要求你都没法可以去拒绝，这是怎样的一种亲和力与凝聚力啊！”

1950 年 8 月 17 日，中华全国第一次自然科学工作者代表大会在北京召开，李四光以中国科学院副院长的身份作了题为《新中国的科学研究》的报告。他系统谈到了中国科学院成立的依据、经过和性质，以及旧中国科学事业不能独立自主创造性地进行工作的原因和后果，强调生产、教育和科学机构的关系不能脱离社会发展的本质。在这次大会上，李四光被推选为中华自然科学专门学会联合会主席。

当时旧中国留下三个全国性的地质机构：中央地质调查所、中央研究院地质研究所和矿产测勘处，新中国成立前夕，几乎所有的

中央人民政府任命通知書

府字第 號

茲經中央人民政府委員會第三次會議通過任命李四光為中國科學院副院長

特此通知

主席

中華人民共和國中央人民政府之印

一九四九年十月十九日

1949 年 10 月 19 日，毛泽东主席签发任命书，
李四光任中国科学院副院长

机构成员坚持没有南迁广州。地质研究所以许杰为首，大家签下了留守南京或上海的决心书；地质调查所的尹赞勋在全所大会上慷慨陈词，绝不跟随国民党政府去其他任何地方；矿产测勘处的谢家荣也表示不迁。三家单位各自组织行动，共同坚持到 1949 年 4 月 23 日南京解放，确保所有图书资料和设备保存完整。眼下新的地质机构设置正在酝酿，众人意见未达统一，1949 年底中国科学院成立，相关负责人员到南京办理机构接收时，甚至都不了解地质研究所究竟是何种性质的单位，只片面地理解为从事矿产调查。

李四光开始着手考虑这些问题。他认为，新中国建设的地质工作首先必须全力配合国家的经济建设。当时全国从事地质的专业人员总共不超过 200 余名。李四光决定走群众路线，他亲拟了一份征求意见信，无论是室内研究还是在野外考察的，信件全部寄交本人。

1950年5月至8月间，结合大部分回信意见并综合考虑，李四光提出了“一会、二所、一局”的全国地质机构设置方案。其中“一会”：地质计划调配委员会；“二所”：前中央研究院地质研究所和前地质调查所合并，重新划分为地质研究所和古生物研究所；“一局”：财政经济委员会矿产地质勘探局，办理全国矿产地质的调查、矿山测量、槽探与钻探，以及水利、交通、建筑等工程中所需的地质工作。该方案于8月22日经财委和文委联名上报给周恩来总理，9月6日经政务院第四十七次会议通过，其中的“地质计划调配委员会”改名为“地质工作计划指导委员会”，李四光任主任委员。

随着国家经济建设的计划开展，地质工作先行的必要性越发凸显。1952年8月10日，中央人民政府委员会第十七次会议通过决定成立地质部，李四光被任命为部长。为确保让李四光有足够的时间从事地质科研，周总理又任命阅历丰富且富有组织能力和管理经验的老红军何长工担任地质部副部长，协助一同开展日常工作。

1954年，李四光为中华人民共和国地质部成立揭牌

李四光时刻牢记周总理的嘱托，他在具体工作中一直把发展矿产放在首位。为了让有限的专业人员发挥出最大的积极能动性，李四光又向中国科学院提出，地质研究所和古生物研究所可戴上“中

科院”的帽子，但所属人马和实际工作直接受地质部的领导。中国科学院同意此安排。

1950 年 11 月 1 日，中国人民志愿军抗美援朝开始不久，地质工作计划指导委员会在北京召开扩大会议，这也是全国地质工作实现统一领导后的首次重要会议，它标志着地质界空前未有的大团结。开幕式上，七十四岁的章鸿钊致开幕词，他激动地说：“我从事地质工作已经三十四年，从来没有像今天这样愉快。过去环境不好，大家在沉闷中过日子。自从人民政府成立，情况大变，很重视地质工作。为了适应新时代的要求，地质机构也要改组。今天我们在好的环境下齐聚一堂，是开地质界的新纪元。希望大家努力团结，为新中国的大事业而努力。”

李四光在讲话中表示：“章先生这样高龄，不怕劳苦，远道来京开会；同人也都来自远方，这正说明每个人心中都有一番热诚，想把中国地质事业办好，使国家健强起来，使革命力量巩固起来，如果我们做不到团结，这次会议就没有意义，做到了，就是成功。”

11 月 7 日会议闭幕，喜不自禁的李四光道：“开会以前我很担心，恐怕会开不好。结果不但开得很好，并且皆大欢喜，大家团结起来了。但是有团结的力量，同时也有反团结的力量……”同时他还反省自己：“我自己就常想，只做点研究工作，不愿负行政责任，但客观环境不允许这样，经过考虑、斗争，认为只顾自己的兴趣，就是自私。”直到生命的最后一息，李四光都努力用自己的一言一行践行着在这次大会上的铮铮誓言：“人民需要我做什么，我就做什么，一直到我不能做的时候。”

33

海棠花开君子情

回顾李四光与周恩来总理的最初交往，还要追溯到抗战胜利前的重庆。1944年，日军发动南侵，广西局势随之紧张，李四光全家被迫辗转迁徙，经贵阳最后抵达重庆。好不容易租了房子安顿下来，由于过度劳累，许淑彬的高血压又犯了。李四光除了照顾夫人，每天往返奔波于重庆大学和地质研究所间，忙完家务后还要继续他的书稿。

李四光的体质本来就很差，以前患过肺结核和肠胃病，那段时间的身体又被严重透支。一天早晨，在去沙坪坝学校的路上突然晕倒，幸好有学生和教授看到，赶紧帮忙抬到茶馆的藤椅上休息，并请来当时很有名的张孝骞医生打针。张医生诊断李四光的病症是心绞痛发作，嘱咐要静养，而且特别注意以后不要再吸烟了。在英国读书期间，李四光曾到煤矿打工并在那里学会了吸烟，后来随着工作繁忙，烟瘾也变得很大，但听了张医生的这番话后，他当即宣布戒烟，从此再也没有抽过。

夫妻俩接连倒下，虽有学生不时过来帮忙照料，但如此困境实在难以为继。听从了大家的多次请求，李四光遵医嘱携全家搬到北碚镇的琴楼疗养,那里距离重庆市区有 60 多公里的路程。就在此时，中共代表团的周恩来副主席在新华日报社听说了李四光夫妇在重庆养病的事，他特意选择了一个风雪交加的深夜，绕道秘密来到李四光的住处。

初次谋面，周恩来见到书桌上堆放着厚厚的书稿，他被李四光带病坚持工作的精神深深打动，鼓励道:“日本鬼子就要被赶出中国，我们的胜利也不会很远了。到那个时候，我们就要搞建设了。”这次倾心畅谈中，周恩来详细讲解了中国共产党的政治主张，并分析当前形势的发展前景，为李四光点亮了黑暗中前进的曙光。

事实上，这并不是李四光和共产党的初次接触。早在 1937 年的桂林，李四光参加“广西建设研究会”时结识了一位名叫范长江的朋友，这位三十岁左右的新闻记者后来秘密加入了中国共产党。李四光当时虽不知情，但他对范长江在抗日救亡的新闻报道中表现出的文字才华和组织能力极为欣赏，尤其是范长江作为记者实地采访过西安事变，目睹了周恩来代表共产党，如何从民族利益出发，为争取蒋介石联合抗日，宣传国共合作、一致对外的民族大义，并最终促成西安事变和平解决的全部过程。范长江向李四光介绍了陕北延安开展抗日自救的事迹，李四光因此早就对周恩来的信仰与为人有了基本了解，同时也建立了对共产党人的初步好感。

琴楼初次会谈，周恩来给李四光留下了非常好的印象，某种程度上这些都转化为他日后坚定归国的核心动力。深受鼓舞的李四光对许淑彬说：“我看到了周恩来先生，我在他身上产生一个最大的感觉：中国有了共产党，中国就有了希望！”

不久后，为了筹备政治协商会议召开，周恩来率领中共代表团到重庆，其间他再次约见李四光，并提出了自己的建议：“把科学工作者联合起来，建立自己的组织。”周恩来邀请李四光、竺可桢、丁燮林和严济慈等科学家共同商讨中国科学工作者协会的筹备工作，他号召大家：“要用科学知识为人民谋利益，不要做反动派压迫人民的帮凶。科学工作者要团结起来，和广大的人民群众一起，共同奋斗，对外要打倒帝国主义的侵略，对内要推翻贪污腐化、不民主的政权，建立独立、民主、自由的新中国。”

1945 年 7 月 6 日，中国科学工作者协会在重庆沙坪坝正式创建，协会旨在团结广大科技同人，为中国的科学发展做出贡献。竺可桢任第一届理事长,李四光担任监事长。协会创办了《科学新闻》，报道科学界的各项活动，散漫沉寂的科学界就此空前活跃起来。

伴随着新中国的成立，周恩来总理亲自安排并促成了李四光的海外归来。李四光到达南京，前来迎接的老朋友们告诉他，人民政府曾考虑召开第一次全国地质会议，但周总理明确表示：一定要等李四光回国后再开。然而之后一等五个月不见人影，有人就放出话来，说：我看李某人不会回来了，他是去台湾了。但周总理丝毫不为所动，他坚定表示：“我相信李四光是不会去台湾的，他现在还没有回来，一定是给什么困难耽误了。我们一定要等他回来再开会。”听闻此言的李四光深受感动，他放弃了原本去南京从事地质科研的念头，并暗下决心，要听从党和政府的安排留在北京，接受周总理交付的组织全国地质工作者的任务。

在为新中国地质事业奋斗的历程中，李四光得到了周恩来总理无微不至的各种关怀。归国后住进北京饭店的第二天，周总理亲自前往探望并促膝长谈；杭州疗养期间，周总理再次关心李四光的入党问题，强调社会主义建设离不开知识分子的作用；1957 年，李四光因肾结石住院，周总理亲自到医院审阅手术方案并到病房探望；“文革”伊始，周总理多次在各种场合下表达了自己的肯定意见，

1952 年，周恩来总理和李四光亲切交谈

最大程度地保护了李四光在浩劫中免遭各种冲击；得知李四光患动脉肿瘤后，周总理又委托邓颖超前往看望并传达指示，免除李四光一切迎送外宾和参加宴会的任务，建议在保重身体的同时，专心从事地质力学的研究工作。

1955 年 1 月 14 日，周总理约李四光和钱三强到中南海参加铀矿会谈。随后，周总理给毛主席写下了汇报："主席：今日下午已约李四光、钱三强两位谈过，一波、刘杰两位同志参加。时间谈得较长，李四光因牙痛先走。故今晚不可能续谈。现将有关文件送上请先阅。最好能在明（十五）日下午三时后约李四光、钱三强一谈，除书记处外，彭、彭、邓、富春、一波、刘杰均可参加。下午三时前，李四光午睡。晚间李四光身体支持不了。请主席明日起床后通知我，我可先一小时来汇报今日所谈,以便节约一些时间。"身为一国总理，在毛主席召见的会谈中还要为一位科学家的牙痛、午睡和身体等各种状况周到考虑，这样的细致贴心怎不让人感慨万千！

1966 年河北邢台地震，周总理亲自赴震灾现场视察，他一再叮嘱地质部有关领导，千万不要让李四光到震区去。1967 年，在审阅了李四光病情的专家会诊报告后，周总理再次提出，要李四光避免过于繁重的工作和过多的体力活动。即便日理万机中无法抽身，他又专门安排邓颖超大姐到李四光的住所探望。

1970 年 8 月 23 日，党的九届二中全会在庐山召开，李四光接到了会议通知。由于当时的特殊形势，具体情况不可告知家人，出发前，李四光只是简单地和夫人打了个招呼，说要出趟公差，自己的心脏状况也不适合坐飞机，因此提前乘坐火车从北京赴江西。

因为参加的是秘密会议，所以李四光此行没有带上自己的秘书和警卫。第二天，周总理打电话到李家，从许淑彬那里得知，与李四光同行的是中央警卫局统一安排的警卫。总理非常不放心，他专门通知了相关人员，安排李四光的贴身警卫小崔当即坐飞机赶往江西。8 月 19 日，李四光抵达九江火车站，小崔已经在车站等候迎接了。李四光心中十分诧异，同时又为总理的细致安排深深感动。当天，他给许淑彬写了封简信，大致介绍了出差的食宿安排和身体状况，以免家人担心。

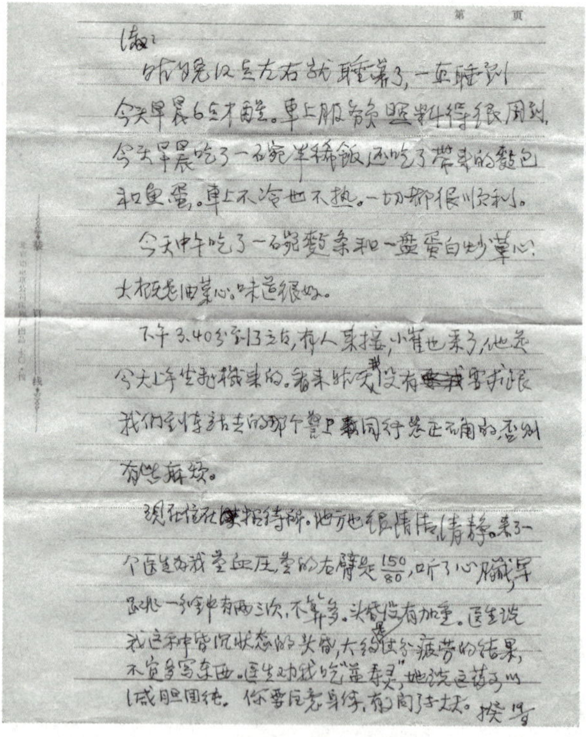
第　　页

淑：

昨晚10点左右就睡着了，一直睡到今天早晨6点才醒。車上服务员照料得很周到，今天早晨吃了一碗半稀飯，还吃了带来的麵包和鱼蛋。車上不冷也不热。一切都很顺利。

今天中午吃了一碗麵条和一盘蛋白炒菜心，大概是油菜心。味道很好。

下午3.40分到了站，有人来接，小崔也来了，他是今天上午坐飞机来的。看来昨天我没有要我跟我们到车站去的那个警卫同行是正确的，否则有些麻烦。

现在住在招待所。地方也很清静。来了一个医生为我量血压，量的右臂是150/80，听了心脏，早跳一分钟中有两三次，不算多。头昏没有加重。医生说我这种昏沉状态的头昏，大约是过分疲劳的结果，不宜多写东西。医生劝我吃“益寿灵”，她说这药可以减胆固醇。你要注意身体，并问候大妹。揆 19日

1970 年 8 月 19 日，李四光参加庐山会议期间写给许淑彬的信

此类事例不胜枚举。可以说，自李四光归国后，从工作到生活的各个方面都受到了周总理无微不至的关照。1971 年 4 月李四光去世，周总理顶着各种压力出席了告别仪式并致悼词，5 月 3 日，邓颖超大姐再次到李家转达了总理的慰问。

大学毕业后，或许是因为叛逆期，我常为了一点小事和母亲李林拌嘴，还彼此互不相让。李林也很烦心这些家长里短，一次见到邓大姐时，忍不住抱怨了我几句。等下次再来我们家，邓大姐特地带了本小册子，说是自己编印的，要送给我，内容主要是介绍女性更年期护理的一些小常识。邓大姐谆谆告诫说，女性到了一定的年龄都会经历更年期，这个阶段的女性情绪极不稳定，希望我能多体谅妈妈的各种不易。我认真聆听，表示全都牢记心中了。这本珍贵的手册我珍藏了很久，但后来怎么都找不见了，家人都说我是“败家子”，每每想起此事我也懊恼不已。

邓大姐当年来家做客时的合影留念

1976 年 1 月，敬爱的周恩来总理与世长辞，由于“四人帮”的阻挠和压制，所有悼念活动均被强制取消。清明节那天，长期压抑在人们心中的愤怒和不满终于爆发，一场声势浩大的群众性纪念活动自发拉开了序幕。人民英雄纪念碑的周围摆满了花圈，人们高声朗读着纪念周总理的诗词与文章，义愤填膺地声讨“四人帮”的罪行，整个天安门广场化作了一片正义的汪洋。

虽然在单位都接到了指示，但为了表达对周总理的挚爱与怀念，李林和邹承鲁不仅公开支持群众性的纪念活动，还专门骑车到天安门广场观看大字报，拍摄了很多照片，回来后连夜冲洗并装订成册。几天后，轰轰烈烈的“四五运动”被镇压，成千上万的大字报和花圈一夜之间被没收和销毁。邹承鲁和李林深感庆幸，他们格外珍惜那些记录了这次伟大纪念活动的珍贵照片。来年春天，邓颖超到李家探望，临别时李林夫妇以收藏的相册相赠。

邓大姐的秘书赵炜在《西花厅岁月：我在周恩来邓颖超身边三十七年》一书中有这样的记载：见到邓大姐，李林和邹承鲁有说不出来的高兴。李林告诉邓大姐，她清明前后去过几次天安门广场，拍了许多照片。说着，李林拿出一个照相簿送给邓大姐留作纪念，邓大姐没有推辞，接了过来。她感慨地说：“谢谢你，李林同志，我一定好好保存。”

粉碎“四人帮”后，李林和邹承鲁去西花厅看望邓大姐，谈话间又聊起了那本相册。邓大姐说：“你当时拍那些照片是很危险的事。我后来想，如果有人来抄我的家，问我哪儿来的照片，我就说别人送的，谁送的记不得了。我老了，他们也没有办法。”

在李四光曾经的办公室内，如今悬挂着两幅伟人像，一幅是毛主席的丝织画像，周总理的画像是挂在办公桌后面的墙上。这幅总

李四光办公室墙壁上悬挂着的周总理画像

理画像是在“四人帮”被彻底粉碎后挂上去的，当时周总理已经去世。起初大家也有一丝顾虑，担心这么做是否合适，虽然家人的心愿只是纯粹为了纪念李四光这一生和周总理结下的深情厚谊。后来邓大姐来过几次，她站在周总理的画像前长久凝视，也没表示否定意见，画像就这么一直被保留下来。

“四人帮”猖獗期间，邓大姐在中南海深居简出，偶尔她老人家也会邀请李林和邹承鲁到家中做客。西花厅的海棠花格外有名，邓大姐曾写过一篇《西花厅的海棠花又开了》，真实记录了周总理在新中国成立初期，因为偶见西花厅的海棠花开并心生喜爱，最终选定在此院落定居的深情往事。李林站在海棠花前，情不自禁赞叹道：“真美啊！”一旁邓大姐也露出了慈祥的微笑。隔段时间，邓大姐专程让人送来一株海棠树苗，这株海棠如今生机勃勃地长在纪念馆的院子里，它真实记录了周总理和邓大姐与我们家风风雨雨几十年的不解情缘。

1980 年，李林、邹承鲁与邓颖超大姐在西花厅的海棠花前合影

34

为周总理选国徽

1949 年 10 月 1 日，北京天安门广场举行了盛大的开国大典。伴随着雄壮的《义勇军进行曲》，鲜艳的五星红旗冉冉升起。但作为共和国的另一个重要标志，庄严的国徽却未在大典中出现，天安门城楼两重飞檐之间原先计划悬挂国徽的位置，临时用了“中华人民共和国中央人民政府成立典礼”的横幅来代替。

其实，在开国大典开始之前的 1949 年 7 月，新政治协商会议筹备会在《人民日报》登出了征集国徽的启事，明确提出了对国徽设计的三点要求：一是要有中国特征，二是要有政权特征，三是形式要庄严富丽。截至 1949 年 8 月 20 日，筹备会共收到国内外的国徽稿件 112 件、图案 900 幅，但由于各种原因，最终均未被采用。

9月25日,距离开国大典只有短短几天,国徽还没有选出合适的图案,毛泽东主席提议道:“国徽是否可慢一点,再去设计,等将来再决定。”

随后，一场征集国徽方案的竞赛在全国范围内紧锣密鼓地进行。10月23日，梁思成所在的清华大学设计组拿出了初稿，该设计组还包括梁思成的夫人林徽因及清华大学教授团；另一设计团队由中央美术学院张仃率领，他们选择的图案是以天安门为主体的建筑。此外，还有其他设计者提供了5个仿政协会徽制作的图案。

多年以后，张仃的夫人理召女士在接受采访时回忆说：“当初张仃团队提出将天安门作为国徽主体时，曾出现不少反对的声音，认为把建筑物当作国徽容易给人造成风景画的感觉。但张仃坚持己见，他认为庄严的天安门对于新中国有着不同凡响的意义，其他很多国家的国徽也有以建筑物为主体，即便没有，我们尝试着使用又有何不可呢？”

1950年6月10日，由周恩来总理主持的全国政协一届常委会第八次会议通过了国徽修正案，决定采用以天安门为主要内容的图案，由国徽组再行讨论修改意见。不久后的一天晚上，李四光接到通知，要求去参加国徽方案终审的政协会议，在中央美术学院设计方案和清华大学的设计方案中进行最终审定。

以国旗以及国旗映照下的天安门来表达新中国的政权特征，这是梁思成、林徽因领导的清华大学建筑系国徽设计组最重要的创意。在这样的设计中，五星表示着中国共产党的领导与全国人民大团结；天安门则象征新民主主义革命的发源地及在此宣告诞生的新中国；以革命的红色作为天空，纪念无数先烈的流血牺牲；底部正中为一完整齿轮，两旁饰以稻麦，象征以工人阶级为领导、工农联盟为基础的人民民主专政；通过齿轮中心的大红丝结，寓意为全国人民空前巩固团结在中国工人阶级的周围。五种简单实物的形象，借红色丝结的联系，组成了一个新中国的国徽图案。

在这次激烈的讨论中，以田汉为首的部分委员赞成中央美术学院设计的方案，该方案边沿部分与清华组的设计大致相同，居中的天安门为透视图，红墙绿瓦，华表圆柱，前方有金水桥和鲜花，上面是蓝天；以张奚若为首的另一部分委员则赞成清华大学设计的方案，该方案中的天安门为正面图，庄重而深邃，上方为国旗的五星标志。

与会代表畅所欲言，但意见未达一致。清华大学国徽设计小组的主要成员之一朱畅中当天也参加了会议，对于扣人心弦的评审过程，他后来是这样回忆的：会场设在中南海怀仁堂全国政协一间会议室里，沿墙边椅子上、墙上、沙发上陈列着清华和美院送去的大小国徽图案多件，正中墙前左侧摆着清华方案，右侧为美院的方案。不久周总理亲临会场，会议主席沈雁冰先生宣布开会。接着有的委员指着美院的图案详述优点，表示赞成美院的图案；有的评委赞成清华的金、红两色图案。众说纷纭，气氛热烈。大家的意见讲完了，会场陆续安静下来，似乎在等着周总理表态。周总理却注意到一直沉默不言的李四光先生，悄悄地走到李先生的座旁，双手扶着沙发问李先生："李先生，您看怎样？"李四光先生左顾右看，再次比较了两家设计的国徽图案，然后指着左边清华的图案说："我看这个图案气魄大，天安门上空像是一幅整个天空一样大的五星红旗，气魄真伟大；下边，天安门前的广场也显得宽广深远，气势恢宏。金、红两色，使得整个图案有鲜明的中华民族特色，对称均衡、庄严典雅又富丽堂皇，我赞成清华大学这个方案。”周总理又再次看了两家方案，随即询问大家是否还有其他意见。他停顿片刻，看看没有人想发言，就接着说：“那么好吧！就这样决定吧！”委员们纷纷表示赞成。

最终，周恩来总理采纳了李四光发表的关于国徽设计的个人意见，清华大学建筑系的设计方案正式获选。自此，象征和标志着中华人民共和国主权形象的国徽庄严出台。通过这次国徽方案的评选始末，不难看出，周总理对李四光的欣赏与信任已经达到了十分默契的程度。

注：本节部分内容参考中国营造学社纪念馆《梁思成、林徽因与国徽设计》。

35 李四光与中国石油大发现

长期以来，人们在评价李四光为新中国地质事业做出的突出贡献时，总会把他当年为祖国寻找石油的经历摆在首位。今天的中国至少拥有 10 个亿吨级的油田，除西藏、内蒙古地区外，渤海、东海和南海也发现了大型油田，中国早已成为世界上众所周知的石油出产国。

前些年，一篇名为“大庆油田是谁先发现的？”的文章见诸报端，其中心论点为：大庆油田的发现，其实和李四光的地质力学理论无关，而主要是依据其他的陆相生油和多期多层生储油理论，中国才相继找到大庆油田、胜利油田等高产油气田等。文中还特别提到，1977 年 6 月，有人曾写信给邓小平，要求澄清，谁才是大庆油田真正的发现者。

回首往昔，这个问题已过去了多年，真正了解其中内情的人也未必很多。中国有句古话：事实胜于雄辩。当时，上级部门遵照邓小平“如有可能，最好把问题了解和澄清一下”的指示，曾组织专人进行调查，并形成最终定论。1978 年 5 月 27 日，在国家地质总局上报中央的调查报告中明确指出：李四光同志对我国东部油田的发现确有很大贡献，并非信件所称的“讹传”与谎言，对于李四光在我国石油普查中所发挥的领导和具体业务指导作用作了全面的论述与肯定。

首先，如果我们单纯地讨论“陆相生油论”，这并非中国人首创,最早的“陆相生油论”是在 19 世纪末由俄国人门捷列耶夫提出。在中国，只是在大庆油田发现以后，人们的认识才有了突破，意识到在淡水湖盆内，即陆相地层内也可以孕育大油田。原松辽石油勘探局主任地质工程师张文昭曾著文称：“大庆油田是在冲破中国陆相地层贫油论的束缚下找到的。”但是，“中国陆相地层贫油论”在很长一段时间内如何影响了中国东部找油，以及后来具体冲破这种束缚的办法，文章并没有提到。

李四光预测石油远景的依据主要有以下几点：一是具备好的沉积条件，并保证有足够的有机质；二是存在有机质转化为石油的热条件；三是要有构造驱动和流体流动的条件。当这些条件都具备后，油气物质就可以在一定的地点、一定的部位形成油气藏。李四光完全不拘泥于“海相”或者“陆相”生油的那套概念，而是强调有无生油和储油条件，以及对构造规律的正确认识。这些都打破了长期以来石油地质学家们固有的找油观念。

早在1928年，李四光在北京大学地质系任教期间，针对美孚石油公司在陕北打钻效果不佳而流传开来的“中国贫油论”，他在《现代评论》第七卷第173期发表《燃油问题》一文中指出：“美孚油行在陕北的西安、扶施、中部三县钻了七口三千尺以下的深井，然后效果不好，他们花了三百万（美）元，干脆地走开了。但是美孚的失败，并不能证明中国没有油田可办。中国西北方出油的希望虽然最大，然而还有许多地方并非没有希望。”“四川的大平原也值得好好地研究，和四川赤盆地上类似的地域也不少，都值得一番考察。”

1934—1935年，李四光赴英国讲学并撰写文章，在1939年出版的《中国地质学》一书中，他创造性地提出：新华夏构造体系的沉降带，例如华北平原，可能揭露有经济价值的重要物产（张文佑译）。

李四光的这部《中国地质学》最初是用英文写作，后来由他的学生翻译为中文。原文我曾读过，也和很多翻译讨论过，关于这一段论述，英文原著的意思是：在中国的北部平原，如果钻探得足够深，并加以地震勘探的话，一定可以发现有重要经济价值的沉积物。

其实就这个问题当年我也曾请教过爷爷，为什么文章中要称为“有经济价值的重要物产”，而不直接就写明是“石油”呢？爷爷微笑着对我说：“你小孩子不懂，1939年，中国的东北还在日本的占领之下，他们还在那里成立了满洲国。日本人之所以要发动侵略，一个很重要的目的就是掠夺中国的矿产资源。我如果在书里写得太清楚，万一他们把石油打出来了，不就要把中国的石油资源给掠夺了嘛。”

新中国成立后，到了 1952 年，中国全年的石油产量仅为 43.5 万吨，而当时全国一年的石油需求量为 1200 万吨。缺乏石油，意味着工业建设缺乏动力，新中国的国防建设也面临着巨大压力，曾经公共汽车头顶燃气包跑在马路上的画面，都深深印刻在人们的记忆里。事实上，一开始我国也曾邀请苏联专家来帮忙找油，对方认为，在中国西北的新疆找油有希望，搞了几年，也没什么结果。

1953 年，新中国第一个五年计划即将开始，能源特别是石油成为摆在新中国建设面前的重要问题。中国究竟是否还要花大力气走“自主找油”的路子？为此毛主席召见了李四光，询问他“我国石油工业究竟靠开发天然石油还是走人造石油道路”。面临如此关键的重大选择，并且是直面中央领导人的垂询，李四光根据自己独创的地质力学理论，分析了石油形成的基本地质条件，他深信中国具有丰富的天然油气资源，并就勘探开发我国天然油气的光辉前景，向毛主席作了肯定答复。毛主席、周总理十分赞许这些意见。1955 年，根据李四光需尽快开展石油普查工作的提议，国务院决定由地质部承担此项重要任务。1956 年 3 月，周总理说：“地质部长很乐观，对我们说（石油）地下储藏量很大，很有希望，我们很拥护他的意见，现在需要去工作。”

据说，事后也有人对此冷嘲热讽，意思是：李四光善于投机，毛主席问他是否有石油，他就说有。实际上，我也并不是认为中国绝对没有石油，当时也有中央领导来询问我，我就没有用这种迎合讨好的态度来表明自己的观点，作为一个负责任的科学家，我没有乱拍胸脯，我只微微一笑，没有说话……

今天的人们回头再看，这些闲言碎语当可一笑置之。李四光当年的所作所为，绝非简单的个人英雄主义或赌徒行为，“先天下之忧而忧”的他，是以新中国第一任地质部部长的身份，凭借着一位老科学家的学识与良心，向党和政府提交了一份“要在中国寻找大油田”的庄严保证书。

李四光随后亲自指导了石油普查的战略选区和部署。1954 年 3 月，他在燃料工业部石油总局的座谈会上作了题为《从大地构造看我国石油勘探远景》的报告，指出：“石油勘探远景最大的有：一、青、康、滇、缅大地槽；二、阿拉善—陕北盆地；三、东北平原—华北平原。但并不是说，除了这几个区域外，别处就可以不做工作了。”李四光认为新华夏系的构造带的主要凹陷带对储存石油具有较好条件，并首次明确“在东北平原，通过渤海湾、华北平原，往南两湖地区，可做（石油普查）工作”的意见。

1955 年初，地质部召开第一次石油普查工作会议，李四光亲自参加并致开幕词；许杰作了《关于一九五五年石油天然气普查工作的方针与任务》的报告，普查委员会技术负责人黄汲清、谢家荣主持，对具体在哪些地区开展石油普查工作进行了讨论。会议认为：“新疆的准噶尔盆地、吐鲁番盆地和柴达木盆地都是很有希望的含油地区”“柴达木盆地的石油远景是有希望的”“鄂尔多斯地台西部和北部的石油资源是有远景的”“四川盆地的石油和天然气是有远景的”“华北平原是可能产生石油的”，因此组成了华北、四川、新疆、柴达木、鄂尔多斯五个石油普查队。不久，普查委员会又决定派出松辽盆地踏勘组。

1956 年 2 月 4 日，李四光就石油普查工作的安排写信给陈云副总理，信中除谈到柴达木、四川、鄂尔多斯等地区外，还提出在华北平原部署详细物探测线，以决定钻眼地点，“其目的是在于对华北平原地下储油远景迅速进行摸底的工作”。

1957 年 3 月召开地质部第三次石油普查工作会议，黄汲清组织部分地质人员编制了“中国含油远景分布图”，作了题为《对我国含油气远景地区分区的初步意见》的学术报告。他从大地构造特点和沉积建造特点出发，提出了区域远景评价和油区远景评价的一般准备，并指出：“四五年内，鄂尔多斯、四川、华北平原、松辽平原四大地区，作为重点是正确的。”

经过三年（1955—1957 年）的周密调查，证实了松辽、华北等盆地具有很好的含油远景。自此，石油普查工作的重点由我国西北部转向交通较为方便、工业基础较好的东部。1958 年 2 月，石油工业部和地质部共同发出“三年攻下松辽”的号召，松辽盆地成为新中国石油勘探战略的主战场。4 月 17 日，首次在吉林省郭旗钻得油砂，接着又在其他地区的 30 多口井中发现有油气显示。

1958 年 8 月，钻井队首先在盆地东北斜坡地区开钻了第一口基准井“松基一井”，油井打到 1800 多米深，穿过六个小油层，后因故障停工。专家们通过对深层岩心的研究，发现了大段生油层和砂岩储油层，还有能够封存住油气不至于跑掉的泥岩盖层。根据石油地质学理论，只有在生、储、盖三种地层齐备的条件下，才有可能形成油气藏，“松基一井”初显了松辽盆地的中央具备生成和聚集油气的地质条件。随后的“松基二井”打到了2700多米深，虽并未发现具有工业价值的油田，但同样发现了少量的油砂和油气，也让人们隐约看到了大油田即将露面的曙光。

紧接着从普查大队传来喜讯，他们在黑龙江西部的大同镇用物探方法发现长垣，11月，向石油工业部门提交了该长垣的高台子地震构造图，并提出深钻井位建议。根据这些新成果，普查队伍满怀信心提出“揭开扶余、钓鱼台，大战大同镇”和“猛攻出油关，一切为了工业池流”的战斗口号。第二年4月，利用地震方法圈出了整个大庆长垣的范围，年底完成大庆长垣及其附近9个构造共2000平方千米面积的地震普查、详查工作。

1959年9月26日，这是一个激动人心的日子。9月的东北已寒意逼人，所有的工作人员，连同附近村庄的男女老少，大家纷纷聚集到“松基三井”旁，人们都在期待着一个历史时刻的到来。下午四时，随着地质师张文昭一声令下，油阀被打开，一条黑色的巨龙从油嘴喷涌而出，整个现场爆发出雷鸣般的欢呼声：新中国终于发现油田了！

这是石油工业部在高台子构造“松基三井”首次获得自喷工业油流，经测试，日产原油13.02吨。这一特大喜讯迅速传遍松辽盆地，又以最快速度传向北京。紧接着，地质部普查队在“扶二十七井”也获得工业油流，迎来了具有重要意义的松辽石油大会战。

当时正值新中国成立十周年前夕，时任黑龙江省委第一书记欧阳钦提议把“松基三井”所在的大同镇改名为“大庆区”。随后，石油工业部决定将新发现的油田命名为“大庆油田”。从此，“大庆”

这个响亮的名字，成为新中国石油发展史上不可磨灭的旗帜性称号。

1960 年 2 月，地质部召开松辽石油普查工作现场会议，由李四光授意并审定的《从构造体系的观点来探讨我国石油普查和勘探远景》报告中特别指出：松辽盆地“既然是属于一个巨型构造体系的一个单元，在这个单元区以内，构造条件与沉积条件应有很大的一致性，据此可以推断出，在这个地区内，某些地带发现了油藏，就不会是局部的，应该是区域含油；根据在这个地区的经验，可以去找类似的地区，去寻找新油田”。李四光还指出：“现在到了队伍越过门槛的时候了（指越过分隔松辽平原和华北平原的隆起，去加强华北等地区的找油工作）。”根据上述工作部署，石油普查队沿着新华夏构造体系的沉降带，在华北、下辽河、江汉、陕甘宁等地区相继发现了一系列油田，确定了我国具有重大价值的几个大油区。

除明确李四光在中国石油普查工作中起到的指挥地位外，调查报告还充分肯定了他创立的地质力学理论对于我国东部石油地质工作的指导作用，具体表现为：第一，敢于突破旧理论的束缚，驱散“中国贫油论”的迷雾，科学指出中国具有丰富的油气资源；第二，对松辽、华北等四顾茫然、岩石极少露出且无油苗的地区，能够预测其有含油远景，指出应该去这些区域开展工作；第三，突破松辽盆地之后，及时指出到和松辽盆地处在同一构造体系的地区去找油。大量实践证明，这种战略性指导十分准确，在 20 世纪 50—60 年代我国石油地质工作水平还很低的背景下，实属难能可贵。因此，绝不能说“我们大庆等东部油田的普查和发现与地质力学的理论无关”。

报告还指出，李四光对石油普查的方法、步骤，以及普查过程中的实际工作问题都十分重视，他几乎对每一地区的工作都进行过具体指导。此外，李四光和他人除去不同学术观点的影响外，还因各自行政职务不同，所以在工作中起着不同的作用，这也是很自然的。报告还充分肯定了李四光的地质力学理论和方法，不仅在找油方面，而且在寻找其他矿产上都起到了显著效果。

事实上，李四光生前从未说过“大庆油田是由我发现的”这类话。即便当年，国外专家断定中国为贫油国，国内的地质学家也据此跟风，认为“中国境内似无发现大规模油田如古巴油田、波斯油田、加利福尼亚油田之希望，即以小规模油田而论，其有希望之地带也不甚多”“陆成地层虽有时可成为重要之含油岩层，但绝不是重要之油母岩层”等论调此起彼伏,还有专家断言“玉门油田之前途，似可预测，陕北油田之价值，似不待钻探已可决定也”，李四光都一直坚持中国具有天然丰富油气的观点。

1953 年 12 月，在第一次中国地质学会代表大会上，李四光明确提出:我们要积极寻找“铀”和“油”,这个不是《红楼梦》中的“二尤”。1954 年初，李四光在石油管理总局为石油地质专家们作报告时又特别申明：“大家知道，我对大地构造是有些特殊的看法，因此我要求专家和同志们给我一些耐心。”这里所说的“特殊的看法”，就是与众不同的看法。在场的有燃料工业部石油管理总局局长康世恩和苏联专家等。

李四光强调不同层次的构造体系控制着油气的生成、分布与聚集，在题为《从大地构造看我国石油勘探远景》的报告中，他系统阐明了我国大地构造体系的特点和含油远景，指出了我国各地找油的远景区，其中包括在东北和华北找油的意见。李四光对国内各大盆地找油气前景作了详细分析，提出了一些重点工作区，这一思想日后也成为地质部石油普查的指导思想和工作方向，具体发言内容在1955年《石油地质》第十六期上全部刊载过。

身为全国石油普查委员会主任，李四光全面负责石油勘探的指导工作。三年会战，大庆油田生产的原油占同期全国原油产量一半以上，彻底改变了我国石油工业的落后面貌，基本实现了国内自给。1961年，地质部党组在给周总理的汇报中写道：地质部几年来的石油地质工作就是在按照李四光同志的意见布置进行，从1955年起在新华夏系沉降带中华北、松辽和江汉平原先后开展工作。根据上述找油的战略部署，通过地质部和石油部广大职工的共同努力，在松辽平原发现了大庆油田，这是我国东部找油战略部署的重大突破，从此迎来了1960年大庆油田大会战。

松辽出油后，李四光考虑找油方向应沿着新华夏系的第二沉降带，由松辽逐渐南移，松辽平原北部已经发现多层油沙并流出原油，辽河平原下游也应普查，如果发现油气苗的显示，则在渤海方面进行普查以致钻探工作。此外，他还指出，应对中部地区的构造加强普查与勘探，同时塔里木盆地、西藏等地区若干较大的山间盆地，海拉尔—巴音和硕庙地区，也可作为找油对象。

1961年，在青岛疗养的李四光依据已取得的地质资料，运用地质力学的理论进一步分析我国东部油区和油田的分布规律。其间，他给地质部党组和何长工书记写信，原函内容如下："最近石油勘探工作的进展，令人感到振奋。华北和华中若干钻探地点多层油沙的发现，很清楚，不仅标志着其中某些地区是具有工业价值的油田，而且在更广泛的意义上，甚至可以说，在更重大意义上，再一次证明了华北平原、江汉平原和松辽平原联系起来作为新华夏沉降带中三个段落的看法是正确的。”此后，李四光在地质力学所再次指出：根据松辽和华北平原所取得的石油普查结果和华中平原油沙的发现，江汉平原潜江等地应加强工作，从构造体系的观点来说，越过南岭，在广西西南部乃至北部湾地区都值得开展工作。

关于油区和油田的关系，李四光曾概括如下：如果我们把属于某一巨型构造系的某些沉降地区（定位油区），作为由于这个巨型构造体系的构造运动而形成的第一级构造看待，那么，其中的各个油田，就应该受到跟着这个第一级构造运动而产生的第二级、第三级乃至更低级的再次构造的控制，石油普查勘探工作的指导思想，就是把构造体系和它对沉积物分布的控制作用作为依据。1963 年 4 月，在地质部的石油地质会议上，李四光结合地质实际与工作实践，对油区和油田的一般普查勘测程序提出了具体步骤，明确指出：这是一项创新工作，面对茫然复杂的地形地势，仅靠侥幸谁也不可能获得成功。

开发勘探工作经常面临许多实际困难，需要由不同专业的人员协力配合完成，但是，明确“先找油区再找油田”这一概念，对于石油的普查勘探工作具有重大的指导意义。一般来说，油区是生油和储油条件比较优越的地区，而油田则是储油和聚油条件特别好的地带。找油区，是找油的战略问题；找油田，则是战术问题。从战略和战术要求来说，应当是先战略而后战术。因此，如果说中国的找油之路是一场旷日持久的战役，大庆油田的发现则是其中的一场战斗，李四光只是受了国家和人民的重托，担任过这场战役的总指挥。

李四光一贯重视研究工作，他认为脱离实践的理论会空洞，脱离理论的实践会盲目。地质力学研究所为石油地质队举办了地质力学培训班，每期开班，李四光都亲自到场作报告，和学员们进行座谈，解决各种实际问题。当谈到关于苏联和美国找油的研究情况时，李四光启发性地说："要知己知彼，美国是资本家搞竞争，找油是画地为牢；苏联那里是条条框框卡得太死，他们都各有短处。我们有大庆油田的经验，应该有适合我国特色的找油程序。"

随着大庆油田的发现，再到华北、江汉等油区的连续突破，李四光不顾高龄，近百次听取各基层生产研究队的汇报，从选择油区的战略部署到普查勘探井位的确定，他都提出过具体的参考意见，首战松辽，实现了正确选区，之后又及时建议转战华北。这些正确的预见后来都为事实所证明，如在江汉油区找油过程中，依据潜江旋卷构造的特点而提出的井位，果然打出了高产油流。

大庆地区发现了大规模的油气田后，长年稳产5000万吨，接着油气寻找又不断获得新突破，三肇凹陷区内发现了大量属于构造低位域区而非构造高点的油气藏，在陆相白垩纪地层底部的火山岩层中，目前也已探明了2000多亿立方米气的规模。这些都表明，中国陆相盆地的油气资源十分丰富，但油气藏的存在形式却是多种多样，其中鄂尔多斯盆地油气勘察的突破再次论证了李四光油气勘察思想的深远意义。

当时地质部第三普查大队已在盆地西部、北部开展找油气十四年，未取得重大发现，全队准备撤离前，希望得到老部长李四光的最后决断。1969 年 12 月 23 日，李四光接见了代表团，明确提出：“总的说，这里存在着生油层是没有问题的，石油，肯定是有的……要重新回到陕甘宁盆地中去，陕甘宁盆地中间很值得搞，要接近它。”根据李四光的意见，第三普查队在盆地内的庆阳、华池一带打探索井，到 1970 年 8 月试油分别为日产 53 立方米和 623 立方米，随后又组织了长庆油气大会战，成果不断扩大。现在长庆油田已年产 3000 万吨油当量，有望建成“第二个大庆”。

鄂尔多斯的找油成功是大庆经验的进一步升华。与大庆油田不同，鄂尔多斯盆地的中生代地层虽属陆相，但孔隙率与渗透率都特别低，是以岩性油气藏为主，这也是中国非常规气藏勘查开发史上的重要记录。中国的地质条件和其他国家不同，地块上部以陆相地层为主，深部又以海相地层为主，构造十分复杂，为了解决中国的能源问题，必须不断汲取前人的独立精神和创新思想，走一条自主创新的道路。大庆油田发现后，中国的陆相生油理论才获得重大发展，但如果说是根据陆相生油理论指导才发现了大庆油田，这似乎有点本末倒置，也根本不符合当年地质部领导层的工作部署，并不能被认为是一种由正确总结经验并上升为理论的办法。

地球物理学家赵文津院士曾撰文指出：日本人因受海相生油思想的束缚，面对松辽盆地的陆相地层而失掉寻找油气的信心，放弃了在东北地区多年的找油气工作，转而向东南亚印尼掠夺油气田，于是以海相生油思想指导中国找油是合乎逻辑常识的，但因为盆地内没有找到海相第三纪地层，油藏的发现成了“自然界和理论地质学家开的玩笑”。李四光并没有局限于既有的海相生油理论，他一直强调要根据具体的条件分析，盆地大、有机质丰富也可以生成大油田，这一坚定的指导思想非常重要。

其实，赵文津院士和李四光并未共过事，甚至都没照过面。1996 年《李四光全集》出版，专攻地球物理的赵院士阅读此书后，感佩李四光的真才实学，而且提出的很多观点都具有较高的前瞻性，因此成为李四光学术理论的拥趸。到后来，“大庆油田是谁先发现的？”一文引发诸多争论，赵院士感到难以理解，如此凿凿有据的事实，为什么那么多“韬光养晦”的地质界人士都不能站出来表明自己的态度呢？深感不平的他最终写成了那本《李四光与中国石油大发现》。年过九旬的赵院士上次还对我说：“我现在不写石油了，我打算写地震预报，因为除去李四光之外，好像没有人提出过地震是可以预报的。”

李四光的学生孙殿卿在晚年的纪念文章中曾这样写道：李先念副主席接见日本芙蓉集团访华代表团时，满怀深情地谈到李老师，李先念同志说：“以前不知道哪个地方有石油，我们有个地质学家叫李四光，他肯定那儿有石油，现在去世了。这个同志对我国石油工业做了不少的贡献，对西方的地质理论作了不少批判，实际证明他的意见和观点是对的。不单是石油方面，他在很多方面都有研究。他岁数大了，去世了，多活几年就好啦！”……回想自第一个五年计划开始直到他逝世，中央领导曾多次和他谈过中国找油问题。有一次，毛主席找他到中南海谈石油问题时，曾提道：“大庆油田的发现，地质部和石油部两家都有功劳。”那天他从毛主席那里回来，立即叫我（孙殿卿）给部党组书记、副部长何长工同志打电话说：“请他就来，就说我有事要传达他。”何老来了以后，李老师就把毛主席的谈话传达给何老，并说：“今后我们地质部的同志们不要跟别人谈论松辽石油的发现问题。”这充分显示了一位忠于祖国的伟大科学家的谦逊精神和宏大气度。但是在他逝世后，1978 年，竟然还有人歪曲事实说：“我国大庆等东部油田的普查与发现，和李四光的地质力学理论完全无关。”然而，历史是任何人也无法歪曲的，事实终究是事实。至于李老师本人，我从来没有听到他因为在石油地质工作上的贡献有过片言只语谈到自己。这和那些争名争利的人相比，不是更加使人产生敬仰之情吗？

1964 年，周总理在政府工作报告中说：石油是中国的薄弱环节，根据我国科学家的理论，我们发现并解决了这一难题。如此高屋建瓴的总结早已为那些莫须有的争论画上了句号。2014 年 6 月 3 日，习近平总书记在中央财经领导小组第六次会议上讲话时指出：我国能源工业是在新中国成立以后才起步并发展起来的。新中国一成立，我们党就认识到能源工业对建立独立完整的工业体系和国民经济体系的重要性。1953 年，“一五”计划提出“石油工业在我国特别落后，要求我们大力地勘查天然石油的资源”。同年底，毛主席、周总理同李四光等科学家讨论我国石油资源问题，李四光根据自己创立的地质构造理论，给出了肯定的回答。从此我国开始了石油勘探开发工作。

真正的爱国科学家，从来都是以国家社稷为己任。李四光抱着一颗热忱的赤子之心，在黑暗的旧中国，在“中国贫油”的论调甚嚣尘上的逆境中发出了勇敢的呐喊，并身体力行地在祖国的找油事业中做出了力所能及的贡献。也正是依靠无数劳动者的全力拼搏和奉献，新中国才终于摘掉了“贫油”帽子，一跃成为年产亿吨以上的石油生产国。在这样一场旷日持久的伟大战役中，石油部的广大职工在勘探开发工作中功不可没，地质部石油普查队更是起到了开路先锋的作用。

1982 年 7 月，国家科委对新中国成立以来的重大科学成果进行表彰，“大庆油田发现过程中的地球科学工作”获自然科学技术一等奖。在受表彰的地球科学工作者名单中，李四光名列首位。

證書

为表彰在自然科学方面取得突出成果、作出重要贡献者，特颁发此证书，以资奖励。

项目名称：大庆油田发现过程中的地球科学工作
主要作者：李四光、黄汲清、谢家荣、韩景行、朱大绶、吕　华、王懋基、朱　夏、关士聪等（地质矿产部）、张文昭、杨继良、钟其权、翁文波、余伯良、邱中建、田在艺、胡朝元、赵声振、李德生等（石油工业部）、张文佑、侯德封、顾功叙、顾知微（中国科学院）。
奖励等级：一等
奖章号码：00005

中华人民共和国
国家科学技术委员会主任
一九八二年七月

1982 年，“大庆油田发现过程中的地球科学工作”获国家自然科学一等奖

注：本节部分内容参考赵文津《李四光与中国石油大发现》以及油办〔1978〕102 号调查报告的部分内容。

36

父女初心，壮志凌云

1955 年 1 月 14 日，周恩来总理在日历上记录下这样几行字：下午西花厅召开会议，与会者为钱三强和李四光，同时还有国务院的薄一波主任和地质部副部长刘杰。

有关这次会议的起因，还得从 1953 年春天说起。当时由钱三强任团长的中国科学院代表团对苏联进行访问，其间斯大林逝世，周恩来总理率领中国党政代表团也来到了莫斯科。周总理认真听取了科学院代表团的汇报，经努力协商，确保让钱三强等科学家有机会参观了被苏联列为保密范围的一些核科学研究机构。

在与苏联物理研究所所长斯柯贝尔琴院士的交谈中，钱三强试探性地提出："苏联能否提供一台中型回旋加速器和一座实验性反应堆？”斯柯贝尔琴回答：“回旋加速器的技术已成熟，通过外交途径苏联可提供，但实验性反应堆现在无法提供，将来或许有此可能性。”就在同一年，钱三强向国家提出了发展原子能事业的建议，近代物理研究所自此改名为物理研究所。1954年，原子能和平利用会议在日内瓦召开，苏联表示愿对其他国家给予技术上的援助。

在这样的特殊形势下，1955年1月14日，周总理召集钱三强和李四光等人做好汇报准备，会谈有三项内容：一是关于国内原子能科学的准备现状，二是中国科学家目前了解的国外原子能事业的发展情况，三是我国大力发展原子能事业所需要的条件。

李四光首先谈到了我国铀矿资源的勘查情况，周总理全神贯注地听完汇报，又请钱三强介绍原子能科学研究的状况，同时详细询问了原子能反应堆、原子弹的原理以及发展原子能技术所需要的必备条件。会谈结束，周恩来总理再次申明：“中央要开会研究发展原子能事业问题，毛主席要听取这方面情况的汇报，明天你们还到这儿来，要做点准备，大家简明扼要把问题说清楚，届时可以带点铀矿石和简单仪器做现场演示。”

当晚周总理给毛主席写了封信。经过周密安排，1955年1月15日，在中南海颐年堂会议室召开了“研究发展我国原子能事业”的中央书记处扩大会议，出席会议的有刘少奇、周恩来、彭真、邓小平、李富春和薄一波等中央领导人。会议由毛主席亲自主持，他直接切入主题，说：“今天，我们这些人当小学生，就原子能有关问题，请你们来上课。”接着毛主席又问李四光：“中国有没有造原子弹用的铀矿石？”李四光回答：“有，但只是一般的天然铀矿石，能作为原子能原料的成分只含千分之几。因此要有丰富的铀矿资源和浓缩铀工厂。”说完，李四光拿出从野外考察带回来的黑黄色铀矿石标本，递给毛主席和周总理，并解释了铀矿资源和发展原子能的密切关系，以及我国铀矿资源的勘察情况。

领导们轮流传看铀矿石标本，大家都很好奇，一个貌似很普通的石块，真的会产生那么神秘而惊人的能量？这时周总理补充道：“先请他们做点现场演示，有点感性认识再听情况汇报。”钱三强用自制的射线探测仪器对着放在桌上的铀矿石做演示，探测器发出“嘎嘎”的轻微响声。钱三强讲解了原子弹和氢弹的基本原理、研制的必要条件，以及反应堆和回旋加速器的不可或缺，在介绍了当前原子能发展重要国家的情况后，又谈到我国面临的实际问题，钱三强说：“中国的原子能科研工作，基本上是新中国成立后白手起家开始做，几年的努力只能说是打了一点基础，最可贵的是集中了一批人，水平并不弱于别的国家，还有些人正在争取回来。大家对发展中国的原子能事业有极大的积极性，充满信心。”

开业之石——当年被带到中南海会议上的铀矿石标本

与会过程中，领导们提出了各种问题，会场气氛相当活跃。毛主席最后做总结性发言："今天听了好多情况。我们国家现在已经知道有铀矿，进一步勘探，一定会找出更多的铀矿来。解放以来，我们也训练了一些人，科学研究也有了一定基础，创造了一定条件。过去几年其他事情很多，还来不及抓这件事。这件事总是要抓的，现在到时候了，该抓了。只要排上日程，认真抓一下，一定可以搞起来，你们看怎么样？"毛主席用探寻的眼光看了看大家，李四光和钱三强都庄重点头。接着毛主席又说："现在，苏联对我们援助，我们一定要搞好。我们自己干，也一定能干好！我们只要有人，又有资源，什么奇迹都可以创造出来。"

会后毛主席留大家一起吃饭，李四光被安排坐在主席的右边，毛主席的普通话带有浓重的湖南口音，李四光则用湖北家乡话对答，席间大家交谈无拘无束。毛主席举起酒杯站起身，用洪亮的声音道："来，为我国原子能事业的发展，大家共同举杯！"

有关这次会议情况，目前能查到的文献并不多。然而，这却是一次党中央对包括铀矿地质事业在内的原子能事业发展作出战略决策的历史性会议，对我国原子能科学技术研究和核工业建设具有历史推进意义，直接影响了共和国原子弹研究的最终命运。

事实上，李四光对于铀矿的研究和关注可追溯到更早的20世纪20年代，他创造性地提出，要把"原子裂变"作为天然能源之一。李四光认为，铀矿石属于稀有放射性矿床，往往产生于地质构造复杂的地区，由于构造动力的作用，深层的东西会移到上面。他判断中国的铀矿主要是在三个东西构造带上，随即派地质研究所的南延宗和吴磊伯赴广西一带调查，结果首次发现了磷酸铀矿、脂状铅铀矿和沥青铀矿。

20 世纪 50 年代，国外的核战争威胁日渐严重，李四光愈加重视我国的原子能研究与发展，他撰文“原子能在军事和政治上的后果”“从国防到科学”“原子战声浪的共鸣和反响”等，仔细分析了科学发展与国防的相关重要性，着重讲述原子弹在现在战争中的巨大作用。此外，李四光还经常与钱三强见面，大家共同商讨事业进展，以及新回国科学家的工作与生活安排等问题。1950 年，李四光从英国设法带了一台伽马仪回国，送给初建的铀矿普查队探矿使用，这台仪器为中国的找铀事业立下了汗马功劳。

1953 年，李四光的动脉硬化症越来越严重，疗养期间正好遇见了朱德总司令和中央财经委员会副主任李富春同志。在听取了李四光有关北戴河地貌考察结果的详细汇报后，朱老总指出，应及早着手放射性矿产资源的调研工作，以适应即将开展的国防工业建设的需要。1954 年春，根据李四光的建议，地质部普查委员会设立了第二办公室，专门负责铀矿资源调查工作，同时在地矿部地矿司举办全国铀矿地质培训班。在地质学会第二十九届年会上，李四光指出：目前最迫切的是“油”和“铀”两种矿。不久，“二办”扩大为地质部三局（以后改属二机部、三机部和核工业部）。当时中国已探明的铀矿资源非常之少，但李四光始终对找铀前景持乐观态度，他多次听取基层汇报，并根据地质力学理论坚定找矿信心：“一是要找富集带，二是要便于开采。”

随着中苏关系日趋破裂，苏联单方面撕毁“联合寻找铀”合同并撤回专家。巧妇难为无米之炊，在“等米下锅”的紧迫时期，原705地质大队遵循李四光的指导思路，一群二十岁出头的年轻地质勘探人肩负祖国和人民的重托，仅凭一本苏联《铀矿普查与勘探》的译本，担负起为祖国的原子弹事业找铀的光荣使命。他们积极开动脑筋，足迹遍布粤北崇山峻岭，打破苏联的机械式网格找矿法，推翻了关于“花岗岩里不可能找到大型铀矿”的论断，最终发现和探明了南雄201大型铀矿和仁化211特大型铀矿田，为国家找铀立下赫赫战功。

1955年2月17日，李四光在《人民日报》发表了《粉碎原子战争阴谋，扩展原子能和平使用》的文章，指出：“现在已经进入用原子能代替普通燃料的年代了。虽然世界上储存的铀和钍，可以使用几千年，但我们没有任何理由让这些贵重物质被作为对人类有百害而无一利的炸弹而浪费掉。”这些观点都体现出李四光的深谋远虑，他的目标是要把原子能转变为造福人类的资源。1956年，直属国务院领导的原子能委员会成立，李四光任副主任。1958年7月，在中国科学院院务常务会议上，李四光提出了加强原子能研究、推广同位素应用的建议，经中国科学院党组与二机部党组联合报请中央政治局批准，8月成立了中国科学院原子核科学委员会，李四光任主任委员。

1964年10月16日，中国的第一颗原子弹成功引爆。万丈光芒下，巨大的蘑菇云腾空而起，这一举世震惊的画面成为中华民族崛起的鲜明标志。邓小平曾说：“如果六十年代以来中国没有原子弹、氢弹，没有发射卫星，中国就不能叫有重要影响的大国，就没有现

1963 年，中国科学院原子能研究所学术委员会第一次会议合影（前排左六为李四光，第三排左七为李林）

在这样的国际地位。这些东西反映一个民族的能力，也是一个民族、一个国家兴旺发达的标志。”

每一个中国人都不会忘记那激动人心的时刻，这其中也凝聚着铀矿地质工作者的辛劳与无私奉献。在为我国原子弹研制成功做出突出贡献的功勋名单中，李四光的名字同样不可磨灭。晚年的李四光仍心系祖国的核事业，在他提出的三条东西构造带上，又陆续发现了一批储量丰富的高品位铀矿床，确保了我国核工业的顺利发展。

鲜为人知的是，李四光的女儿李林也为中国的核事业做出了突出贡献。1958 年，为快速发展核工业，二机部急需从科学院抽调一批专业人才，李林被钱三强直接点名，离开了工作六年多的上海冶金所，被调到北京二机部负责电子显微镜方面的工作。二机部401所设置在北京西郊的房山县，投身工作的李林开始了与丈夫长期两地分居，每周只能回家一次和父母女儿相聚。

由李林担任室主任的反应堆材料室（六室），是在我国决定自行研制潜艇核动力堆的决策任务下成立的特殊部门。长期以来，在李林脑海中树立了坚定的认识，那就是，科研方向和项目的选择，绝对要从国家经济建设和国防需要的急需出发。当时我国的经济与科技还比较落后，亟待解决的科技问题实在太多，因此只能把微薄的科研经费用在刀刃上。李林在401所的十多年内，六室先后承担完成了生产堆燃料元件检验、潜艇核动力堆燃料组件性能研究和燃料组堆内考验后的检验研究、燃料芯块的堆内热导率测量等一系列重大课题，同时还主持完成了我国第一座燃料材料辐射后检验热实验室的设计。此外，李林还负责指导了原子弹点火中子源的包装及质量检测工作，在“两弹一艇”的研制中起到了重要作用。之后，李林又接受组织安排，转而从事超导方面的科学研究。

核事业工作放射性高，不仅危害身体，而且有可能会影响女性生育机能，这些都是众所周知的基本常识，但李林为了国家需要，毅然做出个人的巨大牺牲，在艰苦的环境里长期进行大量的原子反应堆材料辐射实验并取得卓越成就。李林曾多次对她的学生说：“我这辈子受父亲的影响最大，从小就立志当一名科学家，为了国家科研的需要我多次改行，祖国的需要就是我一生的选择。”九三学社曾评论：她（指李林）参加了第一个“反应堆”实验、第一颗原子

1958 年，李林在中科院物理研究所做实验

弹引爆材料工作实验、第一艘核潜艇材料实验……如此多的第一，映照出李林女承父业，报效祖国的一片初心。

37 未竟的地震预报事业

1972年，我进入北大地震地质专业学习，这并非为继承爷爷衣钵所做的刻意安排，当时李四光已经去世。客观上说，搞地震预测相对轻松安全些，毕竟是在有人烟的地方工作，不像其他地质专业的考察，找矿时经常要出没于荒郊野外。在我的感觉中，李四光一直不太主张女孩子学地质，他认为这项工作太辛苦，而且女性在野外考察时会有诸多不便。

地热开发和地震预报，这是李四光人生晚年最为关注的两件事。1962年新丰江地震后，李四光决定通过地应力和断层位移的测量来探索地震预报的规律，他遍查参考资料，并派秘书四处寻找实验所需器材，还亲自到实验室参加具体实验工作。

1966 年 3 月 8 日，河北邢台发生了强烈地震，一时间地动山摇，房倒屋塌，给人民财产和生命安全造成了极大灾害。地震发生后，周总理召集相关人员讨论震情和相应措施，他一脸焦急地询问："这次地震造成了很大损失，同时也给我们提供了教训，有没有可能做到地震预报呢？如果能事先知道地震爆发的时间，就能减少损失。"会场寂静无声，好一会儿才有人发言，说这个问题不好办；更有人直接表态，说地震预报在外国搞了许多年都不了了之，中国一时半刻也没有什么好办法。

周总理把目光投向身边的李四光，问："李四光同志，你的意见呢？"李四光用十分坚定的语气回答："地震也是一种自然现象，它的发生通常有个过程，那就一定可以预报，只不过还需要我们做大量的探索工作。"周总理听了发言后非常高兴，他说："李四光同志独排众议，说地震是可以预报的，这很好。我们就是要有这个决心，有这样的志气。世界上没有解决不了的困难，我们的前人只留下了地震的记载，那我们就要给我们的后人留下预报的记录。"

周总理的当众肯定让李四光很激动，他觉得地震预报不仅是保护人民生命和财产的需要，也是总理交付的光荣任务。回到单位，李四光立即召集地质力学所的相关技术人员，先行成立了小分队奔赴邢台，同时安排联络设立电台，在灾区和北京之间搭起连线，以便随时了解情况。随后他又打电话，请河北省地质局协助在隆尧县尧山预先打孔，准备安装地应力元件，建立地震实验测报点。

李四光亲自挑选实验的相关元件及井上观测设备。星期天一大早，他就和许淑彬来到实验室，督促大家抓紧时间把仪器组装完毕，担心人手不够，又把女儿李林也喊来一起帮忙。一直干到天黑时分，仪器装车完毕发往永定门车站，李四光总算长吁了一口气。饥肠辘辘的同事们这会儿才反应过来，原来老部长和大家一样，也都是饿着肚子忙碌了一整天。

邢台地区余震频发，周总理不顾个人安危，第二天乘直升机亲赴灾区慰问。李四光坚决要求同行，但领导们征询了医生意见，担心飞机颠簸有可能导致李四光的动脉瘤发生危险，没有同意。李四光无奈只能留在北京，焦急的他每天都要向派往灾区的同事们了解情况，仔细分析尧山地应力站报来的数据，通过绘制的应力值曲线变化，研究地震的发展趋势。

当时，有关邢台地震的起因众说纷纭。有人觉得华北地区是个稳定地块，这次强震属偶然现象；也有人认为这是构造地震，发生绝非偶然，必有前因后果。李四光忧心忡忡道："我真的很担心，你们在这边争论不休，那边可能还要地震。"果然，3 月 22 日邢台又爆发了 7.1 级强震。李四光打报告给中央，坚决要求到灾区去实地察看。他对医生和秘书说："你们不要再拦我了，总理是中央领导，他都冒着生命危险先后去了四次灾区，我们本身就是做这行的，怎么可能贪生怕死待在这里呢？"

中央最终批准了李四光的请求，考虑到他的身体状况，又特地挂了节公务车。为了解尧山地应力站的工作情况，李四光在隆尧县附近的小站下车，他先到科学院的观测站察看仪器工作情况，在地应力观测站听取了同事们的汇报，仔细研究地应力曲线并询问了相关具体问题。到了中午，同事们建议先吃点东西，李四光摇摇头，说：

“我们搞地质的，一天不吃不喝没关系，这点基本功还是有的。来一趟不容易，我得抓紧点时间工作，要多看点多听点。”邢台地委的领导当时也在场，李四光又格外强调：“这两次地震都是构造地震，能够最直接研究地震发生的方法，就是对地应力的变化进行观测。”

邢台归来，李四光对通过测试地应力来预报地震更添信心，他接到国务院参加地震会议的通知后，即刻连线尧山站，了解地应力的变化数据并请同事绘制成图。这次会议由周总理和李先念副总理主持召开，有人认为通过观测小震分布，预测最近还会有一次较强地震，并圈出了 8 个县，因为涉及北京，建议提前发布地震预警。

李四光见周总理又投来了询问的目光，他当即把随身带来的地应力曲线图展示给大家看，说明从地应力的变化来看，目前不会有较大地震发生。周总理听后表示赞同，这 8 个县的地震预警最终没有发出。

李四光后来总结了他对邢台两次地震的背景分析。他认为，华北是一个不同“构造体系”的交会复合地，邢台老震区经过两次强震基岩层破坏很厉害，近期再发生强震的可能性较小，今后需要重点关注的震区是在东北和京津一带，地震向南发展的可能性也不是很大。

1967 年 3 月 27 日，河北河间发生 6.3 级地震。科委地震办公室的同志向李四光请教当初预测地震朝东北方向发展的依据，李四光解释道：“第一，邢台、河间两次地震同属构造地震，都是由于新华夏构造体系的活动而发生，它们一脉相承；第二，邢台地震后，地应力沿着邢台的东北和西南方面集中，但是西南有秦岭纬向构造带隔断,因而地震向东北方向发展的可能性就更大。”李四光还指出，应密切注意再次地震的危险，果然，1969 年夏天渤海地区又发生了 7.3 级地震。

1967 年初春的一个夜晚，李四光接到紧急通知赶到国务院小礼堂开会，到会场后发现是周总理主持会议，气氛相当紧张。原来最近北京周围小震频繁，有人向国务院提出：预告第二天早晨 7 点钟北京将有 7 级地震发生，请国务院即刻下发通知，要求全体市民都离家在外过夜，同时为考虑毛主席的安全，请求他老人家也临时搬到帐篷里睡觉。

周总理听完各种意见，再次和李四光确认情况的紧急程度。会前李四光已做了充分的调查准备，通过对几个地应力站的数据判断都无异常现象发生，因此他十分有把握地回复：“问题不大，北京不像有大地震要发生的样子，建议最好不要发警报通知市民出来过夜，天气那么冷，老人和孩子生病了都很麻烦。”尤其是毛主席的安危问题，李四光谨慎建议道：“最好让毛主席也不要出来，万一冻感冒了怎么办？”周总理最终采纳了李四光的意见，决定不发警报，并让李四光早点回去休息。地震办的同事们一夜没合眼，他们通宵坚守在电台和电话机旁，密切关注着各种异动。等到第二天早晨 7 点过后，依然没有任何地震迹象，周总理这才放下心来。

2009 年，湖北省黄梅剧团排演大型现代黄梅戏《李四光》，主要通过描述李四光发现第四纪冰川、与蒋介石决裂、为祖国找油、预测地震等人生重要片段，突出表现他这一生的夫妻情、父女情、师生情、同胞情，尤其是他的爱党情和爱国情。剧团领导邀请我去看演出。表演结束，剧团领导邀请我们上台和演职人员一起合影，刚好编剧就站在我旁边，有人介绍说这是李四光的外孙女，编剧惊讶之余，饶有兴致地问我："演得像吗？"我回答说："您这是艺术，我不懂。"对方也笑着附和："对，对，这是艺术。"

当然，艺术归艺术，剧团能花这番心思排演一出歌颂科学家爱国爱民的剧目，实属难能可贵，我觉得挺好。但其中演到李四光预测地震的那场戏，台上的表演委实有些夸张，地震是很危急，但李四光怎么就俨然成了热锅上的蚂蚁，整个晚上表现得坐卧不宁、惶恐不安呢。

事实上，李四光那天晚上参加国务院的会议后回到家，他躺在床上确实彻夜未眠。李四光的睡眠一直就不太好，况且他心里还搁着事，怎么能安然入睡？但李四光绝不会是那种六神无主的状态，他既然向中央领导们保证过当晚北京不会有地震，第一，一定是经过了认真的调研分析，第二，他敢于负责任。如果不是这份勇于担当的气魄，即便他有了充分的科学依据，也完全可以做到不把话说得那么绝对，毕竟地震预报是全世界的难题，就算他当时表了模棱两可的态，事后也不会有人来怪罪于他。但李四光不愿这么世故，他坚持要把人民的冷暖放在第一位，所以才会不惧一切压力，担负起这份沉甸甸的责任。

说真话，有时绝对是需要勇气的。从李四光回国，中央领导和他那么多次的约谈，无论是找油找铀，还是研究地震预报，李四光既然敢拍了胸脯，那他一定是做过严密的调查和准备，具备了翔实的科学依据。他不可能是个赌徒，敢拿千万人的生命财产来开玩笑，这是对人民的不负责任啊！

经历了北京地震的一场虚惊，李四光愈发认识到今后加强地质地震预报工作的重要性。他说："我们犯了一个错误，应该提前十年、十五年到战略上的重点地区开展这项工作。"李四光认为全世界 95% 的地震都属浅震，发生在地壳内的地震属于构造地震，如果不从分析地质构造入手，准确预报出地震发生的区域绝无可能。

1968 年 2 月 12 日，在听取科委地震办公室汇报京津地区的地震活动情况后，李四光发表了个人观点。他认为："从构造情况看，虽然整个新华夏系在活动，如果北京的外围，譬如邢台、河间以及延庆等外围地区活动比较频繁，相对来说北京的情况还是比较乐观。当然外围有大的地震，其震动也可能会影响北京。因此，重点力量要布置在外围活动地区，市区有一定的安排就可以了。"

按照李四光的设想，三河地震地质大队在唐山市凤凰山、滦县桃园、迁安县马铺营和昌黎县李官营等地设立了断层微量位移观测点，对所在地新华夏系、东西构造带等活动构造体系的断裂活动情况进行观测。但不知为何，到 1973 年，这些观测站全被撤销了。

1976 年 7 月 28 日，举世震惊的唐山大地震爆发，这场 7.8 级的地震令国人损失惨重。据统计，此次地震在 20 世纪世界地震史上的死亡人数排名第二。事后有人感慨：李四光曾预报了唐山地震……若李四光还活着，唐山地震就不会漏报，等等。关于这些，我想从自己所学的专业角度加以简单说明。

李四光坚持认为地震可预报，虽然地震预测的问题至今在世界上还未得到彻底解决。地震和任何事物一样，它的发生绝非偶然，一定会有个过程。李四光根据邢台地震工作的实际经验指出：不管地震发生的根本原因是什么，也不管哪一种或者哪几种物理现象对某一次的地震起了主导作用，归根结底的原因是要把它的能量转化为机械能，这才有可能引发震动。关键问题是，地震之所以发生，可以肯定是由于地下岩层在一定部位突然破裂，岩石的破裂又必然导致有股机械的力量在那里不断加强，直到超过了岩石的对抗强度，而最终导致地震爆发。我们如果能够抓住那股力量的积累过程，就有预报地震的可能。因此，李四光提出了地震地质的主要任务：一是调查和鉴定至今仍在活动的构造地带和构造体系，加以观测和检验、鉴定它们的活动强度与频度；二是在某些具有关键性的地区或地点建立地震预测实验站。

邢台地震发生后，李四光一直表示，那一块地区的地震工作应当加强，他认为过去在邢台预报做得相对多一些，而地质工作搞得少，今后要利用物探、钻探等方法把构造搞清楚，摸清地下隆起、坳陷和断裂的状况。李四光的观点是，如果地震地质工作没有做到家，那么别的工作开展起来也会有困难，因此他希望建立“邢台地震预测实验站”，附设一个实验工厂，就地实验，把邢台的地震样板工作搞好，从这里培养技术力量去支援其他台站。在谈到具体区域时，李四光还指出，邢台地区的工作范围应该扩大一些，可包括河间、沧县，甚至滦县和迁安。

此外，关于渤海地区的地震预测，李四光也作了非常有前瞻性的阐述。因为渤海海域一个是北北东—南南西向的构造地带，一个是旋卷构造，一个是北西西向的构造带，可能还有东西向的构造带，除东西向是另一个构造体系外，其他都属一个类型的构造体系。李四光认为，郯城—长岛—辽宁的这个断裂带的确是在活动，1969 年 7 月发生的渤海地震就与郯城断裂带有关。在地震前几天，辽宁复县发生过海啸；震后不久，临沂又发生了一次 3.5 级地震。之所以说要密切注意京津，就是要注意这个地区北西方向的构造带。因为在断裂交叉的地方，活动时最容易发生问题。他还格外提到，这个北北东向的断裂带是什么性质，是正断层，还是平移或逆掩断层，具体性质一定要弄清楚。

邢台地震以后，李四光通过研究，预言未来地震发生的趋势有可能是沿着北北东的朝向。事实上刚过一年多，河间就发生了地震；1969 年 7 月 18 日渤海地区发生了 7.4 级地震,那时候李四光还在世。后来，1975 年 2 月 4 日发生的海城地震也是朝这个方向发展，再最后就是众所周知的唐山大地震。如果要具体讨论是在哪个断裂带上发生的地震，没人可以预测，但整个地震的发生方向是沿着北北东的走向，这已得到了具体验证。但即便李四光当年还活着，应该也不太可能做得出临震预报。要想解决临震预报这个世界性的难题，需要若干代人的共同努力，所以李四光曾多次表示：地震预报的工作我们现在要开始做（虽然现在开始也有些晚了），总有一天这个目标是可以实现的。

事实上，唐山地震在发生前也有过一些征兆。因为那里也是当年地震预报最主要的一个工作地区，所以河北省把全省唯一的一支地震地质队伍派到了位于唐山的省煤田地质勘探第一队，去收集相关地震资料。但就在工作即将结束，所有队员都准备回到石家庄召开地震分析会议的前夜，大地震猝不及防地突然爆发，调查组的6名成员全部遇难。这其中就有两名我认识的队员，一位是我大学同学，姓王的女孩；一位是我在甘肃实习时认识的朋友，他是从天水调到了河北。后来有消息说，这6名队员头天晚上入住唐山农科所的招待所，房子均为水泥预制板结构，结果地震时全部倒塌，就剩了半堵墙。据事后现场分析，当天夜里地震开始晃动，队员们都在各自躲避或逃生，那位王姓女同学躲到了桌子下面，一边的桌腿都被砸断，等救援人员赶到时，她已没有了脉搏和呼吸。

说来也有点蹊跷，就在这位王同学去唐山之前，有一天我去三里河的科学院收集资料。当时不知是否单位为了省电，走廊上没开灯，我忽然发现有个黑影就站在前面，好像还盯着我看，等到跟前才发现是王同学。她还一脸惊讶，说你也不说话，我可什么都看不见啊。我也开玩笑，说这走廊黑乎乎的，你站这里吓我一跳。然后大家打个招呼各自走了。那是个夏天，到8月份就传来她在唐山不幸遇难的消息。事后我每次想起那天的情景，心里都十分难过。今天的人们提到唐山大地震时多是感慨与惋惜，但在这场突如其来的地震爆发前后，地震地质工作者们为了探求真理而付出的艰辛努力，甚至不惜以生命为代价，他们在科学道路上的无私奉献，不应当被湮没在那些不明真相的质疑与指责之中。

李四光生前对于地震地质大队的方向和任务也作了周密布置，他认为地震地质工作和之前研究地震的方法有所不同，尤其要着重地质构造条件，也就是地壳表层构造特点的研究。为此要进行具体的地质调查，在地震可能发生的地点，用宏观地质方法、物探方法及钻探方法观测破裂情况。中国地大物博，寻找可能发生地震的地带工作量相当大，当时全国仅有的200多名专业技术干部，只能说是沧海一粟。

通过地应力观测地震的方法，甚至连地应力本身是否存在，这个问题多年来一直争议不断。李四光认为，研究地应力作用的过程是地震预报的关键，地震预报还有很多方法，但通过测量应力的变化来预报地震，这一定是一种行之有效的方法。

1967年冬天，李四光到房山和同事们一起做"有关地应力解除"的野外实验。滴水成冰的寒天，北风吹得电线杆子呜呜直叫。实验一开始，李四光摘掉棉手套，他手握冰冷的铁制操作把，一边注意听取同事们报告的数据变化，手上细微感受着加力的大小和快慢，

李四光在地应力实验现场

同时脑中还要不停思考。待数据平稳，李四光发出停钻命令，宣告实验结束。他兴奋地说："吃梨子要自己吃，不亲自尝不行，应力解除实验做过十多次，今天通过实际操作，就知道了梨子的味道。"李四光和现场的同志逐一握手表示祝贺，之后他又去山洞察看断层位移测量装置，通过对擦面进行观察和触摸，判断断层运动的方向。

那天在实验现场，李四光一直忙到很晚，临走前，他吩咐随从人员把那块测试用的岩心搬上车，带回紫竹院的家中。李四光十分重视这块沉重的岩心，他多次和同事们分享这次野外实验的感受，有时还会从书房搬出岩心，和大家具体讲解地应力测量的原理。

1970 年 1 月 4 日，云南通海地区又发生了 7.7 级强震，得知伤亡数字的李四光寝食难安。因为他曾预判过通海属危险地区，并要求地质力学研究所和西南地震队的同志及早去当地开展工作，结果一拖两年。等工作队克服各种困难到了通海，还没来得及开展工作，地震就已发生。李四光痛心道："造成这样的损失，并非我们没有认识到地震,而是有了认识却不能及时抓住前兆,避免损失。"为此他自责不已，在随后的全国地震工作会议上作了深刻的自我检讨。

李四光晚年参与地质地震预报，虽只有短短五年时间，但他对这项工作投入了巨大精力。在生命的最后一年里，他曾到北京密云、大灰厂等地调查八宝山断裂带，检查微量位移观测站的工作。去世前一天，阜外医院的心血管医生为他检查动脉瘤，李四光恳切对医生说："请你坦率地告诉我，我究竟还能活多长时间？我还要安排一下工作。"他指着墙上的毛主席语录说："毛主席说他赞成这样的口号，叫作‘一不怕苦，二不怕死’，我是不怕苦也不怕死的，我已活了八十二岁，早够本了，但是总理交给我的地震预报任务我还没有完成，我怎么能死呢？只要再给我半年时间，我有信心去组织人力，攻克地震预报这个难关。”同一天，李四光还和秘书谈了整整一个下午的地震工作。女儿李林一旁默默听着，她知道父亲对于如何解决地震预报有着清晰的思路，关键是要有时间，需要有人去从事这项工作，只有通过实践才能检验这些想法是否正确，做到真正为人民所用。

1973 年，根据周总理的指示，李四光生前遗留的资料全部整理完毕，并印成大字本送呈中央领导同志和有关部门。其中一本《关于地质地震工作的意见》，毫无保留地涵括了李四光关于如何解决地震预报工作的全部论述。

38

地下的热，心中的热

李四光为孩子们撰写的科普文章

1959年初，李四光收到少年儿童出版社寄来的约稿信，他开始思考一个问题，那些深奥晦涩的科技文章，如何能让孩子们读来觉得浅显易懂。为此，他特意停下手头《地质力学概论》的写作，花费一周时间完成了这篇《看看我们的地球》。

朴素的小短文中，李四光用深入浅出的笔调再次强调了开发利用地下热能的重要性："最近几十年来，从石圈中不断地发现了各种具有新的用途的原料。比如能够分裂并大量发热的放射性矿物，如铀、钍等类，我们已经能够加以利用。将来，人们还要利用原子能来推动各种机器和一切交通运输工具，要它们驯服地为我们的社会主义和共产主义建设服务。

地圈最上层能够供人类利用的各种矿物原料，正在一天天地少下去，而且总有一天是要用完的。那怎么办呢？一个办法，是往石圈下部更深的地方要原料，这就要靠现代地球物理探矿、地球化学探矿和各种新技术部门的工作者们共同努力。另一个办法，就是继续找寻和利用新的物质和动力的来源。热，就是便于利用的动力根源。比如近代科学家们已经接触到了的好些方面，包括太阳能，地球内部的巨大热库和热核反应能量的利用，甚至于有可能在星际航行成功以后，在月亮和其他星球上开发可能利用的物质和能源，等等。

人们早已知道，越往地球深处，温度越加增高，大约每往下降 33 米，温度就升高 1℃。就是说，地下的大量热量，正闲得发闷，焦急地盼望着人类及早利用它，也让它沾到一分为人类服务的光荣。"

事实上，有关地下热能的开发与利用，也成了李四光晚年关心的重要大事。在他看来，地热是可供人类利用的一种新能源，属于地质工作的新领域，和人类发现的煤炭、石油等燃料同样重要。长期以来，蕴藏量十分有限的煤炭资源仅被当作单一燃料来使用，李四光对此现象忧心忡忡。在 1956 年的"世界科协成立十周年纪念大会"上，他大声疾呼："用不着想入非非就可以预料到，将来我们的子孙会责怪我们科学家，为什么眼看着像煤炭这样贵重的物质被随便当作燃料烧掉而默不作声。”

在李四光看来，煤不仅是单一的燃料，而且是很重要的化学工业原料，应该通过多种途径，充分利用煤的各种组成成分，变一用为多用。1954 年 9 月 19 日，在听取了地质科学研究院地热组的情况汇报后，李四光指出：“目前对地热的利用，在地壳表层主要是利用热水和热气。地下热能除高温、高压外，还有很多伴生元素，一定要设法把地下热能综合利用起来。”从 1958 年开始，按照李四光的意见，在地质力学研究室开展了地热学的研究。同时，李四光还推荐了青年学者王庆棣到苏联去学习地热学，并希望对方能够提供研究工作的相关经验。在与苏联地热学家留比莫娃的交流信件中，李四光诚恳表示：“地热学是一门新的学科，它的范围很广，希望可以学到一些基本理论、实验方法，包括精密仪器的使用与各项操作。”信中李四光还谈到了在中国开展地热学研究急需解决的诸多问题。

1959 年，地质力学研究室成立了地热组，首先对东部温泉区开展调查，编制全国热矿泉分布图，并对地热成因类型和水化学分带性进行研究。李四光亲自指导研制了第一代钻孔温度测量仪，通过在京郊房山县建立地热观测井，开始地热研究和实验工作，完成了地热发电的可行性研究，同时还将地热能的利用逐渐从医疗扩大到工业、农业等领域。

1970 年 9 月，武汉沙市南面正在打油井，从地下 3000 米深处喷出高温热水，连喷了好几天才停，周围的水稻和鱼塘的鱼都被烫死了。经过化验，喷出的是一种高温高压的卤水。李四光闻讯后兴致很高，他要求地热组立刻派人去沙市考察，并指出："热卤水使用价值很高，很宝贵，一定要综合开发利用。"

不久听说天津也打出了地下热水，李四光不顾病体缠身，以八十一岁的高龄亲自到天津考察。10 月 27 日，李四光参观了河北宾馆打出的一口热水井，当他看到 52℃的地下热水被直接引进浴室和暖气设备，以前每烧一次洗澡水需耗费的 4 吨煤被节约下来，兴奋地对大家说："别看 4 吨煤不多，但作为替代煤的能源意义非同凡响，将来逐步总结经验，可以走出一条开辟新能源的路子。"

第二天李四光又到了天津鸭厂。在那里，49℃的地下热水被引进车间用来烫鸭褪毛，效果也很不错，而且地下热水中富含的微量元素硼还治好了工人们的皮肤溃烂和化脓等症状，许多患有皮肤病和关节炎的市民闻讯蜂拥而至，一时间，鸭厂门庭若市，仿佛成了医院。

参观结束后，李四光驱车来到天津东边的军粮城发电厂，他站在对面的河岸上，久久凝视着那一排排冒着浓烟的大烟囱，对身边的人轻声道："如果把地热用到这里来，不仅能节约煤，而且还能减少多少城市的污染啊！"

从天津回来，李四光在各种场合多次强调：天津地热工作最主要的意义，就是打开一条我国自己的综合利用地热的路子。国外搞了多年地热，但是主要都是利用地热来发电。我们也要搞地热电站，但如果只搞发电，那么就有不少低温热水井不能用了。要是我们搞综合利用，把这些低温热水井用到洗澡、取暖和其他一切可用的地方，那么就可以节约大量燃料，这些燃料便可用到发电、炼钢等更需要的地方去。李四光多次和地质科学院、北京大学地质地理系的同志们商谈，他特别希望大专院校能够培养出专门人才，为开发地下热能做好下一步的准备工作。

李四光也一直关注着地热电站的实验和建设问题。1954 年 10 月 15 日，在地质科学院地热组“江汉地热情况汇报”的会议上，李四光再次重申：“地下是一个大热库，是人类开辟的新的自然能源，就像人类发现煤炭、石油可以燃烧一样重要。”同时他还提出过如何简便、直接利用地热进行发电的设想。

广东的地热实验电站发电成功，收到喜报的李四光兴奋不已，头天晚上他激动得彻夜难眠，和许淑彬一直聊到天亮，总觉得这样还不足以表达内心喜悦，又重拟了一份电文，除再次表达祝贺外，还详细询问了发电量和电机情况等，鼓励大家总结经验，在今后的实验中取得更好成效。

通过坚持不懈的大力推广，全国 20 多个省、自治区、直辖市都开展了地热的勘探开发工作。李四光的心情无比振奋，在临终前夜，他还和女儿李林聊道：“我对于地热工作比较放心，因为大家都开始重视了，我希望能看到地热工作开花结果。”

李四光的晚年如此热衷于地热的开发与利用，绝非偶然的心血来潮。早在 1920 年，英国伯明翰大学毕业的李四光去法国巴黎勤工俭学会上做演讲，忧国忧民的他在谈到能源的前途时，就慷慨激昂道：“如果没有热势力，地球上也不可能有生物之源，但热势力究竟从何而来，小部分由‘煤油’（意为石油），大部分由煤炭产生。

所以关键问题是煤炭，而中国对于煤矿的调查和开采方面的研究都很薄弱，我们如果能充分利用好国家丰富的煤炭资源，何愁国家不能够繁荣强大？”随着人类和社会的进步，煤炭的消耗量势必加大，对于煤炭枯竭后有关可代替资源的研究，李四光提出有三类：一是天体转动产生，如潮汐力；二是原子裂变；三是太阳能，包括直接的太阳辐射能和间接的水力和风力等。此外，他还指出，除了这些地表的天然势力之外，还有一种蕴藏于地下的热。

地质力学研究所搬到紫竹院时，国家刚经历了三年困难时期。因为缺煤无法供应热水，洗澡成了老大难，单位新分来的年轻人难免会有抱怨。身为地质部部长的李四光，按道理可以向上级部门申请批准用煤，但他不愿这么做，而是自己动手设计，请木工做了个大黑箱子，制成一台土法的太阳能热水器，确保职工们可以轮流洗澡。李四光一贯坚持，自己能够动手克服的困难，就尽量不要去麻烦国家，当然，职工的生活问题他也会想方设法安排好。

“地下的热”，这个李四光从而立之年起就深藏于心的梦想，在半个世纪后终于开花结果，怀抱着国家早日富强、老百姓都能过上好日子的赤子之愿，这位大地之子奉献了他一生全部的光与热。

39

《地质力学概论》

1921 年，李四光在研究石炭—二叠纪地层时，发现地层的沉积物存在着南北的明显差异，在中国北方主要由陆相地层构成，南方以海相地层占主导地位。经过对地球上其他地区海进海退现象的初步比较，特别是对古生代以后大陆上海水进退规律的初步探索，李四光提出了一种假说：大陆上海水的进退是具有全球性的，有可能由赤道向两极和由两极向赤道的方向性的运动。这可能是由于地球自转速度在漫长的地质年代中反复发生了时快时慢的变化所引起，因此必然会在大陆上留下受构造运动影响的痕迹。

这就是地质力学的开端。自此，李四光对中国的地质构造进行了更为深入的调查研究。他从运动着的地球整体观点着手，探索地壳构造现象的本质与联系，进而建立了“构造体系”这一地质力学的基本概念。李四光说："可以设想，当地球的转速增加到一定极显时，所有大陆板块都将作为巨大的刹车而自动地出来制动。"他认为：只要地球速度一增加，大洋海水很容易冲向赤道，低纬度也就产生一个海面上升运动，而在高纬度则产生一个海面下降运动；当地球自转速度慢下来，必将出现相反的现象。由此李四光引申出，海水的进退应该在时代上和造山运动有一定的关系，即：在造山运动发生以前，地球的转速增加，低纬度的海进伴随着高纬度的海退；在造山运动期间或以后，地球的转速减小，高纬度的海进伴随着低纬度的海退。

李四光 1939 年撰著出版了《中国地质学》，在探讨秦岭纬向构造带的东延时，他认为该带东段向南部的推移出现在大别山一带，之后他进一步认定，在淮阳山以东有明显向北推移的情况，该带"经过大别山及苏州海州而沉没于东海"，正确预测了淮阳变质岩带在郯庐断裂带以东向北大平移至胶南苏北地区的情况。1944 年，李四光在题为《南岭东段地质力学之研究》的论文中，第一次提出了"地质力学"这个名词，并表示："地质力学为本人新创立之名词，涵义为应用材料力学之原理，并就岩层变形后其所受应力分配之现象，以解释地质构造。"

1945 年 7 月，中国科学工作者协会成立，李四光应邀出席由重庆大学与中央大学联合举行的学术报告会，在题为《地质力学之基础与方法》的学术演讲中，他简明扼要阐述道："地质力学之意义，在从地表岩体所经过各种变形或破坏之方式，根据力学原则，探求各地域地壳内发生运动之原因。"他还表述了用构造形变反推构造应力场的基本原理，并系统说明了各类构造与应力之间的关系。在报告的结尾，李四光坚定表达了自己的观点："其他更完全更切实之解决地质力学问题之方式，将续有发现，要不外依应力之分配，以说明地球上各时代各区域所发生之大小各等级构造形象与痕迹，此理大明，则各时代各地域曾有何种应力、如何作用，自然明了，由此而探寻地壳运动之原因或造山之方式，必有轨道可循。"

1947 年 1 月，《地质力学之基础与方法》由中华书局出版发行，这也是李四光第一次总结地质力学这门学科。该书系统讲述了地质力学的基础与方法，对建立学科具有十分重要的意义。

1950 年归国途中，在意大利的热那亚港口候船期间，李四光收到印度古植物学家萨尼的妻子寄来的信，希望李四光能够写篇文章，作为对她丈夫逝世一周年的纪念。李四光一向很尊敬萨尼，他很快写成《受了歪曲的亚洲大陆》，开篇就发出振聋发聩的呐喊："在开始讨论以前，对于我们现在要讨论的问题似乎需要一些解释，我们首先要问：究竟所谓受了歪曲者，是单单指亚洲大陆这一块土地受了各种应力——压力、张力、扭力——而发生的各式各项的应变而言呢？还是指欧美的地质人用他们的眼光来解释亚洲的造山运动，使亚洲受了冤屈而言呢？"文章详细阐述了亚洲大陆上向南突出的边缘弧，并分析了三种弧形构造形成的力学原理，以及与地球自转的关系，最后得出结论：随着地球旋转的加快，亚洲站住了，东欧、西非破裂了，美洲落伍了。

通过多年调查研究，结合中国大陆及亚洲全区的地质实际，并参考其他各大陆的地质情况，李四光建立了构造体系、构造序次和构造复合等重要概念。在此过程中，他不仅重视野外考察，还希望通过各种各样的表现形式，把自然界发生的各种各样的构造体系与构造形式用模拟方法在实验室再现。

20世纪二三十年代起，李四光就开始了地质力学的模型实验。起初，他用纤维纸作为实验材料，重庆养病期间又改用泥巴，因为模具简单，操作也不太复杂，因此实验效果非常生动。当年重庆大学的第三任校长叶元龙先生一向专注学问，他对政治既不精通也无兴趣，任职期间聘请了马寅初担任商学院院长，还有地质界的李四光、俞建章、朱森等多位著名学者来校任教。

重庆作为中国著名的“四大火炉”之一，夏季酷暑难当。李四光在重庆大学地质系狭小的实验室里进行“泥浆模拟实验”。师生们济济一堂，李四光身着衬衫，满头大汗煮着纸浆，调拌泥料，有条不紊地将泥浆平铺在用肥皂水浸湿的小平板上，然后转动模具，或者是双手按照一定方式施力于泥饼，泥板表面随之出现山字形、多字形或其他多种形式。为了让学生更好地了解应力作用的概念，李四光又把潮湿的纸贴在黑板上，将中央微湿部分用手往下一推，一个山字形的构造形象便呼之而出。

新中国成立后，李四光的地质力学理论被广泛运用，在石油、天然气地质、煤田地质、铀矿地质以及地热地质的勘查上取得了一系列重要成果，为我国能源地质事业的发展做出了突出贡献。在石油勘探中，李四光运用构造体系控制含油气盆地内油气的形成、运移、聚集、扩散等成套的理论观点，为油气普查勘探战略部署和油区选定指明了方向；此外，运用地质力学理论，在我国东部新华夏沉降带内，还有西部的塔里木和柴达木等盆地相继发现并探明了油气田。根据铀矿具有放射性又属重型矿物的特点，李四光又精准预测了找矿地带，他指出：“在我国主要是在几个东西带上，因为这三条东西带，都是复杂构造带，都有长期发展的历史，经过多次反复的构造运动，一般根基很深，有可能把深部重型矿物带上来。”实践证明，在我国阴山、秦岭和南岭东西构造带上都有大型放射性矿产分布，南岭的部分铀矿又以富矿、规模大、易开采和经济效益好而著称全国。1965年12月16日,李四光在听取了工作汇报后表示：“铬矿的分布主要受构造控制，提出东西构造带、康藏弧形构造带、北北东—南南西向构造带这三大构造带。”随后他又在“关于铬矿地质工作问题”的信中，再次明确建议可作为铬矿普查工作的对象的几个地区或地带。

随着地质力学理论应用于实际工作并取得丰硕成果，李四光又陆续发表了《地壳运动问题》《东西复杂构造带和南北构造带》等相关论著，1959年1月，在青岛疗养期间，李四光正式开始了《地质力学概论》的相关写作。

一部严谨的科学著作，从启动到完成需要耗费大量的精力和时间。李四光根据身体实际状况及可利用时间，采取了快速有效的写作方式。他坚持自己口述，由秘书记录然后加以整理，最后再亲自修改和进行补充。事实上，在动笔之前，李四光已对全书的章节和内容打了充分腹稿，因此写作进展基本顺利。为抓紧宝贵时间，无论是海滨散步、树下躲雨，或在汽车上、公园里，李四光都要求秘书紧随身旁，甚至连理发时都分秒必争，不停地口述，再由秘书随时记录。由于李四光多年来长于思考，并保持了十分旺盛的记忆力，经过 1 个多月的努力，共整理出文稿全部五章，约 8 万字，初步定名为《地质力学的方法与实践》。

初稿被带到北京，由地质力学研究所的同事们集体阅读并反复进行讨论，大家提出有探讨性和建设性的意见共 170 多条，李四光据此在原稿基础上把书稿扩充到了 13 万字。随后两年内，他继续修订书稿，亲自搜集和补充了大量插图，同时安排年轻的科研工作者到野外检查构造形式的相应部位，以随时增添新的内容。

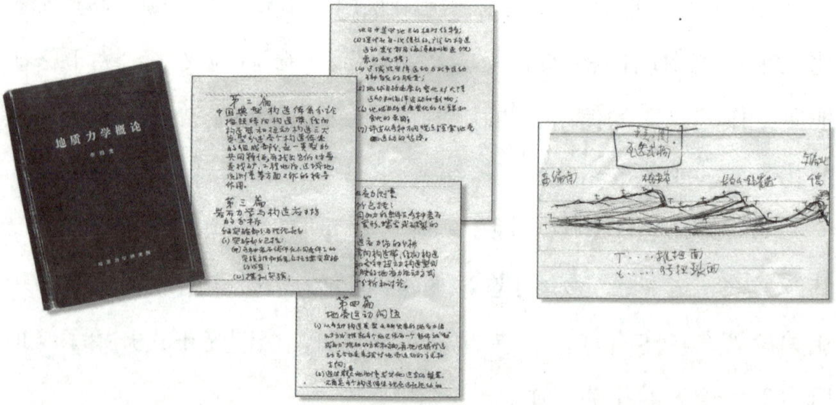

李四光《地质力学概论》部分原稿和草图

1962 年初，李四光终于完成了他毕生最为重要的著作——《地质力学概论》。全书系统划分和总结了我国及邻区发育的巨型纬向构造、径向构造、扭动构造三大类型的构造体系，并把地质力学的研究内容概括为四个方面：构造体系的深入调查研究；全球大地构造体系的特点和分布规律，以及与各种构造体系同时发生的沉积建造、岩浆岩建造、变质岩建造和矿产资源的生成联系；古生代以来全球大陆运动和海洋运动问题；地壳运动问题。这不仅是李四光四十年地质实践工作的总结，也是地质力学研究史上的一个里程碑，李四光明确指出："本书总结的步骤只是工作的基础，若要达到完善程度还需不断补充。"同时，他还指明了当前研究中存在的问题及今后前进的方向。

李四光并不认为地质力学的理论已完美无缺，他清醒意识到，这门边缘学科的领域现在仅仅略具粗糙轮廓，其发展远景不仅要看它在地质工作方面能够做出怎样的成绩，同时也要参考其他相关学科给予的支援。李四光表示："目前可以清楚看出，地质力学在矿田地质，特别是在煤田和油田地质方面以及工程地质方面，应该占有重要的地位，也一定会发挥它积极的作用。它与新兴的天文地质学是不可分离的。不待言，它是构造地质学和动力地质学之间的桥梁，也是解决地壳运动问题必经的途径。"

《地质力学概论》一经面世，即引起多方轰动，全国各地的很多地质工作者直接写信给李四光，希望尽快可得到此书，并就学习中遇到的各种问题来信求解。身为地质部长的李四光在百忙之中抽空一一回复，同时他也迫切觉得，有必要把这些对地质力学感兴趣的实地工作者组织起来，让大家聚到一起，共同学习探讨。

1962 年 10 月 31 日，在李四光的主持下，地质力学研究所经过积极准备正式开办了地质力学进修班。进修以《地质力学概论》为主要教材，结合野外考察实际，学员结业时要求用地质力学的观点和方法完成一篇实习论文或工作报告。到 1966 年上半年，进修班共举办了三期，培训学员 153 人。

李四光非常重视进修班学员们的学习，每期开班他都要亲自讲话，有时还和学员们共同讨论和解决学习中的难点和问题。在最后一期培训中，李四光作了题为《地质力学发展的过程和当前的任务》的讲话，指出地质力学当前的任务和面临的问题。他希望加强构造体系的调查研究，为指导找矿和解决某些水文地质、工程地质问题提供依据，同时结合有关专业，多方面进行探索，扩大和巩固地质力学的基础，争取广大的野外地质工作者就地检验地质力学的某些概念和工作方法，并加以改进。

当年归国，李四光本意是可以继续他的地质力学研究。因为旧中国地质力学受到各方面压制，现在终于有了宽松的科研条件，他希望可以培养出一批学生，把地质力学这门土生土长的学科延续下去，而不愿在政治方面有太多纠葛。但当时的客观条件不允许他这么做，李四光曾和李林谈过，承认自己有过激烈的思想斗争，认为只专注于个人的兴趣研究是一种自私行为，所以他下定决心，党需要做什么就做什么，一直到最后不能做的时候。

周总理非常理解李四光的这种心情，他知道李四光热爱自己一手创建的地质力学，也清楚了解地质力学这门学科尚处幼年时期，以及曾受到外国地质学家的各种诽谤。当然，所有的科学真理都需要经过时间和实践的考验，究竟地质力学正确与否，只有通过长期的考验才能得出结论，于是周总理找到地质部当时的党组书记何长工，商量可否在地质部直接领导下，设立专门的地质力学研究所。

何长工把周总理的建议转告给了李四光，李四光听后十分感动，但对是否要成立地质力学研究所表现得犹豫不决。正好李林回家看望父母，李四光就同女儿商量，他袒露心扉说："我现在不像年轻的时候了，自己也不能到野外考察地质，思维更是不如过去敏锐，记忆力也日渐变差，如果地质力学研究所成立后不能做出成绩，那我怎么向党和人民，还有所里的同志们交代？又怎么对得起周总理的理解和关怀？"

听了父亲这番发自肺腑的话语，李林不断鼓励父亲要拿出勇气，坚持像过去那样不断拼搏，对地质力学要有信心，坚信有志者事竟成。很多年后，母亲李林把当时的这段经历告诉我，说："当时真的不太能理解，一个人为何随年纪增大而无法保持年轻时的锐气与果敢，如今自己也到了这个岁数，才多少理解了一点当年父亲曾有过的优柔寡断。"

周总理得知李四光的顾虑很多，就亲自找他谈话。不久，李四光决定成立一个由 20 多人组成的地质力学研究室，人员均从大学和研究单位精挑细选，而且事先都和对方进行了意愿沟通，绝非单纯的行政命令行为，除了地质专业，其中还包括物理和力学专业的研究人员。1955 年地质力学研究室成立，办公地点就设在地质部的地下室，由李四光直接领导。1958 年，地质力学研究所正式成立，李四光兼第一任所长。可以说，当年如果没有周恩来总理的大力支持，地质力学研究所的成立绝无可能。

20 世纪 50 年代，地质力学研究所开展了柴达木盆地石油地质研究工作，预测并证实了侏罗系石油地质新层系，突破新生代的找油思路，成功预测了中新生代含油区和油气田；同时期苏联的斯托瓦斯为东西向构造带全球定纬度分布做了理论推导，匈牙利的斯密斯应用地质力学解决煤田问题，都取得很好效果。60年代以来，地质力学逐渐引起重视，特别是扭动构造、旋扭构造，以及它在独特解决地壳构造、地壳运动的实践和理论方面得到很高评价。李四光的《地壳构造与地壳运动》一文介绍到国外后，英国的《自然》杂志曾于1974年给予评论，认为理论上是先进的。1974年，香港《大公报》刊登了林达的《新华夏构造和中国的石油》一文，对地质力学指导找油给予很高评价。同年，澳大利亚前资源局局长费希尔和现任局长劳斯参观了地质力学研究所后，多次对地质力学表示赞扬。1975年，法国水文地质考察团来所参观时说："国外也有类似的分析，但只能解决直线构造，对弧形构造无法解决。"1977年8月，国际地质科学联合会副会长杜伦佩率多国地质学家来我国访问，后写信给李四光的学生孙殿卿说："我们认识到中国地质是了解大陆内部构造的关键，我们许多传统的概念不能解决这种构造，这就是为什么我们被地质力学理论强烈吸引住的原因。"

李四光会见外国友人

1976年，在第二十五届国际地质大会上，中国代表团提交了"中国构造体系图"和《地质力学在中国石油普查勘探中的应用》等论文，受到极大重视。印度地质学家表示，今后也要编制印度的构造体系图。美国在编辑世界科学重大发明录时，把李四光的“新华夏系控油理论”列为其中之一。

20 世纪 90 年代起，地质力学研究所多次参加南极、北极科考，率先发现了位于南极大陆的普里兹造山带，对罗迪亚纳和冈瓦纳超大陆的形成提出了新的见解。1998 年以来，地质力学研究所极地研究团队持续开展多学科综合调查研究，编制了中国首幅南极 1∶500000 地质图，揭示了普里兹带三个重要变形演化阶段。

与此同时，我国工程地质界专家运用地质力学的理论和方法，紧紧围绕经济建设的需求，为国家重大工程选址、选线做出了突出贡献。如在长江三峡工程坝区比较选址工程地质勘查中，成功推荐了结晶岩地区的三斗坪坝址，为 1979 年选址会议正确选择三峡大坝坝址奠定了基础；对广州大亚湾核电站候选场址进行了系统调查与评价，确认大鹏镇为相对稳定的“安全岛”，为我国第一座大型核电站的建设提供了重要的地质依据；参与青藏铁路选线，承担沿线活动断裂调查与综合监测任务，有力保障了我国西部大开发标志工程的建设与安全运营。

2008 年 5 月 12 日汶川大地震发生，地质力学研究所在国土资源部的统一指挥下，第一时间赶赴灾区，对活动断裂以及次生地质灾害进行调查，为当地的抗震救灾工作提供了重要的科学支撑，也为汶川地震发震机制研究及灾后重建提供了大量的第一手资料。

随着改革开放的不断深入，各种新型的地球观被广泛引入我国，这不可避免地对地质力学的发展造成了一定的冲击，但这并不能说明地质力学的理论已经落伍或过时。作为中国人自行研究出来的地质成果，地质力学曾取得了不容抹杀的显著成就，今后还需要更加全方位地融合到基本地质科学当中，努力与世界地质科学接轨并行。

对于那些一味反对地质力学的论调，如声称地质力学并非“辩证唯物论”等，李四光早在 1959 年《给年轻的地质工作者的回信》中就作了精准判断与论述。他说：“这是势所难免的，但是现在地质力学这门学问，已经不是中国独有的了，在全世界许多国家的地质界已经获得了或多或少的进展。所以我认为没有必要担心这门学问因为遭到少数人的反对而受到摧毁。我们担心的，是怎样才能从工作实践中来发展它。如果它真正能够在矿产勘探工作方面起到指导作用，那就行了。”

1962 年，李四光接见地质力学讲习班学员合影（前排正中为李四光）

40 年近七旬的新党员

1958 年 12 月 22 日，李四光正式加入了中国共产党，这是他一生中最重要的一件大事，全家人为此欢欣鼓舞。

早在 1958 年 6 月 4 日，李林在上海冶金陶瓷所就被发展为预备党员，后服从组织安排调到中国科学院原子能研究所工作，在 1959 年“反右倾运动”中被定为“右倾”。1962 年 5 月 11 日，原子能研究所召开支部讨论大会，根据实事求是、有错必纠的精神，李林按期转为正式党员，党龄从 1958 年 6 月 4 日算起。

然而，此时的老父亲李四光还不是党员。一次，李林从上海到北京看望父母，临走前又谈到了父亲的入党问题，她直截了当地发表了自己的意见，认为李四光是爱面子，不肯直接向组织提交入党申请，并开玩笑说父亲思想落后。对于女儿的观点，李四光心里其实也部分认可，但他还是佯装生气道："你不懂。"

不光女儿李林没搞明白，其实很多人都不太能理解，身为地质部长的李四光，这样的大科学家为何直到晚年才最终确定了思想道路的正确方向。这个话题当然与当时的政治环境有关，围绕着李四光的入党问题，也真实反映出他一生世界观转变的漫长心路历程。

身为同盟会创始成员，李四光见证了清王朝的覆灭、帝国主义列强对中国的侵略以及中华民族饱受屈辱的苦难历史，从参加革命失败到留洋求学，再到最终立志科学救国，他一生都在苦苦探寻一条能够为中国劳苦大众谋幸福的道路。抗日战争的烽火迁徙、国民党政府的腐败无能，这些惨痛的经历都让他痛苦彷徨。直到 1950 年 4 月 6 日，李四光和夫人许淑彬乘坐轮渡即将跨进祖国的南大门，在罗湖桥南等候检查的李四光忽然发现，仅仅离开才两年，祖国的面貌已不知不觉焕然一新，所有人的脸上都洋溢着那种幸福和充满希望的笑容，而眼前的这一切，正是自己多年来最梦寐以求渴望的景象。那一刻的李四光越发确信，他冲破艰难险阻回到祖国和人民的怀抱是件多么幸福的事，同时他也发自内心地认定，中国共产党就是他苦苦寻觅了这么多年，一个能为人民谋求幸福的伟大政党。他期望能在这个政党的英明指挥下，为百废待兴的新中国发挥自己的一技之长。

在入党问题上表现出的犹豫，是因为李四光觉得自己距离一个合格党员的标准相去甚远。作为一名从旧社会走过来的老知识分子，在李四光单纯的想象和理解中，他甚至认为，只有周总理这样的伟人才有资格成为一位优秀而称职的共产党员。抱着要把晚年全部贡献给新中国的决心，李四光认真地学习马列主义和毛主席的著作，他积极参加党发动和领导的各项政治运动，自觉地改造世界观，并坚持用唯物辩证法发展地质科学。回国后李四光习读的最多的就是毛主席的《实践论》和《矛盾论》，由于反复翻阅，一册单行本的《实践论》都被磨破了。李四光十分认真地学习，他不仅用铅笔在重点内容下面画线，还要抄录到小本子上，以便经常阅读，牢记心中。

1951 年全国开展了知识分子思想改造运动，李四光在中国科学院的讨论会上作了题为《我的思想的过去和现在》的思想检查，他自我觉得在与资产阶级世界观决裂方面又迈进了一大步。李四光经常告诫自己，要不断努力进步，把理论学习与实际工作紧密结合起来，改造旧思想，把旧社会禁锢在自己意识形态上的那些烙印和痕迹彻底打磨殆尽，早日真正接近入党的门槛。

直到 1957 年在杭州，经过那次与周总理推心置腹的会谈，李四光这才彻底打消了全部顾虑。同年 9 月，李四光的肾病加剧，小便带血，背部疔疮，住院后确诊为肾结石而非肿瘤，考虑到左肾已被磨起血疱，医生决定进行切除。手术前一天，周总理亲自到医院审阅了方案，仔细询问手术中可能发生的意外情况及处理方法，最后才慎重批准。术后周总理三次来到医院探望，嘱咐李四光安心疗养。在病榻前，周总理又一次提到了入党问题，李四光回答说："入党申请书已经写好了。"周总理很高兴，询问李四光是否考虑要请董必武作为入党介绍人。11 月李四光回北京医院继续治疗观察，周总理又到医院探望。李四光十分过意不去，他对周总理说："您工作这样忙，请以后不用再来看我了，我会听您的话和病魔作斗争的。"临走前，周总理还对在病房陪护的李林叮嘱道："一定要照顾好你父亲的身体。"

在周总理无微不至的关心和勉励下，鼓足勇气的李四光于1958年10月18日向党组织郑重递交了入党申请书。他用钢笔字工工整整写道：几年来，我看见不少的老朋友和许多年轻同志，都努力改造自己，力求进步，终于能够像婴儿投入母亲的怀抱那样，投入了党的怀抱。我常常想向他们学习，常常希望自己彻底地改造自己，争取踏踏实实地站稳无产阶级立场，对残余的乃至潜伏的资产阶级思想坚决作斗争。

申请书的结尾内容是这样的：如果我也能够最后光荣地加入党的大家庭，我相信一定有更多的机会得到同志们更多的帮助。我自己决心以"活到老，学到老"的精神来改造自己，使我这个个体能够更好地在党的领导下，为祖国的社会主义、共产主义建设服务，为中国人民服务，成为一个国际无产阶级先锋队战斗员。

关于入党介绍人的选择，李四光有着自己的考虑。尽管和董必武算是从辛亥革命开始的旧相识，但他觉得，自己作为一个普通人不能再给中央领导添麻烦，最终他还是请地质部党组书记何长工和中国科学院党组书记张劲夫担任了入党介绍人。大家的一致意见是：李四光在政治上是坚定的，学术上有很高的造诣，工作积极负责，思想上迫切要求进步，已具备了成为一名共产党员的基本条件。

1958年12月22日，这是一个令李四光终生难忘的日子。地质部办公厅第一支部召开大会，讨论李四光的入党申请。领导讲话结束后，同志们也提出了宝贵意见，李四光在会上作了两次发言。最终支部大会一致通过，12 月 29 日经中共中央国家机关委员会正式批准，接受李四光同志为中共预备党员。

1959 年，李四光按期转为正式党员，他激动不已地告诉身边所有人，加入共产党是自己生命的新起点。这一年的 2 月 28 日，李四光在《中国青年报》上发表了《我经历中的两条道路的斗争》，文章这样写道："我入党了，这是我一生中最愉快不过的事情！我活了七十岁，到现在才找到了归宿，这中间，我经历了一条漫长的曲折的道路。我们这一辈人的时代，是个了不得的时代。它的特点就是变，全世界翻天覆地地变。历史告诉我们，新事物的诞生和旧事物的死亡，是新旧两面不断进行斗争的结果。这种斗争，反映到人的社会生活实践中，总是两条道路的斗争。就我自己的经历来说，当两条道路出现的时候，我必须有所抉择，第三条路是没有的。"

在总结自己思想改造的经验时，李四光说："作为一个下定决心改造自己的科学工作者，我感到特别重要的是，掌握党交给我们进行自我改造的犀利武器——批评与自我批评。在学习的过程中，常常联系到自己的过去，在那长夜漫漫、解放以前黑暗中摸索的生活，常常成了我的自我检查的材料。例如，在继续科学研究和投身革命武装斗争两条道路的抉择过程中所感受的内心痛苦，是辛亥以后，在我摸索前进选择途径的时候所犯的错误的必然后果。在那样的前提下，那种痛苦是无可避免的。现在，有党和毛主席的正确领导，这就是我们胜利前进的根本保证。"

光荣加入中国共产党，兴奋不已的李四光在家中留下的唯一彩照

加入中国共产党后，李四光在各个方面更加严格要求自己，谦虚谨慎，戒骄戒躁，虚心向老党员和群众学习，他经常教育女儿李林：“我从小生活在农村的贫苦家庭里，对于旧社会农民的悲惨生活有着深切的体会，而你的生活一直是舒适、优越和一帆风顺的，所以我们两人比较起来，你的思想改造任务要更重些啊。”

“文革”期间，李四光曾在1970年的《红旗》杂志第11期发表过一篇题为《运用毛主席的哲学思想发展科学技术》的文章，被一些人认定有“极左”观点。很多年后，甚至有人怀疑文章是否由李四光本人所作。我听到传闻断然反驳：“这绝对不可能是其他人代笔，李四光既然签了名，就一定是他本人的亲笔。”

就我个人认为，这篇文章单纯是李四光学习辩证唯物主义的客观心得，他觉得自己作为一名旧知识分子，面对前所未有的新时代，必须努力改造自己的思想去努力适应，这在当时是十分正常的普遍现象。文章发表后，有人觉得李四光已把自己划到“左派”一列，而其他人自然而然就成了另一派。李四光的真实想法，就是他自己希望通过学习和努力改造思想，充分认识和纠正过去在学术研究中的唯心主义，走正确道路，跟党保持一致。他之所以写出这样的文章，绝非为了阿谀逢迎、去讨领导欢心，或者刻意让某些人倒霉。在当年的时代背景下，“紧跟毛主席走”被认为是绝对至高无上的正确宗旨。因此，在这种舆论导向下，如果个人的想法和当前形势有所违背，那必定是自身思维出了差池，因为所有的政策都由毛主席亲手制定，具有不容置疑的权威性与正确性。反过来，李四光只有更加深层次地挖掘自己思想方面的原因，以求不断进步。

但其实李四光能有这样的思想认识，更源于他一生奋斗的坎坷经历。早年参加辛亥革命，他以为推翻了清王朝就是大功告成，结果皇帝才走又来了军阀；随着北洋军阀的黑暗统治令人窒息，当他把希望寄托在南京国民党新政府时，目睹的却是国民党对共产党人和进步学生的大肆屠杀。郁郁寡欢的李四光不停思索，经历了这么多次革命，为什么中国没有走上真正光明的康庄大道？劳苦大众的幸福日子究竟何时能来临？茫然四顾的他只能埋头专注于科研，以排解心中积压已久的苦闷。

虽然与共产党的接触相对较晚，但李四光抗战期间在重庆和周恩来有过两次会面，周恩来向他介绍了中国共产党的政治主张，并详细分析了当前的形势和发展前景。从周恩来身上，李四光切身感受到：有了共产党，中国就有了希望。

国共合作期间，李四光就和许淑彬商量过，要去延安参加革命。但许淑彬对小家庭心怀牵挂，加上当时对共产党的认识也不够深刻，她担忧地对李四光说："你要是走了，我们母女怎么过日子呢？万一你革命死了，那我们就更没办法了。"很多年后，许淑彬回忆起这段往事十分内疚，她总觉得是自己的落后观点影响了丈夫进步的革命意识。我记得奶奶曾对我说过："那时候不懂啊，其实你爷爷要参加革命，我可以跟着一起去，即便真为革命牺牲了，人总有一死，只要死得其所，也是光荣的。"

1964 年，李四光被选为地质部党支部委员，但他从不以党内专家自居，而是更加虚心接受党的领导，严格遵守党的纪律，时刻以普通党员的身份鞭策自己。

41 紧握巨人的手

在中国众多的科学家中，李四光被毛主席接见的次数是否最多，这一点我从未仔细考证过。但从记事开始，印象中就不止一次听爷爷说过，他这辈子最大的幸福，就是多次见到了毛主席。

1950 年 6 月 14 日，中国人民政治协商会议第一届全国委员会第二次会议在北京召开，同时举行的还有高教会议和中国科学院第一次院务扩大会议。会议期间，刚回国不久的李四光和其他代表一起第一次受到毛主席的接见。毛主席问候和赞扬了李四光，说："李四光先生，你回来了，欢迎你。你在政协会上的发言讲得很好！"

这次会见虽然时间很短，但李四光被毛主席诚挚谦逊的伟人风度深深折服。1952 年春，周恩来总理邀请李四光到中南海，商谈"加强地质工作以适应国民经济建设的需要"等问题，并决定成立地质部。在这次座谈会上，李四光又见到了毛主席。毛主席还问了个让李四光十分意外的问题：“这个‘山字形构造’是怎么一回事，你是不是给我讲一讲？”李四光惊讶之余又感动不已，雄才伟略的领袖对地质科学发展的关心竟到了如此细致入微的地步，连对“山字形构造”这样的地质专业术语都有所关注，令人叹服。毛主席对李四光的状况十分关切，不但称他为“李四老”，而且对李四光在地质研究方面取得的成果给予了极大的鼓励和称赞。

1953 年，第一个五年计划即将开始，毛主席和周总理在中南海一同召见李四光，询问中国石油的发展前景。李四光当场给出了非常明确的答复，他认为中国油气的蕴藏量十分丰富，关键是要迅速开展大规模的石油普查工作。

1954 年 9 月 15 日，第一届全国人民代表大会第一次会议在北京召开，会议选举了国家领导人并通过了《中华人民共和国宪法》。参会代表包括当时中国所有民主党派的代表人物，李四光作为科学和教育工作者的代表应邀参会，并再次被毛主席接见。回到家中的李四光迫不及待地和家人分享那激动人心的一刻，他说：“毛主席身材魁梧，红光满面，和蔼可亲，一点架子都没有，每次握住毛主席的手，我浑身一下子都充满了力量。”

1959 年，大庆油田出油了，举国上下一片欢腾。1964 年元旦下午，李四光接到主席办公室打来的电话，邀请晚上七点半到怀仁堂一起观看现代豫剧《朝阳沟》。在剧场里，毛主席又和李四光聊起了石油问题。在听了简明扼要的进展汇报后，毛主席高兴道：“你们两家（指地质部和石油工业部）都有很大的功劳！”

1964 年元旦，李四光陪毛主席一同观看豫剧《朝阳沟》

毛主席的话象征着党和人民给予的崇高荣誉，这也是对千千万万为中国石油事业做出贡献的劳动者们的最高肯定，李四光的心头无比激动。那天一同看戏的还有刘少奇、朱德和邓小平等中央领导同志。戏曲正式开演，李四光就坐在主席身边，双方不时轻声交谈着。江青当时也在座，她把《朝阳沟》的故事梗概讲给主席听。演出结束后，毛主席又邀请李四光和中央领导们一起接见演员并合影留念。回到家里，李四光心情久久不能平静，他对李林说："在找油方面，我们只刚刚迈出了一小步，毛主席就这么热情鼓励我们……"

1964年2月6日下午，竺可桢、钱学森和李四光，这三位当年各自领域的带头人同时被邀请到中南海丰泽园，在毛主席的卧室里受到接见。当时竺可桢、钱学森和李四光都已入党，会谈因此少了很多拘束，大家畅所欲言。从另一个侧面来说，毛主席选择在这样的场合与科学家畅谈，完全是摆脱了繁文缛节的俗套，更多展现出一代伟人的随性与浪漫。

有关这次著名的会见，三位科学家事后都有过一些回忆与记录。李四光曾对李林说过："主席知识渊博，通晓古今中外许多科学的情况，对冰川、气候等科学问题，了解得透彻入微。在他的卧室里，甚至在床上，摆满了许多经典著作和科学书籍，谈到哪儿就随手翻到哪儿。谈的范围也很广，天南海北，海阔天空。"接见中，毛主席向科学家们了解并讨论了相关科学问题，同时也发表了自己的意见，他热忱希望科学家们能够为攻克科学技术尖端、赶超世界先进水平贡献自己的才能。钱学森在回忆文章中也提到过，毛主席讲了在科学技术发展中，矛盾斗争推动事物前进的道理。

三人中只有竺可桢留下了当天宝贵的日记，他是这样记录的："1964年2月6日，下午1点钟毛主席电话，要我去中南海谈话，并说只约了仲揆和钱学森。我到中南海怀仁堂后的（乙组）时，见毛主席卧室两间，外间摆满图书，内室一大床，桌、椅、床上也摆满图书。他卧在床上与我握手后，床前已摆好三椅。……未几仲揆和学森来，就大家谈地球形成之初情况，如何空气合成了许多煤与石油，动植物如何进化。他又提到无穷大与微观世界、正电子与反电子的辩证法。问钱学森反导弹有否着手，毛主席以为应着手探研。

谈到仲揆造山运动和冰川，因此谈到地质时代气候变迁与历史时代气候的变迁。毛主席又问到近来有否著作可以送他看。3点告别。”

1964年12月21日至1965年1月4日，第三届全国人民代表大会一次会议胜利召开。李四光出席会议并听取了周总理作的政府工作报告。就在这次报告中，周总理明确指出：“第二个五年计划期间建设起来的大庆油田，是根据我国地质专家独创的石油地质理论进行勘探而发现的。”如此掷地有声的评价，让李四光感到无比振奋。

会议期间，李四光接到通知，让他到人民大会堂北京厅去一趟。脚刚跨进门，李四光忽然发现毛主席坐在里面，他喊了声“主席”，赶忙往外退，一边抱歉道：“主席，对不起，我走错了门。”这时毛主席走了过来，他亲切握住李四光的手，说:“没有走错，是我找你。李老，你的太极拳打得不错啊！”

李四光一时没有明白什么意思，他很认真地解释道：“前几年动手术，身体不太好，在杭州学过一阵太极拳，但打得不好。”主席听了哈哈大笑，他请李四光在沙发上坐下，说：“我说的是你那个地质力学的太极拳啊！”李四光这才回过神来，原来毛主席刚才的话，是对自己运用地质理论在新华夏构造系中找油的高度评价。

1969年5月19日，毛主席在人民大会堂接见科技界群众代表，见到李四光，亲切握手交谈，还拉着他的手走在前面，一同接见与会代表们。会见结束后，毛主席和李四光到后面的休息室，坐在一起畅谈了1个多小时。刚开始李四光有些拘束，他心想，自己怎么能和最高领袖并肩坐在一起呢。但听着主席亲切而风趣的话语，李

1969年，毛主席拉着李四光的手，
一同接见科技界群众代表

四光不觉心情也慢慢放松，他告诉主席，自己的左耳听力相对好一点，因此交谈中特意把头稍偏右了一点。

两人相谈甚欢，从天体的发现一直聊到人类起源，临走时毛主席说："我现在对科学挺有兴趣，你能不能给我找点书？"李四光回答道："请问主席想看哪方面的书？"毛主席用手画了个大圈，说："就你研究范围里的那些。"此外，毛主席还请李四光代为收集一些国内外的科学资料，并表示因为自己不懂英文，最好能编写成中文，便于阅读。

那天，李四光很晚才回到家，家人早已从电视上目睹了他被毛主席亲切接见的场面。李林后来回忆说："我从来没有见到父亲这样眉飞色舞，神采飞扬地说了那么多话。"李四光也感慨道："毛主席如此的博学多闻，从天文到地质，古今中外无不通晓，能够得到毛主席的领导，真是我们中国人民的福气啊！"

一想到毛主席日理万机，百忙之中还提出要看自己写的书，李四光浑身充满了动力。第二天他就请秘书帮忙找书，经过一番认真挑选，他准备把《地质力学概论》和《地质工作者在科学战线上做了一些什么？》等文章送给毛主席审阅，思虑再三，又觉得自己发表的文章专业晦涩，直接送上去显然不太适合阅读。同时李四光还查阅了大量的国外资料，他指着一摞子大部头书籍对李林说："这些书的内容太过烦琐，还有一些内容是错误的，我怎么好一股脑儿都端给毛主席呢？"6月26日，李四光用地质部的公务信笺给主席写了张条子，主要内容为：遵面嘱搜罗有关地质科学发展的资料，至今所获无几而且意义不大，现拟将能得到的资料分几个题目扼要编写出来，随后呈参阅。

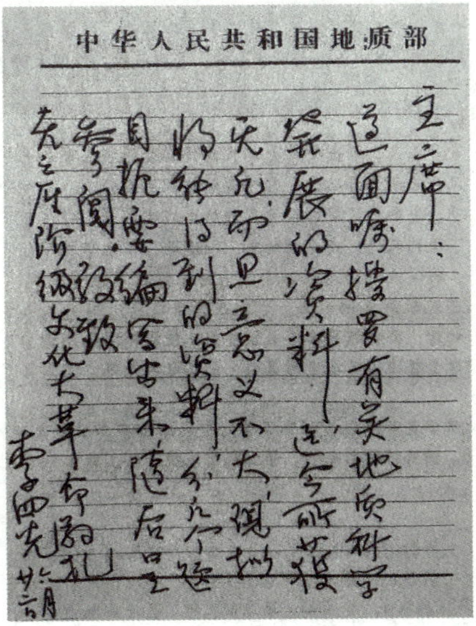

李四光给毛主席写的便条

李四光最终决定，他要把自然科学特别是地质学中的一些重大问题整理成提纲性的短篇资料，力求提取前人积累的科学精华，再系统简练地表达出来。为实现这一目标，他计划从以下几方面来编写：一、从地球看宇宙；二、启蒙时期的地质论战；三、总结地层工作的要点；四、古生物及古人类；五、三大冰期；六、地壳的概念；七、地壳构造与地壳运动。

多年学术论著的写作过程中，李四光保留了自己的习惯，即思想上形成的问题，或者对某些事物暂时取得的认识，先在脑海中长期默存，到一定时候再把它们提炼出来，形成自己的结论。譬如，在编写《地壳构造与地壳运动》时，李四光详细阐述了其他文章中从未发表的独特观点。这次，他想把埋藏心里的话和思考的问题，全部敞开心扉讲给敬爱的毛主席听。整个写作过程中，开始只有周秘书担任助手，后来李四光又去请了他的学生许杰，协助编写《古生物及古人类》的相关资料。自觉身体每况愈下的李四光，为了能让主席早点看到资料，他发奋努力要抓紧一切时间来编写。许淑彬见丈夫日不思食，夜不成寐，一心扑在资料的整理上，担忧他的身体会就此垮下去。同样，为了避免家人太过担心，李四光经常离开家去外面，有时还会带个小马扎，利用散步时间到附近小路旁，或者在紫竹院公园河边的僻静处，坐在小马扎上继续写作。

李林当时在北京郊外的陀里上班，每周六傍晚才能回家。那段日子里无论刮风天寒，李四光总会穿过公园河上的木桥，坐在长椅上，边写文章边等着女儿归来。等接到女儿，大家沿着紫竹院河旁的那条小路往家走。在一处小土丘前，李四光仿佛发现了新大陆，他高兴地对李林说："我发现这里有个豁口，穿过去要近一些。"果然过了稀疏的树林，再翻过一座小山丘，透过老银杏树枝丫的缝隙，远远就看到了自家的围墙。

李四光白天坚持工作，晚上躺在床上还要思考问题。有时他突然想到一句话，生怕第二天忘了，赶紧着要在小本子上记下来。那时他和许淑彬虽然分床睡，但又担心频繁开灯关灯会影响许淑彬的休息，所以经常会缩被窝里打着手电记录。就这样勤耕不辍，不到十个月时间，全部资料基本整理完毕，每写完一本，李四光就请秘书速送印刷厂，为方便主席阅读，他还建议采用大字排版，书稿取回后再亲自校对。全部资料共分七个部分小册子，从 1970 年 3 月到 6 月间陆续付印，总命名为《天文 · 地质 · 古生物摘要（初稿）》，共约 17 万字，并附有 60 多幅图片。

书籍印好后，第一时间内呈送毛主席和周总理，以及中央其他领导及有关部门负责人。对于自己的著作，李四光从来都是精益求精，他总觉得时间仓促，书写得还不够十分理想，好几次他同许淑彬说起："可惜我又要去写别的书了，没有时间把写成的书稿多看几遍，其中错误必定是有的。"

这套 1972 年由科学出版社出版发行的《天文 · 地质 · 古生物》，也成为李四光晚年最重要的著作之一。为纪念李四光逝世 45 周年，2016 年地质出版社进行了再版，以激励后人继承发扬李四光热爱祖国、不断进取、为科学事业奋斗终身的精神。

42 『文革』中的冲击波

1966 年，“文化大革命”开始，李四光毫无例外也受到了运动浪潮的冲击。中国科学院、地质部、地质部科学研究院的群众经常到地质力学研究所来搞串联，张贴大字报。在李四光被列入受重点保护名单后，为了防止意外，家中的警卫们都脱掉了蓝色制服，统一换上带红领章的黄绿色军装，全力保护李四光的安危。更值得庆幸和感恩的是，周总理曾多次在公开场合下表态，对李四光予以充分肯定。

1967 年，国务院各部委军管会、毛泽东思想宣传队、大联合委员会负责人召开会议，在谈到地质部的问题时，周总理说：“李四光是个好同志，地质部搞得很好嘛！你们有的人还要打倒他，我看李四光这个部长还得当，他是一个很光荣的人物嘛，应该向李四光同志学习。”1968 年 12 月 5 日，周总理对参加中央国家机关会议各部委的军代表和群众代表说：“李四光是一面旗帜，是辛亥革命的老同志，入党晚了一点，政治上不是动动摇摇的，对社会主义建设做出了很大的贡献，你们要学习他，他如果当选为‘九大’代表，是你们地质部的光荣。”

得知李四光被检查出患了动脉硬化性心脏病和左髂骨总动脉瘤，周总理再次提出建议，避免李四光从事繁重工作和过多的体力劳动。1967 年 5 月 16 日，周总理派联络员到地质部，向地质部机关两大派革命群众组织和地质力学研究所的代表们传达批示：李四光部长年纪大了，健康要给予足够注意，他是有卓越贡献的科学家，政治上追求进步，历史问题已成为过去。同时还有李富春副总理的批示:李四光部长身体不好,需要休息。在休息期间,业务工作和“文化大革命”的事，不要去找他，向两派谈清楚。

患病中的李四光无比感动，他对家人说：“总理百忙之中对我这个病的关怀，实在使我感激落泪，党这样关心我，只要我还活着，还有一口气，就要把我的一切献给党。”

有人把李四光称为“红色科学家”，我并不完全赞同这种称谓。也有人和我探讨其中缘由，经过多年思考后我才有所觉悟：在那样的非常时期，周总理等中央领导的悉心关怀固然起到了至关重要的保护作用，但李四光多年来豁达待人的处事原则，多少也帮他渡过了一些难关。用一句很精练的话来概括，那就是：李四光的自我定位一直很准。

多年以来，无论在任何单位就职，李四光从来都不会把手伸得很长，勉为其难去管理那些不属于他权力范围之事。身为地质部部长，李四光的级别已然很高，换作一般人的想法：我是专家，还是党员，我都身为部长了，为什么这些事我不能管，我说的话为什么你们不听？诸如此类。李四光不会用这样的思维考虑问题，他自我认定的身份只是从事科研的地质专家，学术方面可以享有一定的发言权，而政策领域并非他十分擅长和熟悉的范畴。按照李四光的理解：既然是政策，那一定得归属于党的领导和决定执行。身为学者型领导，在适当场合下提点自己的意见，对方愿意听也行；如果选择不接受，那也没问题。所谓“外行领导内行”之类的牢骚，李四光这辈子从来都没有发过一次。

1960 年，李四光主持地质部部长工作会议

日常工作中，李四光同样表现出严格的组织性和纪律性，他经常提醒周围的工作人员不要搞自由主义。哪怕是生病住院时，他总会追问自己的病假领导批准没有，一定要等看到了文件才能安心休息。1956年政协开会，李四光的身体不太好，他好几次让秘书去请示，哪些会必须出席，哪些会可以不参加，一定要问个清楚明白。秘书有时也感到为难，就和许淑彬说，意思是某些地方李老可以自己掌握。李四光听到后特意打电话给秘书，问："这话是你说的，还是领导上说的？"当秘书表明只是个人的理解时，李四光耐心解释和教育道："这样不行的，我还有一定的责任，有一定的影响，不能自由主义，想不到就不到那还行啊！"在随后准备的政协发言稿中，李四光又格外强调："像我这样一个无党无派的知识分子，就更容易陷到自由主义的汪洋大海之中。"

1950年回国后，李四光即被周总理约见，当谈到科学院的工作时，周总理推心置腹地说："郭老（郭沫若）是诗人，也搞社会科学，但主要是文学家。搞自然科学的科学家有自己的脾气，讲究实际多一些；文学家有文学家的脾气，浪漫主义多一些。郭老待人非常诚恳，非常真挚，相信你们在一起工作是会配合得很好的。"

李四光诚恳地点头。此后在科学院的多年共事中，李四光对郭沫若倍加尊重，遇到生病总要向郭老请假，重要问题必定会及时请示。当然郭老也以礼相待，有关自然科学方面的问题，绝对会听取或参考李四光的意见。每次听闻李四光患病，郭老都会让秘书转告：不要着急，年纪大了要好好休息。同样，郭沫若因外事任务出国时，也都会在科学院宣布：由李四光暂时主持工作。如此礼尚往来，十分默契。

1958 年，原东北地质学院更名为长春地质学院，院方请李四光为“地质宫”题写匾额，李四光转而推荐了郭沫若，理由是自己的毛笔字没有郭老写得好。郭沫若当即应允，爽快地写了几张，并请李四光一同甄选。1977 年，李四光去世六周年之际，郭沫若以八十一岁高龄为画家王为政创作的《李四光画传》题字——“我国卓越的科学家李四光”。

1953 年，在李四光的组织和带领下，《中国地质学》编辑委员会正式成立，该团体旨在集地质界智慧之大全，群策群力，集体创作。1956 年的很长一段时间内，在中科院地质研究所内，李四光每周都要主持召开一次地质构造座谈讨论会，邀请在京的地质构造科学家，大家齐聚一堂，畅所欲言。虽然李四光的学术理论已经为国家和人民做出了诸多贡献，但他在地质研究领域从不搞“一言堂”，对于学术观点有分歧的同行，哪怕是发生过激烈讨论，也从不歧视，更不会搞任何打压，这种宽以待人的胸怀为李四光在业内积累了较好的口碑。地质力学研究所的老所长曾向我感叹过：“能做到这一点，真是一种大智慧啊！”

张文佑是李四光非常器重的门生，他在 20 世纪 50 年代曾和老师谈过自己的想法，表示对提倡断裂系统与断块大地构造学说更感兴趣。李四光虽然觉得遗憾，但在明确了学生的真实意愿后，表示尊重和理解，他告诫身边人员：“不必再多提意见，使他失掉勇气。”当然也有人会感到惋惜和不解，曾经那么精心栽培过你的老师，你都无意去继承其学术理论衣钵……李四光只是淡然回答：“这叫人各有志，不能勉强。”

1965年，“文革”尚未开始，有一次，李四光要给海外的地质学家写封信，按照当时地质部党组的明确共识，其他人的海外信件需检查，但李老的信不用，写完后即予寄出。地质部当时有位新来的领导，他对此感到难以理解，认为如此区别对待很是多余，李四光不过一介旧知识分子，根本没必要搞什么特殊化，于是他坚持认为，即便是李四光写的信，也得经过检查。信件被送到了地质部的外事处，按照这位领导的看法，是这不行那也不可以，最后这封英文信被彻底大改了一通。李四光看到审改后的信件，几乎都不是原来自己想表达的那个意思了，他虽心有不悦，也只不过淡淡一句：“那就不要寄了吧。”

当时李四光的手下有位陈秘书，他觉得有些憋屈，就向党组书记何长工的秘书聊起过领导改信的事。何长工找到该领导，耐心解释说：“你刚来，有些情况可能不是特别了解，地质部党组有过这样的决议，李老写的东西不用检查，直接给他寄走就可以了。”对方听了估计心里有些不爽，没过多久，找个理由就把陈秘书给调走，换成了后来的周秘书。

一直以来，李四光的秘书们都很尊敬老领导。因为改信这事，陈秘书上午接到通知，他不再担任李四光的秘书，下午就必须回到地质部去。当天中午，得知消息的李四光特地找到陈秘书，他拿出两本地质方面的专业书籍交给对方，说：“你要走了，我也没什么好送你的，就送你两本书吧。”那天我也正好遇见了陈秘书，他把书拿出来给我看，上面有“李四光”的亲笔签名。陈秘书说，跟随老领导这些年，头回见到李老在自己的书上签名。

那一阵李四光的情绪十分低落，他觉得自己连身边的一个秘书都保护不了，因为改信这样的事就要被随意更换，心中不免内疚。多年以后，我回想起那日情景，也清晰记得爷爷的赠书上是留有他老人家的签名而非普通印章。

李四光一贯恪守规矩，而且十分替人着想，有件事给我的印象很深。“文革”时，一次爷爷接到通知，要到天安门城楼上去观看“五一”游行。按照当时的政治氛围，让你去就得赶紧去，一个重要的原因就是，如果某个重要活动中某人在天安门城楼没有露面，那么外界的各种猜疑，甚至国外的新闻报道都会纷至沓来——此人是否已被打倒。那时爷爷的身体状况已经很虚弱，到城楼上还要站好半天，奶奶有些担心爷爷会坚持不住，临出门前再三招呼：“你到了那儿去露个面，然后赶紧回来。”李四光一口答应，说“好的”。

那会儿我们家已有了电视机，全家左等右等，总也不见爷爷回来。我就坐在那儿看电视，奶奶一遍遍过来催问，你爷爷回来没有。我说：“没呢，您瞧，爷爷不还在那儿站着嘛。”最后不知过了多久，爷爷总算到了家，奶奶问他：“你都去露了面，为什么还不走呢？”爷爷一脸无辜地回答：“我倒是想走哇，可还没等我走，扭头一瞧，两边的人都走得差不多了，你想，我要再一走，我这块的位置不就空得更大了呀！”这会儿我才弄明白，为什么先前电视上看到的爷爷，中间就他一人站着，两边空空荡荡没遮没拦，难怪会格外醒目。

“文革”期间，地质部里也毫无例外张贴了大字报，说李四光是反动学术权威，但在我们家居住的小院周边，却从未有过任何骚动。有一阵，地质部里闹腾得特别凶，连部长会议都没法开下去了，领导们就说：“李老，走，到你家里去开吧。”也因此，李四光的办公室里还曾召开过好几次地质部的部长会议。那段时间李四光的身体每况愈下，但最令他痛心的还是宝贵的时间被白白浪费，自己最珍视的科研环境被彻底破坏了。

43

翁婿相看冰映玉

在日常家庭生活中，李四光处处表现出长者的温和与谦恭，他常挂嘴边的一句话就是：做人做事要想着对方的心情，人不能太自私，凡事要学会换位思考。多年以后，我回想起爷爷和父亲曾经的相处，或许是专业不同导致他们学术上难以沟通，又或许他们彼此都认为对方在处事方面有所不足，因此在相当长的时间内，大家都保持着较为冷淡的客气，这样的翁婿关系似乎有些难以想象。

当年李林和邹承鲁在英国结婚，李四光就曾对女婿作出过评价：既聪敏过人，又有成为科学家不可或缺的勤奋，学术上一定可大有作为。他只是担心邹承鲁的个性不够收敛，日后难免会吃亏。

因为同样都有国外留学多年的经历，李四光曾善意提醒过女婿："做人厚道一些没有坏处，有意见可以直接提，但最好不要用讥讽的口气，‘讽刺’在国外叫作讲话诙谐，但在国内却极易伤人。”年轻气盛的邹承鲁哪能听得进去，他反而认为这是岳父干涉了自己的自由。考虑到女婿个性，也为避免家庭矛盾，类似的话李四光从头到尾只说过一次，他觉得聪明人点到即可，不必造成对方更多的压力与不悦。再设身处地地想，自己中科院副院长的身份也有可能对女婿的工作造成一定的影响，因此很多事情都不太过问。

邹承鲁回国后，曾在中国科学技术大学教过一阵子书。那时中科大校址还在北京，科学院各所的科学家们都要到中科大去讲课，当然，按照科学院的规定这属于兼职。邹承鲁从不照本宣科，他每次上了讲台都是直接开讲，黑板上也没有那么多的板书。学生们于是很有意见，说老师您不在黑板上板书，我们没法记课堂笔记啊。邹承鲁的回答也很干脆，他说：如果你习惯了要记笔记来准备复习考试，那你可以不用来上我的课了。应该说，邹承鲁的聪明属于很高傲的那种，用“恃才傲物”来形容也绝不过分。邹承鲁曾明确表示，自己的个性不适合做老师，因为他只愿意教聪明的学生。但事实上学生是没法选择的，最终的结果就是，他只能在实验室折腾那么多年他从没厌烦过的瓶瓶罐罐。

或许是觉得岳父在政治方面有点过于激进，邹承鲁曾直接挖苦过李四光。“反右”期间邹承鲁在《文汇报》上发表了一篇文章，意思是，“如果什么时候大家不再称呼李四光为副院长，而是改口称李四光研究员，中科院或许就可能有很好的发展了。”

但其实在这个问题上，李四光的观点和邹承鲁有着某种程度的不谋而合。1956 年 6 月，在一次谈话中，李四光曾把“如何充分发挥科技人员的积极性”作为一个重大问题提出。他认为，当科技界的高级知识分子的“政治待遇、生活条件和工作条件”都有所改善之后，那么最突出而尖锐的问题就是“时间”了。一方面是因为科研本身和指导他人的研究最容易被挤压掉，如果参加那些组织得不够充分的学术会议，也实属浪费时间；另一方面，行政工作是令常年从事科研工作的高级知识分子最感头痛的事，他们本就不擅长处理行政事务，再加上“事务杂，来路多，需要急”等现状，令人烦恼无比。李四光一贯认为：科学研究工作的性质，常常要求时间上的集中和连续，如果今天一个通知去开会，明天一个电话要谈话，那么一定会中断他们的研究思路，等回头再重新集中到之前走到的步骤，又得花费一段时间，甚至还要走些弯路或者返工，这将造成工作上的损失，也是劳动力的浪费。因此他提出：“及早配备行政助手，加强各行政部门的联系，提高行政人员的工作水平和效率，是解决目前问题的中心环节。”

有关学术问题的探讨，邹承鲁从来都是“就学术论学术”，即便是面对权威和前辈也丝毫不留情面。生物物理研究所的老所长贝时璋，和李四光同年当选中央研究院院士，老先生为人特别温和，公认的好脾气。邹承鲁回国时也就三十岁左右，正好有一次贝所长到上海生化所作报告，并提到自己独创的“细胞重建”理论。会议正在进行中，邹承鲁忽然直接站了起来，说：“您这个理论可能有值得商榷的地方。”那样的公开场合下，邹承鲁侃侃而谈自己认为的理由，这事搁在谁身上不生气啊？况且贝老先生当年还是中国生物化学领域的最高权威。我后来想，也就是因为邹承鲁“李四光女婿”这个身份，事情最后才不了了之。所以李四光有时也会和李林聊一点自己的担忧：邹承鲁的这种脾气不改，将来多半会吃亏。

在和女婿的交往中，李四光通常是站在对方的角度上来考虑问题。李林因为组织上的需要调到北京，和工作在上海的邹承鲁分居两地多年，换作寻常老岳父的思维，你长年累月待在上海，把我女儿一个人撂在北京，这算哪门子事呢？但李四光从没就此发过牢骚，他只是偶尔在家和许淑彬闲聊时提过：“他们不能老是这样啊，但这个事我又不能干涉，怎么办呢？”即便女儿女婿两地分居整整十二年，他也不敢下命令直接把邹承鲁从上海调到北京，因为怕女婿知道了会生气。

一次李林回到上海探亲，生化所党支部的人来找李林谈话，意思是希望通过李四光可以在邹承鲁的入党问题上做点思想工作。但李四光最终保持了沉默，因为他了解邹承鲁的想法，不愿陷入过多的文山会海，同为科研工作者，他也希望女婿可以有更多宝贵时间从事自己最喜爱的事业，所以在相当长一段时间内，邹承鲁一直保持着群众身份。

1957 年 5 月 1 日，《人民日报》刊登了《中国共产党中央委员会关于整风运动的指示》，要求在全党进行一次“普遍的、深入的反官僚主义、反宗派主义、反主观主义的整风运动”。5 月 11 日，在中国科学院上海办事处党委组织的科学家座谈会上，邹承鲁响应领导号召，把自己以为深思熟虑的一些想法归纳成三条意见：允许学生选择老师、老师选择学生；科学院应该由科学家来管；对有海外关系的人不要歧视。上海《文汇报》随即刊登了发言摘要，邹承鲁的三条意见被视作“反党、反社会主义”的右派主张而遭到批判。多亏当时中科院上海分院党委书记王仲良和中科院党组书记张劲夫从中斡旋，又或许“李四光女婿”的身份此时也起了一点保护作用，加上邹承鲁不过是性子直，平时也从不背后搞小动作整人，幸而未被打成右派，但自此他锋芒毕露的个性收敛了许多，极少再发表有关体制改革等方面的意见。

当年邹承鲁不愿意调动，最直接的原因就是因为北京没有生化所。20 世纪 60 年代，中科院生物物理所成立了实验室，恰好也从事胰岛素方面的研究。有了这个冠冕堂皇的理由，生物物理所的领导就去和邹承鲁商量，希望他每年到北京来个一两次，待上个把月，负责把这边的工作开展起来。所以，后来邹承鲁每年到北京也不算是单纯探亲，他同时还要肩负着科研的重任。北京的工作起初开展得挺顺利，“文革”开始后，邹承鲁基本上就不再过去，实验室因此也荒废得差不多了。直到 1970 年，因为上海的“文革”闹得挺凶，斗来斗去，结果邹承鲁最喜欢的学生也自杀了，他有些心灰意冷，于是选择正式离开上海，调到了北京。

长期以来，中科院对于邹承鲁的去留问题十分关照，部分原因是因为李四光的面子，但我想更多还是因为邹承鲁在他的专业领域确有才华。以邹承鲁当年的个性，他如果选择坚持留在上海做研究，旁人也无可指责。邹承鲁被誉为中国生化科学界的权威，他最广为人知的成就就是在 20 世纪 60 年代作为主要贡献者成功完成了人工全合成牛胰岛素。此外，他领导成立的生物大分子国家重点实验室，作为生物物理所的王牌实验室，多年来致力于从分子、细胞乃至个体水平揭示生命活动的基本规律和重大疾病发生发展规律，硕果累累。

舐犊情深，李四光自始至终全力支持着女儿李林的工作。原子能工作属于物理方面的高新领域，所以他有时会应李林的要求帮忙去请些专家。但邹承鲁却好像从未提过类似需求，或许他认为隔行如隔山，再者他对自己的研究也充满了足够信心。

对待女儿的事情，李四光从来都很上心。当年李林在陀里的单位吃食堂，北方人烧菜通常偏咸，而且李林本身腿脚就有些浮肿，李四光为此很是担心，他劝李林说："这样经常性的浮肿不好，最好在饮食上能清淡一点。"李林回答："那没办法，食堂的菜都是这样。"李四光考虑片刻，说："那你可以把菜用水涮一涮再吃。"李林当即表示反对，说这样绝对不行，在单位食堂如果这么做了，可不是要被说成资产阶级生活作风？李四光没再吭声，他只是抽空削了些萝卜皮，亲手做成无盐泡菜，让李林回单位时给捎上，并叮嘱道："少吃点食堂的菜，多吃点我给你做的这个咸菜，这样总不会有人来说你什么了吧。"

2002 年 5 月 31 日李林去世，物理所编辑出版了《李林文集》，曾共事多年、获得 2016 年国家最高科学技术奖的赵忠贤教授专门作序。在《李林文集》的回忆和专访篇中，收录了李林专门为纪念父亲李四光所写的《回忆毛主席周总理对李四光同志的亲切关怀》以及《回忆周恩来总理对李四光同志的亲切关怀》两篇文章，文中李林这样回忆道：父亲常跟我说，祖国和人民需要我做什么，我就去做什么。如此言传身教也成为李林为国为民投身科研的座右铭，所以她一生中才会从事那么多的行业：透镜、金属电子、反应膜，最后又去钻研超导。

1996年，《新生界》杂志发表报告文学《科学大师的名利场》，文中多处有损害李四光名誉的情节，且都未被证明是客观事实。李林看到文章后气愤不已，她在晚年打了生平唯一的一次官司，起诉作者何某某侵害父亲李四光的名誉权。中、高两级人民法院经过审理，最终认定："公民的名誉即使在其死后也不应受到侵害。如果公民的名誉在其死后受到侵害，其近亲属有权提起诉讼。被告何某某在报告文学中叙述我国当代科学史上的重大事件时，理应尊重事实；在对著名历史人物的经历和人品进行评价时，应当持客观、慎重的态度。但是何某某在其撰写的文章中，却从政治、学术、人品等方面对李四光进行了不恰当的描写，许多情节缺乏客观事实根据。《科学大师的名利场》一文的发表，客观上影响了公众对李四光的公正评价。何某某的行为已损害了李四光的名誉，同时也给李四光之女、被上诉人李林造成了一定的精神痛苦，何某某应当依法承担侵权的民事责任。原审被告《新生界》杂志社未尽审查职责，在其主办的《新生界》杂志上发表明显带有侵权内容的作品，也应依法承担相应的民事责任。根据民法通则第一百二十条判决原告胜诉，由被告承担停止侵害、赔礼道歉、消除影响、恢复名誉的责任，并向原告支付精神抚慰金5000元。"

这起轰动一时的名誉权诉讼案，被列为最高人民法院侵权案审理的经典案例。从中我们也能真切感受到，李林对于父亲李四光所怀有的那份深厚而诚挚的感情。

在对待女儿李林诸多问题的处理方式上，李四光觉得是一种父亲身份的责任驱使，到了我这一辈，可能又更多包含了一点“隔代亲”的溺爱。小时候我什么都不会，连手绢都没洗过一回。一次学校老师问我：“你在家洗衣服吗？”我回答说：“奶奶不让我洗，说我洗衣服又费肥皂，又洗不干净。”这位老师也挺有趣，当着课堂上那么多同学直接说我：“那我给你一点肥皂，你今天就给我回家学习怎么洗衣服。”

有关我的教育问题，只要是李林和邹承鲁明确表达了意见，身为爷爷的李四光通常都不再多说什么，而许淑彬的处理方式却截然不同。小时候李林曾担忧道：“家里这么多的保姆，平平怎么能在这种环境中长大呢？我得去给她找个寄宿学校。”许淑彬听后勃然大怒，她当即否定道：“找什么寄宿学校啊？你忘了你在陀里上班，平平在你那儿上过两个月幼儿园，你都怎么看孩子的，还让她得了头癣，最后没办法只能去看医生，连头发都剃了，这些你都忘了？”一通连珠炮后，李林再也不敢提寄宿的事了。

那时全家已搬到了紫竹院，爷爷常会有些工作上的应酬。记得有一次是在和平饭店招待外国朋友，爷爷和奶奶被邀请出席。那会儿我小学三年级，总想着出去好玩，还能有好吃的，穿着漂亮的衣裳到处显摆，于是便缠着爷爷，说自己也想去。爷爷说，那好吧，你去换件衣服。

邹承鲁那天也在场，他直接命令我：“你不许去。”我噘着小嘴回道：“爷爷都答应我了，为什么不让去啊？”邹承鲁脸色很严肃地说：“这是一种特权，如果你不是有这样的一位爷爷，绝无可能去参加这样的活动，小孩子如果过惯了这种生活，那将来怎么办呢？”

一脸无助的我继续哼哼着，爷爷却不再理会，他说："你爸爸都说了不能带你去，那你就别去了。"等爷爷奶奶出了门，我就在家和父亲发脾气，我说好不容易有这么个机会，我很长时间都没穿过漂亮衣服了。父亲严厉教训我，说："你绝对不能因为家庭条件就去习惯这样的一种生活方式，这对你将来的成长都没什么好处。"

父亲当年说这些话时的神态我至今记忆犹新。成年后的我回想起这一切，只能感慨我的父亲和爷爷，当年他们在处理这件事时保持了同样的清醒与理性。尤其是我爷爷，他能快速而准确地摆正自己的位置，清醒认识到邹承鲁才是我的第一监护人并及时作出调整与退让，维护着整个家庭平和的相处模式。

邹承鲁喜欢抽烟喝酒，每次他回上海，许淑彬都会提前备些好烟好酒。当时困难时期，印象中多是"牡丹"牌香烟，还有想方设法搞来的几瓶茅台酒。结果有一次邹承鲁在列车上不小心给打碎一瓶，同车厢的乘客还打趣说，真有福啊，闻了一路喷香的酒气。俗话说：丈母娘心疼女婿，天经地义。许淑彬总觉得她应该为女婿多着想一点，不能太委屈了他，同时她也希望让小两口相处时女婿对待女儿能有更多关心。邹承鲁很感激岳母的好意，许淑彬生病常去医院，邹承鲁也总会抢着上前帮忙。

1970 年，邹承鲁调到北京，一开始与岳父母同住在紫竹院家中，多少受点拘束。每当烟瘾发作，邹承鲁担心影响岳父的身体健康，总是多有克制，因为那时的李四光已戒烟多年。如果只剩翁婿俩在家，彼此都很少开口，不知情的还以为家中根本没人。当然，李四光确实也公务繁忙，即便是不多的交流，又好像大家的脸色都有点刻板。

李林从小养尊处优，难免有骄娇之气，小夫妻俩偶尔产生矛盾时，夹在中间的李四光永远是保持中立，绝不多言。日常饮食习惯方面倒无大碍，因为许淑彬和邹承鲁都是无锡人，家中饭菜基本都苏南口味，偶尔厨师也会烧点湖北菜。李四光本身对饮食要求很简单，青菜鱼丸足以打发，那时家里三天两头吃面条，到最后我跟奶奶都嫌烦了。

经历了“文革”，又或许是四十不惑，邹承鲁个性上的棱角多少被磨平些许，对岳父曾经的劝告也有了更深的体会。这种相对融洽的生活状态仅持续了一年多，1971年李四光去世，邹承鲁悲痛不已，客客气气生活在同一屋檐下，直到生离死别才慢慢对自己的岳父有了更多理解。邹承鲁曾跟我聊起过，说李四光是他最佩服的科学家之一，一生做了很多前瞻性的工作，刻苦，勤奋，科研非常认真，是一位很有成就的科学家。而且，老岳父从前婉转提醒他那些为人处世的道理，随着年岁增长，又忽然全都明白了。

李四光、邹承鲁和童年的我

44

春蚕到死丝方尽

李四光的身体素质一向不是很好，他自幼患肺结核病，连续低烧三年，日本留学期间又肠胃受损，终身不能食大荤。或许是因为学习地质，长年累月在野外考察，后来肺结核虽未发病，但他很容易感冒受凉。多年颠簸漂泊中李四光又患了心绞痛，1955 年到北京医院看病，被医生诊断为肺结核。

中央领导十分关心李四光的健康，多次安排他去疗养，但李四光永远闲不住，他走到哪里都惦记着地质考察，经常是带病工作。1957 年李四光又因肾结石开刀，之后他专注于《地质力学概论》的写作。初稿送到北京的第二天，李四光的心脏病发作，当时他人还在青岛，最后还是从北京送来了特效药，精心治疗了两星期后才有所好转。

1965 年初，北京医院的大夫在检查身体时发现李四光的腹内左下方有肿块，血管造影后确诊为动脉瘤。那时李四光已是七十五岁的老人,且患有心绞痛和高血压,确实不宜再动手术。他对许淑彬说："我活不了几年了，如果不加倍工作，把我所知道的东西和所了解的地下资源情况都写出来，就对不起党，对不起人民，尤其是辜负了毛主席对我的希望。"

从此，李四光分外抓紧时间，不管坐车还是在单位附近的小路上散步，他总是边看文件边写东西，每星期至少要听两次工作汇报，并做详细讲解。因为医嘱不让说话过多，每次汇报都要持续到下午 1 点左右，忧心丈夫健康的许淑彬差不多到 12 点半就会去提醒一下。等大家走了，许淑彬看到李四光有点不高兴，心里也挺犯难。后来有人给出了个主意，让秘书到点去提醒，但秘书也听得入神，有时把任务都忘脑后去了。李四光为此跟许淑彬推心置腹地谈过心，他说："你以后不要再来叫我了，这样不是让大家都很扫兴吗？一个人不能只为自己的身体着想，工作是不能被耽误的。"因此在李四光去世的前两年，许淑彬基本上都不太干涉他了，虽然还是放心不下。

1966 年，李四光又患了重感冒，还发着烧，许淑彬白天黑夜地陪伴，导致血压骤然升高而神志不清，最后送到北京医院去挂急诊。医生说许淑彬是因为脑子过分疲劳，开了药让回家静养。到了下午 5 点，昏沉沉中的许淑彬感觉自己的双手好像被人握着，睁眼一看，左边是李四光，女儿李林坐在右边。原来在自己昏迷之时，李四光心里一着急，赶紧把女儿从郊外单位给叫了回来。

从确诊患有动脉瘤，到生命最后的整整六年时间内，李四光总觉得有太多的事情没有做完，他争分夺秒全心扑在工作上，即便当时的科研环境受到严重干扰，他还是经常找业务部门人员探讨科研问题。

1971 年 4 月 20 日，出院不久的李四光会见了石油部 641 厂和国家计委地质局第二海洋石油地质考察队负责人，讨论渤海地质构造与找油的关系，这也是李四光最后一次与基层干部商谈工作。4 月 22 日，身体虚弱的李四光坐在沙发上喘得不行，晚饭也只吃了一点点。到了 24 日晚上，他浑身哆嗦，还出现了发烧症状，李林赶紧给父亲盖上被子，脚下放了热水袋，头上再用毛巾冰敷。

第二天是周总理接见科学院开会代表的日子，李四光坚持一定要去，而且发言材料早都准备好了。他说："作为一个党员，没有组织纪律性是不行的。"许淑彬担心不已，她让李林给科学院领导去电话，说明李四光生病的状况，对方回复："一定不要让李老来开会，好好在家里休息。"

李四光的体温一直降不下来，而且脉搏好像跳得也更快，家人赶紧打电话请北京医院的医生过来看看。晚上 10 点钟救护车来了，医生先做心电图，又打了针，但情况依旧无法好转，大家只能把李四光抬上救护车，由李林陪护着去了医院。一辈子都没停止过工作的李四光，进了病房依旧闲不住，第二天许淑彬去看望，见他又是半坐半躺在病床上，还在小本子上不停记录着什么。

4 月 28 日，李四光表示想出院。许淑彬只能劝道："这次你就好好听医生的话，把血压稳定了再说。"下午阜外医院的心血管病专家来会诊，见李四光还在记挂地震预报，劝慰道："您好好养病，请一定不要再偷偷缩在病床上写东西了。"当天晚上，女儿李林到医院看望父亲。李四光久久不能入睡，和女儿倾心长谈。他说："我已经八十二岁，死也不能算早，就是有两件事放不下，一是党交给我的地震预报还没有过关；二是放心不下你妈。"李林劝父亲放宽心，她说："妈妈的晚年我们一定会好好照顾，您尽管放心。"

第二天早晨 8 点半左右，李四光的肚子忽然剧痛，医生闻讯赶来抢救，李四光休克前留下最后的话是："你们不用在我身上忙了，我是不行了。但请你们这个时候不要告诉我的家属。"医院领导立即向周总理请示，认为如果动手术或许还有挽救的可能。周总理批复：只要有一线希望，可以按照医生的意见，不过还是要先问家属。在医院陪护的李林表示同意，周总理又从阜外医院派了自己的保健医生过来。手术进行得很顺利，但由于血管硬化，人造血管无法接上，只好进行包扎，医院的 A 型血库存也已用完，医生护士纷纷踊跃献血急救，但李四光的心脏最终还是停止了跳动。

接到通知的许淑彬赶到医院，邹承鲁也到了，李林守在门口，不敢让母亲去病房。直到下午 3 点钟，医生和科学院的领导告诉许淑彬："没能把李老救活，我们心中很沉痛。"许淑彬这才意识到，陪她过了大半辈子的丈夫，这次真的再也没法醒过来了。

李林陪着许淑彬去看李四光最后一眼。在太平间前的院子里，郭沫若紧紧握住许淑彬的手，大家都说不出话。许淑彬放声痛哭，泪水模糊了双眼，最后被大家搀扶着出来。因为紧接着"五一"劳动节，头天下午北京实行交通管制，所以第二天遗体被送去火化，

1969 年，李四光和家人在一起——最后一张全家福

护送遗体的有李四光的学生许杰、秘书、李林和其他亲属。

5月2日下午，李林接到电话，说是因社会形势需要，不开追悼会，改成告别仪式了。李林把通知内容告诉了母亲。悲痛中的许淑彬困惑地问女儿："毛主席不是说过，不管死了谁，不管是炊事员，是战士，只要他是做过一些有益工作的，我们都要给他送葬，开追悼会，寄托我们的哀思，怎么现在开追悼会也成了'四旧'呢？"

李林无法回答母亲这个问题，在当时那样的局势下，似乎谁都无法作答。深陷哀痛的李林只能默默拥抱着母亲，她不知道第二天会是怎样的场景，只记得父亲去世头天晚上和她说了那么多的话，谈到了他对毛主席和党的热爱，对未来事业的期望。李林知道，父亲是多想亲口把这些话，对着亲爱的党和敬爱的周总理去当面倾诉啊！然而，他现在是永远无法实现这个愿望了，想到这里，思绪万千的李林把父亲心中还没来得及表达的愿望全部写在了信纸上。

45 特殊的追悼会

1971年5月3日，一个阴雨绵绵的日子，云层遮住了太阳，天空和大地间蒙上了一层灰色的纱幔。李四光的告别仪式在八宝山公墓举行，中央政治局委员、国务院副总理李先念，中央政治局候补委员纪登奎、李德生等参加了告别仪式。狭小的休息室内，李林扶着颤巍巍的母亲，大家都沉默着，房间里一片肃穆。忽然门被推开，有通知说周总理要来，请家属到会场去。

不大的院子里已经站满了人，许淑彬在李林的搀扶下，穿过人群中特意留下的一条通道，低回的哀乐一遍遍响起。告别仪式由全国人大常委会副委员长、中国科学院院长郭沫若主持，匆匆赶来的周总理走到扩音器前，他停了一会儿，沉痛道："我们国务院的工作没做好，没能给李四光同志写悼词。可是早晨来时，我收到了李四光的女儿李林同志的一封信……”周总理接着又说：“我在休息室里征求其他领导同志的意见，是否就用李林同志的信做悼词，他们都同意了，我现在就念这封信。”说完，周总理从衣服口袋里取出李林彻夜未眠写成的那封信，慢慢展开后念了起来：

敬爱的总理：

我父亲突然去世，使他未能完成党交给他的工作，也来不及留什么话，这是极大的遗憾。……他时常对我讲，他能活这么长，得以为人民做了一些有益的工作，是党对他多年的关怀，是毛泽东思想哺育的结果。但是他觉得所做的事实在太少了，与党和人民给予他的荣誉相差太远。他时常对我说，他不要名，不要利，只希望不声不响地多为人民做一点事。在他死的前一天，他指着墙上的毛主席语录说：我赞成这样的口号，叫作“一不怕苦，二不怕死”。他对医生说：“我遵照伟大领袖毛主席的这条教导，我是不怕死的，希望医生老实告诉我，我的病究竟有多严重，这样我可以安排一下我的工作。”并说“只要我能再活半年，我就可以看见我国地质科学工作在新的领域开花”。但是谁知道，第二天他就去世了。

……

敬爱的总理，我父亲老想着找您谈一谈我国科学工作的问题，但是他想到您太忙，不忍心打搅您，他总想找一个机会再和您谈，他有许多话要对您讲。但是遗憾的是还没有来得及讲，他就去世了。在他的遗物中我找到这样一个纸条子，上面写着：

“在我们这样一个伟大的社会主义国家里，我们中国人民有志气，有力量，克服一切科学技术的苦难，去打开这个无比庞大的热库，让它为人民所利用。如果我们不这样做，而还是走资本主义陈腐的老路……”

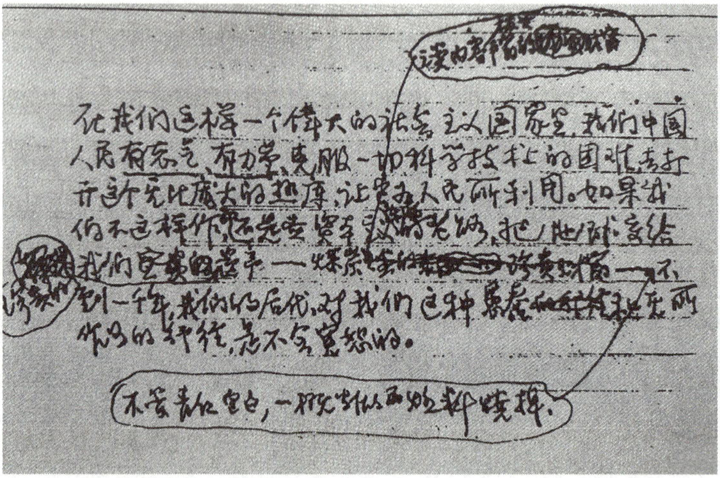
在我们这样一个伟大的社会主义国家里，我们中国
人民有志气，有力量，克服一切科学技术的困难去打
开这个无比庞大的热库，让它为人民所利用。如果我
不管青红皂白，一概当作燃料烧掉。

李四光去世后，人们在遗物中发现他在病中留下的纸条

念到这里，周总理停了一下，抬头看了看大家，再继续大声接着念：

“把地球交给我们珍贵的遗产——煤炭之类内容极其丰富的财富，不管青红皂白，一概当作燃料烧掉，不到几十年，我们的后代，对我们这种愚蠢和无知所为的行径，是不会宽恕的。”他对地热工作非常有信心，他时常对我说：“要是把地热充分利用起来，我们可以节省多少燃料！可以给人民的生活造很大的福利……天津、沙市方面已经做出不少成果，但还只不过是开端，是星星之火。”此外他对地震预报也有极大的信心，这不是赶超世界先进水平的问题，更重要的是为了保障人民生命和国家财产的安全。地质力学方面还有冰川和找矿的关系问题、海洋地质问题等都是他经常思考的问题……

信中最后一段，表达了李四光对周总理的敬意，总理停下来，没有再念下去，而是把信又放回了口袋。它的内容是这样的：

敬爱的总理，我父亲经常跟我说：您对党和人民忠心耿耿，经常每天工作二十多个小时。他对您是十分敬爱的。他还经常提到邓大姐，邓大姐对我们一家都很关心，我们是非常感激的。我们衷心感到党组织对我们的关怀和温暖。

他还经常希望总理多保重身体，为我国和世界革命事业做出更大的贡献。

李林

1971 年 5 月 2 日

告别仪式结束，周总理走到门前，高声地问大家：“你们听到没有？”外面齐声应道：“听见了！”周总理又问：“你们是搞地质的吗？搞地震的同志来了没有？”然后语重心长道：“现在，把任务交给大家了。”最后，周总理又提高声音强调了一句：“最后一段李老讲的话，你们都听见了？” 在场同志都大声地回答:“听见了！”

周总理缓步朝着家属的方向走来，后面跟着李先念副总理等中央领导同志。来到许淑彬跟前，周总理紧紧地握着我奶奶的手，低沉而有力道：“许大姐，你要好好保重身体，要化悲痛为力量，要继承李四光同志的遗志。”周总理默默地和每一位家属握手，最后到了周秘书，又格外叮嘱道：“把李四光同志遗留下来的资料好好地整理出来。”周秘书庄重地点头。

就这样，在周总理的亲切关怀下，原本为李四光准备的简单告别仪式最后开成了庄严隆重的追悼会，这不仅寄托了人们对李四光的哀思，更让他生前尚未完成的遗愿得到了真正的具体落实。感谢人民的好总理！

中共中央委员、政协副主席、科学院副院长

李四光同志逝世

周恩来李先念纪登奎李德生同志等参加告别仪式

郭沫若同志主持了向李四光同志告别的仪式

李四光同志遗像。 新华社发

新华社二日讯 中国共产党中央委员会委员、中国人民政治协商会议全国委员会副主席、中国科学院副院长、中华人民共和国国务院科教组组长李四光同志，因病医治无效，于一九七一年四月二十九日在北京逝世，终年八十二岁。

李四光同志早年参加辛亥革命，解放前一直从事地质力学的研究和教学工作。一九四九年全国解放后，他立即由英国启程返国，途中受到帝国主义和国民党反动派的重重阻挠，于一九五〇年五月回到北京。曾任中国科学院古生物研究所所长，中华人民共和国地质部部长，中国科学技术协会主席，中国人民政治协商会议第一届全国委员会常务委员，第二、三、四届全国委员会副主席等职。

李四光同志在一九五八年加入中国共产党，在党的第九次全国代表大会上当选为中央委员会委员。

李四光同志是一位卓越的科学家。他忠于党，忠于毛主席，运用毛主席的哲学思想指导科学研究，为中国的地质工作作出了重大贡献。

李四光逝世的新闻报道

46

红也花开，白也花开

1948年8月，李四光受邀赴英国伦敦参加第十八届国际地质大会。其间，为庆祝李四光六十大寿，中央研究院特意印发纪念增刊，很多同事和好友们都写了非常有纪念意义的文章。作为中国地质事业的先驱者之一，德高望重的章鸿钊亲题一曲《南乡一剪梅》，墨迹影印专刊于卷首。诗文如下：

地史掩蒿莱，长待先生抉剔来。
手种门墙桃李满，红也花开，白也花开。
海外且衔杯，星历刚从大地回。
著述新来添几许，行遍天涯，誉遍天涯。

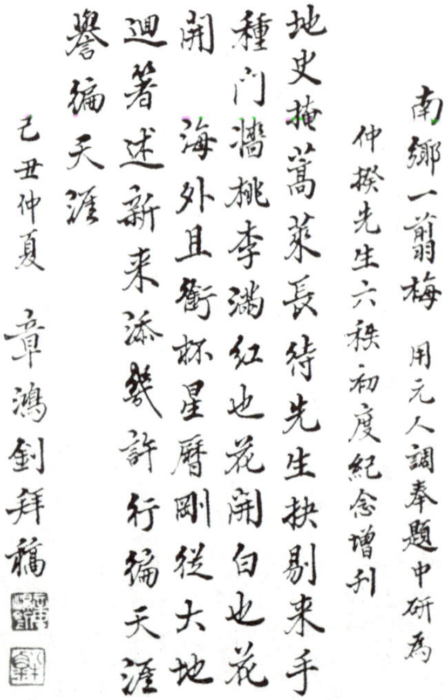

李四光六十大寿，
章鸿钊亲撰贺诗

说到中国的地质发展，当然离不开章鸿钊、丁文江和翁文灏这些奠基者们，他们在成立中央地质调查所、培养中国早期地质人才等方面功勋卓著。1951 年，在中国地质学会为章鸿钊先生召开的追悼会上，李四光特别陈述了章先生早年创办地质研究所的成就和高尚品格，并着重说明：“章先生为人正直而有操守，始终不和恶势力妥协；他站在中国人民一边，多次拒绝和日本人合作，对于中国地质事业的开创贡献尤大。因此中国地质事业的创始人不是别人而是章先生。”

今天看来，李四光的这段论述多少带了一点“唯阶级论”的时代烙印。大江东去浪淘尽，蓦然回首，这些地质先驱者们的结局也各不相同。其中，章鸿钊 1928 年因健康原因辞去地质调查所职务，此后专心著作，1946 年应聘于南京国立编译馆，从事编纂；翁文灏纯粹一学者身份，却阴差阳错一度做到了国民政府行政院长的位置；其中最令人惋惜的当属才华横溢的丁文江，1936 年在湖南长沙考察时因煤气中毒，不幸英年早逝。因此，从某种意义上说，真正做到毕生贡献于地质事业，尤其在对后备人才的大力培养等方面，李四光的成就可谓更加突出一些。

除去担任北大地质系主任的那几年，即便后来把更多精力投入到了理论研究方面，李四光在中央研究院、新中国成立后的地质部和中国科学院等不同时期都十分注重对青年人才的培养。尤其是李四光亲手创办领导的地质力学研究所，下属百余名青年同事几乎都受到过他无微不至的关照。李四光不仅对青年人的生活和身体健康倍加关心，同时要求提高政治觉悟，唯恐他们误入歧途而不可救药，新中国成立后对于这方面的要求更加严格。

李四光数次进出北大地质系，在学生们后来的回忆中，只要李四光在校期间，教学质量必为高峰；一旦离去，跟着的多半会是低潮。因此，学生们只要听说李先生回校执教，无不奔走相告，欢欣鼓舞。老师教育学生尽心尽力，学生对待老师爱戴有加，如此形成教学相长的良性氛围。

有一次李四光带领学生到徐州考察地质，当时的交通条件很差，大家只能骑小毛炉。李四光鼓励学生许杰说：“看得出来，你以前是吃过苦的。搞地质就是要不怕吃苦，你身体还不错，拿出能吃苦的精神来，好好学习，艰苦锻炼。”见到许杰苦恼于自己学习英语条件差，只靠死记硬背效果不佳，李四光又循循善诱道："地质学就是研究地球的科学，当然要注重国际上的学术交流，只要下苦功夫，就能把外语掌握好，这是一种工具。"

学生张文佑的家境本不宽裕，一次又患了肺结核，李四光得知后及时出钱让学生赶紧接受治疗。张文佑非常聪明，学习成绩也很好，后来编译了《中国地质学》中文版。1946 年抗战结束后，李四光推荐张文佑赴欧美考察，临行前再三嘱咐："地质学的主要实验室是在野外而非室内，与其他科学有所不同，广泛准确地搜集野外资料最为重要，所以要多访问一些地质专家和著名的学校机构，吸取对方特长，并注意他们室内实验的新技术和新方法。"后来张文佑在英国苏格兰、法国和瑞士阿尔卑斯山，以及从阿巴拉契亚山到落基山和海岸山脉贯穿美国大陆的地质旅行，都遵循了老师所做的考察计划。张文佑主编绘制中国第一幅大地构造图，提出中国大地构造的基本轮廓是以块断构造为特征，李四光对于这项工作十分支持，并在《中国大地构造纲要》的编制过程中毫无保留地提出了个人的建设性意见。

李四光总是把学生的日常生活和身体健康放在心上。学生杨钟健 1934 年在庐山冰川考察期间患了感冒，李四光十分关心；一同前往的喻德渊脸上长了个疔，李四光再三提醒学生要注意劳逸结合。从哈尔滨郊区考来的学生孙殿卿回忆说："读书期间，日寇侵占了整个东北，有一次李四光老师把我叫过去，仔细询问我老家的具体位置、家中是否还能供给用费、生活上有无困难等。"1938 年抗战期间，桂林遭日机空袭，孙殿卿在环湖东路住处的生活用品全部被炸毁，李四光立即托张文佑前往探望学生是否受伤，随后又安排孙留在桂林一起工作。

对于学生们毕业后的职业规划，李四光也非常用心。1926 年，杨钟健由中央地质调查所派往德国慕尼黑深造古生物学，但具体专业待定，杨钟健写信征求老师意见。李四光考虑到当时国家的实际需要，建议他选择学习古脊椎生物并代为推荐导师。多年以后杨钟健感慨道:“我一生的工作,和李先生的这一指示是分不开的。”1928 年，斯行健进入德国柏林大学深造，在得到老师李四光的意见后，毅然把专业从已有一定研究基础的古脊椎动物学改成了古植物学。杨钟健和斯行健后来分别在中国古脊椎动物学和古植物学方面都取得了开创性成就，成为国内外知名的古生物学家和学科奠基人。

1938 年，李四光夫妇与斯行健夫妇在一起

在地质研究所工作期间，李四光要求研究人员恪守上下班时间，每天必须撰写工作日志，以随时考察个人的工作进展情况以及存在的问题。对于员工做出的成绩，他总会给予鼓励，同时争取各种机会选送年轻人赴欧美考察或深造。学生俞建章曾回忆："1928 年秋，李先生派我到湖北京山、钟祥、荆门等地考察，回来后看过报告，当时并未做评价。后来有一天，我看见李先生独自一人拉开抽屉和柜子，逐个检查我们采回的标本，察看我们野外采集的化石鉴定是否正确，之后才对我们说，标本不错。1929 年又派我到北京去借阅地质调查所的书籍，参与头足类的研究。1930 年'头足类'一书付印后，我准备回南京，正逢丁文江自野外返京带回很多化石，请李先生借我参与部分化石的鉴定，李先生同意了，于是我在北京研究下石炭纪珊瑚化石一年，之后又到湖南各地考察。1932 年上半年回所。1933 年李先生又派我到英国留学，重点研究珊瑚。"

对于李四光的关怀和指导，学生叶连俊也感触很深。1950 年初，叶连俊在鞍山做野外调查工作时，收到李四光的来信，大意是将来成立了地质力学研究所，欢迎前来参加研究工作。1960 年，叶连俊到李四光家拜访，被问及如何精准判定海陆的边界线。这本是沉积学工作者研究范畴的问题，李四光对叶的回答很不满意。叶连俊认为要划定海陆边界并不十分困难，但一定要精确到"米"则非常不易，直到后来随着沉积学的不断发展，必须直面的一个突出问题就是对近海沉积的深入研究，精确划定海陆边界问题至此才有了快速进展。叶连俊回想旧事，更加钦佩李四光在科学上的远见，以及善于捕捉课题核心的意识。

地质力学研究所成立后，陆续有新鲜血液补充到日益壮大的科研团体中。李四光经常邀请那些从外地来参加培训的年轻人到家中小坐，感受家庭般的温暖。他总是告诫学员们：“不要以为挨着专家教授就是近水楼台，必须学会提高自己的自学能力，注重讨论和交流，扩展自己的视野与思路，这样才能在复杂的因素中探索客观真理。”

1960 年，李四光和同事在北京西山考察地质

每当年轻同事们出发野外考察的日子，李四光必定要起大早，绕着车辆反复叮嘱，时间如何利用、路线怎样选择、上山后怎样观察构造轮廓、到什么地方应该注意什么现象等，桩桩件件都要细致过问。等同事们实践归来，听取汇报后的李四光又会适时提出新的问题，指导大家如何分析这些特殊现象，并进行相关模拟实验。

十年浩劫期间，工厂停工，学校停课，各项建设工作都不能顺利开展，李四光时常鼓励学生们，不要放弃冰川的考察工作。对于那些因戴上“资产阶级学术权威”的帽子而被抄家批斗的同事，李四光也会去信安慰，告诉他们由乱到治，总不免有个过渡时期。

李四光晚年患了动脉瘤，中央领导十分关心，严格要求限制他的工作量。但李四光依旧放心不下，他经常坐在单位门口，有时看到下班路过的年轻人便叫住，询问是否有新发现的冰川遗迹、工作中是否有亟待解决的问题。散步时偶遇同事，他也会边走边聊，细心解答他们在工作中的各种疑难杂症，恨不能把一生积累的专业知识一股脑地传授给对方。

对自身病情从来都不怎么在意的李四光，对待同事们的身体状况却格外上心。职工野外考察生病了，他马上安排接回来治疗。一次有同事出差，生病开刀治疗效果不佳，回北京后李四光立即帮忙重新联系医院手术，他还不顾自己身体虚弱，坚持爬到四楼病房去探望。对于进入地质力学研究所工作的年轻人，李四光也很关心他们的生活，有时他还跑到食堂，去看看大家平常都吃些什么饭菜。

当然，所谓成大事者多少都有点自己独特的个性。中国地质科学院成立后，李四光的很多学生都在那里就职，其中不乏他的崇拜者，但对老师的学说持异议者也不在少数。一次，他的学生做项目时需要一些国外资料，当时很难有太多的查询渠道，他找到老师请求帮忙。李四光回答说："你尽管去做其他准备，资料我帮你找。"隔几天，这位学生在办公室接到门卫电话，说有人找。等出来一看，原来是老师李四光，就站在门口，把资料朝学生手上一递，然后掉头就走，连大门都没进去。

小时候我在家听爷爷奶奶聊天，他们聊着聊着突然就变英文了，那时我就知道，一定是有什么不愿意让我听到的事，然后我抗议，但没人理会我。后来我跟母亲李林说起这些，母亲笑着回答我说："我小时候也这样啊，等我大一些懂英文了，他们这招就不灵了。”

“师夷长技以制夷”，李四光十分注重同事们的英语学习。他认为要把国外成熟的技术学到手，熟练地掌握外语至关重要。当时地质部安排的陈秘书有时会陪同一起散步，李四光突然想着要写英文文章，但陈秘书当时只会 26 个英文字母，没有办法，李四光只能一个一个字母拼给他听，虽然麻烦，但多少也能记录下一些。

于是陈秘书决定开始学英语，但当时北京也没有专业的培训机构，甚至连英语教材都很难找到。那时候我们家装了电视，下午有英语教学节目，陈秘书每天下班后就过来跟着电视学。节目从 5 点多钟讲到 6 点多钟，正好也是我们全家坐饭厅吃饭的时间。说实话，电视里教英文的老师水平比较有限，许淑彬听了忍不住发笑，说这英文发音也太不标准了。李四光一想也有道理，跟着这样的老师学英语似乎不太靠谱，于是他就考虑在地质力学研究所里办个专门的培训班，请许淑彬去当老师。后来考虑到许淑彬的血压持续升高，等英文班开办后，又去请了其他老师来负责教学。

1964 年春，李四光把单位的年轻人喊到办公室，对他们说：“你们到地质科学院上英语课路上太费时间，我本来想让我们家老太太来教你们，但她身体不好，那还是我来给大家讲吧。”李四光拿出早已备好的讲稿，开始授课。学生们偶尔会提出一些很幼稚的问题，李四光不厌其烦都一一给予解答。讲到语法修辞的内容，李四光举出一连串的英语妙句进行剖析，有时还从莎士比亚的作品引经据典，成段背给学生们听。因为担心学生来不及做笔记，所以李四光的讲稿都写得十分详细，那时他已年逾七旬，手指也不是很灵活，但每次备课他都和年轻时在北大教书同样认真。补习班每节课通常要讲两个小时，直到同事们后来去野外考察才宣告暂停。很多学生至今珍藏着当年学英语的讲稿，权当是对老部长最好的缅怀。

因为住家和地质力学研究所相邻，李四光有时晚上也会到单位去看看，很多同事都亲切地喊他“老部长”，甚至背地里亲切地称他为“老头”。一次李四光推开实验室大门，见到李方全正在学英语。小李刚从四川大学物理系毕业分配过来，英语基础较差，尤其中译英很吃力，甚至连一句“我认为你是对的”都翻不流畅。李四光微笑着勉励说：“学一种语言是要花一番功夫才行的，有困难不要紧，只要坚持下去一定能学好。”然后又逐字逐句告诉小李中译英的几种说法，连带语法重点都一一解释清楚。

李四光说过：“假如我有一技之长，宝而藏之，不肯泄露给我的同行工作者，或者我霸住前辈的地位，不肯把我晓得的那些交给我的后起，那就不是保密，而是自私。”手种门墙桃李满，如果按照“十年一代”的说法，地质界半个多世纪将近五代的专业人才，多少都直接或者间接受到过他的指点和栽培。李四光这种诲人不倦的无私奉献，对中国地质人才的承前启后起到了不可估量的作用。古人云：立德、立言、立功，李四光也因为这三方面的突出表现，受到后人永远的铭记与怀念。

2012年，李四光小妹赵希贤的外孙女到南京，顺便参观了中国近代史的著名遗址总统府。等回到北京，表妹问我：“难道舅爷爷（指李四光）当过翁文灏的学生？我怎么从来没听说呢？”我很诧异，问在哪里听到的说法。表妹说：“总统府的解说员这么讲的。”这令我感到有些震惊。因为在李四光的档案记录中，除了幼年时在湖北家乡上过几年私塾，后来又在武昌西路高等小学堂读过一年书，其他所接受的教育都在国外完成。其中，1904—1910年留学日本，在大阪高等工业学校学习造船；1913—1920年在英国伯明翰大学学习地质。而且从年龄上来说，翁文灏和李四光是同一年（1889年）生人，又恰巧在同一年（1971年）去世，他们属于同时代的中国地质学的创始前辈，怎么李四光就成了翁文灏的学生呢？

当时也就是亲友这么一问，不久就被搁置脑后。2017年，我带着小儿子到南京旅游，突然又想起了这件事，于是专程去了趟总统府，我还特意到进门不远的讲解服务处，请讲解员给我们介绍一下总统府的人文典故。对方不解，说你们就三个人，干吗还要花上100元请讲解啊？我说我比较喜欢历史，想认认真真听到一些东西的来龙去脉。到了史料馆，讲解员在介绍时果然特别强调说："翁文灏曾经是地质学家李四光的老师。"回到讲解服务处，我很认真地指出："你们这么说是不对的，李四光从来没有做过翁文灏的学生。"对方辩解，说这些都是经过了一位博士考证得出的结果。我说："我不管你博士教授。第一，我来自李四光纪念馆；第二，我是李四光的外孙女。这些不符合事实的说法应该纠正过来。"对方有些为难，意思是他们也做不了主，让我去跟上级反映。

回到北京，我就以"李四光纪念馆"的名义给总统府的主管单位写了封信，但一直没得到回复。2018年，江苏省电视台计划拍摄纪念周恩来诞辰120周年的专题片，其中有一段就是体现周总理对老一辈科学家的关心，重点典型人物就是李四光。电视台来北京采访，很客气地对我说，在江苏如果有什么问题他们可帮忙协调解决。我就提到了总统府讲解词的事，对方回去帮我问了，答复是有关部门正在调查中。纪念馆的龙长兴馆长听到后十分诧异，他说："他们还要找谁去调查啊，难道不是最应该来和我们李四光纪念馆联系确认吗？"

当然，事情的最终处理还是有了令人十分满意的结果。2020 年 9 月，我再次拜托南京的朋友去总统府帮忙询问，这次讲解服务处的负责人很负责，不仅诚恳表示了歉意，而且承诺以后在所有的讲解词中绝对不再出现"李四光是翁文灏的学生"这类说法。貌似小事一桩，之所以我们会坚持如此较真，本意也是为了还原史实，纠正那些以讹传讹的谬误。

47 学有辍时，思无已时

李四光究竟是怎样的一位科学家，为何他一生中能有那么多令人叹服的论断与发现？纵观李四光毕生的科学实践，我们可以发现一些耐人寻味的事例。

李四光是在英国伯明翰大学攻读的地质，那里也是近代地质学的发祥地，但他的地质力学却突破了传统地质学的理论框架；在相当长一段时期内，国内外的地质权威都认定中国不存在第四纪冰川，而初出茅庐的李四光凭借自己在太行山东麓和大同盆地发现的砾石特征，就敢“冒天下之大不韪”，提出中国存在第四纪冰川的论断；到了20世纪二三十年代，美孚石油公司在中国钻探石油失败导致“中国贫油论”甚嚣尘上，李四光却独辟蹊径地认定，中国的油气相当丰富，中国石油大有希望；当世界上众多地质学家公认垂直运动是大地构造的决定因素时，李四光却坚持强调地壳水平运动的主导作用……所有这些都充分说明：李四光与时俱进提出的每一个新见解，都与当时居于统治地位的学说和理论大相径庭，如果没有一种批判的怀疑态度，缺乏坚定的创新意识，那他根本就不可能取得后来如此显著的成就。这也从侧面验证了李四光曾说过的那句名言："不怀疑不见真理。"

当然，李四光提出的这些怀疑，绝不是哗众取宠和吸引眼球的表现。在他看来，科学研究一个重要的步骤，就是搜集和检阅现有的一切科学资料，掌握所探索领域的学说和理论的历史与现状，找出理论内在的不完备性及其与事实间的矛盾。但是，在科学上往往存在着一种与其本身相对立的惯性或惰性，很多学者不以事实来检验或修正现有的学说和理论，只固执地把已成学说奉为真理标准，生搬硬套这些学说理论去裁剪事实。对于这些教条的思维和观点，李四光用了一个非常形象的比喻：这是把马车系到马前面去了。

另一方面，李四光又坚持认为，破除迷信外国的思想，不等于不要学习和借鉴外国科学技术的新成就、不需要同外国科学技术界进行学术交流与合作，那种闭关封海的做法是不对的。外国一切好的经验、好的科学技术，我们都要吸收过来，为我所用。但是，这里面有个态度问题，我们应该把自己的努力创造放在第一位，把模仿国外而没有融入我国具体实践的东西放在第二位。对于那些盲目勘探、浪费国家大量财力物力，推迟建设进展的现象，李四光有时会痛心得一连数日寝食不安。他常说："我们的钱是老百姓的血汗，他们节衣缩食支援国家建设，而我们随意糟蹋，这是在犯罪！”

“做科学工作最使人感兴趣的，与其说是问题的解决，恐怕不如说是问题的形成。有了正确的认识，方才可以形成一个问题，做到这一步，问题可算是解决了一半。”这是李四光说过的一句很有哲理性的话。想象，是科学家身上一种极为可贵的品质。形成问题，通常需要丰富的想象力，这一点在李四光的身上从未缺乏过。早在少年时代，家乡门口的巨大石块就在他幼小的心灵中引起了无限遐想，这种充满了童趣的好奇心与想象力，从寥若晨星的火苗，到最后燃烧成熊熊冲天的火炬，一直照亮在他执着追寻的科学道路上。无论是教书育人、著书立说，还是那一次次令人振奋的精彩演讲，李四光都以这种品质去昂扬自己，启迪学生，激发人们展开对我们身处的这个世界的思考。

1945 年 1 月，李四光到重庆大学做学术演讲，当时周恩来领导下的《新华日报》曾如此报道过：“李先生给了我们每个人一种诗人的想象，如果我们有一万年或者是两万年的寿命，如果我们站在一个极高极高的地方，同时我们又有很锐利的眼睛可以看到很远很远的地方，那么就可以看到山丘陵地便如大海波涛似的起伏波动。”人们普遍公认，李四光科学方法的一个显著特征，就是把科学家的严密逻辑与诗人的想象完美结合在了一起。

李四光历来坚信，实事求是是科技工作者最为重要的作风。1945 年李四光带领学生到重庆沙坪坝进行节理测量，山上的每一个露头、采石坑和防空洞，以及嘉陵江边的每一块礁石和每一片滩涂，他们都要跑到，通过看、摸、量、数、记等各种手段，鉴别每一条节理的性质和特点。李四光告诉学生要多找证据和标志，无论正面反面，多问自己几个为什么，勤于思索，细心察看它们彼此之间的关联，多用脑子去想，心中要有一个百分比。有学生来请教，说马兰峪山字形中间出现一条北西向的断层，迁西山字形剖面也有一条北西向的断层，它们与山字形构造显得格格不入，询问如何处理。李四光思虑片刻后坚定地回答："构造行迹是客观的存在，该怎么样就怎么样，应该如实反映出来，决不能依据个人的愿望加以取舍，或者加以歪曲。暂时不能解释的就先放一放，它有可能是新事物或新体系的萌芽。"

为了培养年轻人的工作思路，李四光一贯施以谆谆教导的耐心。他告诫学生："工作时一定要有个指导思想，带着这个思想，我们

李四光在做地质学术报告

就会想出种种办法。比如大海捞针，这个针就是我们接下来所要做事情的方向，虽然它很小，但是我们会知道我们要找的究竟是什么。这样的指导思想，它不能是凭空想象，而是在大量实践的基础上，或现在有可能的条件下，经过分析、判断、推理和总结后得出的预想方案，它既有实践的基础，反过来又起到了能动指导实践的作用，引导我们达到预期目的。”

爱因斯坦曾说过：兴趣是最好的老师。儿时的李四光喜欢和小伙伴玩捉迷藏，他经常会藏在一块大石头后面。这块立在草地上的巨石把他遮得严严实实，小伙伴围着石头转来转去，总也找不到他。时间一长，李四光就对这块大石头发生了兴趣：这么大的一块石头，它是从哪儿来的呢？他问遍周围的老师和家长，没人给出明确的答案，只说是很久以前就在这里了。那为什么四周都是平整土地，唯独这块巨石孤零零的，却没有其他的石头存在呢？

这个百思不得其解的问题在李四光幼小的心灵里扎根了多年，直到他长大后到英国学习了地质，才明白冰川可以推动巨大的石头旅行几百里甚至上千里的路程。多年以后，身为一代著名地质学家的李四光回到家乡，他还专门考察了这块大石头，最终得到的结论是，这块大石头是从遥远的秦岭被冰川带到这里的。

这个故事后来以《奇怪的大石头》为题，被录入人教版小学语文三年级教材，以此激发小朋友们培养出更多对大自然的好奇心。今天，在李四光故居的院子里也立着一块大石头，它是从北京西山八大处后山黑石头村采集而来，同样证实了“冰川漂砾”是在冰川流动过程中，由异地搬运而来的巨大石块。

有人曾问过我一个非常有趣的问题：李四光和邹承鲁究竟谁更聪明些？我觉得如果一定要求证答案，那么当事人的回答自然最具有说服力。从我的角度来说，我会认为父亲邹承鲁的天分更高。李四光对于自己一向有着准确的定位，他曾自我评价不是一个反应特别快的人。如果你带着问题去求教他，除非是特别胸有成竹，李四光通常不会当场直接给出答案，他觉得需要进行考虑。长考，并不是一件丢面子的事，一定要做到真正的确实无误，这也反映出李四光严谨求实的学术态度。

凡是和李四光交流过的人，无不敬佩他超凡的记忆能力。但人们不太了解的是，在李四光睡觉的枕头下面，经常是备了铅笔、白纸条和手电筒，以备夜间突然有问题浮现于脑海时，可以在第一时间记录下来，而且尽可能不要打扰到家人的休息。类似这样的小本子在他去世后发现了很多。李四光给人的印象是出口成章，层次井然，但在他的笔记中，对于一些重要报告都有反复修改过的提纲和草稿，在很多藏书中我们发现都夹了纸条或者画上记号，这些都足以证明他曾仔细阅读过。

李四光办公室的书橱里堆满了各种外文资料，其中有相当一部分是不太完整的，只是某册书中的数页。当年李四光在国外读书和讲学，搜集各种相关的专业资料，但那时没有复印机，他只能节衣缩食把书籍买回来，再把其中需要的内容都给撕下并随身携带，以便查阅。日积月累，回国时李四光的行李箱中就带了很多类似的单页。后来，秘书用封皮把这些零散的资料分门别类都包了起来。

李四光晚年的很多论著，都是在散步途中，或坐在老银杏树下思索，然后再凭借记忆和思考进行科学创作。对于自己写的信件和文稿，他经常要逐段、逐句、逐字反复推敲，一改再改，绝不马虎。同时，他又惯用一些通俗易懂的话语，来说明极其复杂晦涩的地质现象与过程。例如，为了说明岩石力学性质的变化与时间因素的关系，他给学生们打了个生动形象的比喻：小时候过年，供桌上放了一块刚熬出锅的麦芽糖，两个小孩都喜欢吃，一人抓一头，用力对拉，糖块被拉成很长却没有断，这说明什么呢？糖块是塑性的。后来孩子们上街去玩，看到有卖麦芽糖的，卖糖人用锤子一敲，糖块就碎了。这说明同样的麦芽糖又具有脆性。岩石力学的深奥理论，被李四光通过这样生动形象而又精辟透彻的小故事加以说明，学生们立刻可以领会到，过往漫长的地质年代中，在长期地应力的作用下，时间的因素不容忽视，而且起源于地球自转角速度变化而产生的水平应力分量，也可以逐步积蓄。

李四光常说：学有辍时，思无已时。他对很多学生和朋友都讲过："书，当然是要读的，但也不一定读得太多，反正书也是读不完的。读书是了解别人对问题的看法，供自己思考问题时参考，不要受成说的束缚，要学会独立思考，发现问题，解决问题。"因此，李四光这一生极少评论他人，他也不会轻易去宣传别人的研究成果或观点，他习惯于深入研究，反复论证，等到从各方面都能解释清楚时，才会最终拿出自己的结论。譬如在北大教书期间，李四光就通过研究蜓科，对当时含混不清的石炭二叠纪地层进行了重新划分，其划分标准被国际地质学界承认，至今仍为世界各国沿用。

丰富的专业科学知识是构建科学家知识结构的支柱和栋梁。李四光一生博览群书，勤奋钻研，他对知识兴趣的转移从来都是以“科学救国”为出发点，从学习造船到改学采矿，再到专攻地质，李四光认为，想学好地质，必须精通数学和物理，因此他在伯明翰大学旁听了物理课程，同时数学、力学等自然科学基础的理论知识也十分扎实。在多年的学术实践中，李四光博学而专攻，他以地质学和力学为支柱，以连接两者的地质力学为桥梁，并由此呈发射状向矿产地质学、水文地质学、工程地质学、地震地质学、地热学、区域地质学等应用地质科学方面拓展，因此在构造地质学、古生物学、地层学、岩石学、矿物学、冰川学等地质学科都有深厚造诣，成为地质界不多见的复合型人才。

为了批判地学习和吸收国外先进技术，李四光除了精通英语、日语，还掌握了德语和法语，直到六十岁他还与时俱进地开始学习俄语，这些都为他及时获得世界科技最前沿信息提供了敏捷的传感器。李四光所有的学习绝不单纯出于狭隘的个人爱好，而是从科学的整体化、知识的统一性等战略高度着眼，他认为科技工作者的趣味要广泛，不应钻进牛角尖里去寻求问题的解决，而要尽量参与多种学问的合作。

李四光的一生是思索的一生、学习的一生，更是奋斗的一生。今天的李四光纪念馆里，陈列着很多他当年精心采集的地质标本，这些标本在他生前经常都摆放在办公室里。他总是不厌其烦地和人们讨论着他的地质，学术科研上的问题一旦进入脑海，忘记时间、忘记吃饭都成了常事。他的衣兜里常年装着他最心爱的石头，到最后口袋都被磨出了洞，以至于同事和学生们有时会开玩笑，觉得老部长像是入了魔怔。但我想，一位科学工作者对于自己的事业入魔，这应该属于一种常态，做学问的人如果身上一点呆气都不具备，或许很难成为一名有水准的科学家。就像我父亲邹承鲁曾说过的那样：做科学从来都不是一个“朝九晚五”的工作，它需要每时每刻全身心的投入，才有可能做好。

48

一门三院士

在中国科学界，两院院士一直是科研工作者们孜孜以求的最高荣誉。院士一般每两年评选一次，至今当选者不过数千人。有趣的是，在这寥若晨星的科技精英中，竟有为数不少的院士来自同一家庭。据我所知，中科院物理所李方华教授夫妇，还有曾经担任过复旦大学校长的谢希德与曹天钦，他们都是众口交赞的院士夫妻。从前我和父母一起住在上海的岳阳路 320 号大院，刚好和谢希德家是邻居，有一次我跑到三楼去玩，一不小心手被仙人掌给扎了，痛得哇哇乱哭，曹妈妈（我当时对谢希德阿姨的称呼）赶紧跑过来，她一边安抚我，一边戴上眼镜，用镊子小心翼翼地帮我把刺给夹了出来。

唯其如此，一门三院士在中国更属罕见。我的爷爷李四光，地质学家，1955 年被选聘为中国科学院学部委员（院士）；父亲邹承鲁，生化学家，1980 年当选中国科学院院士；母亲李林，物理学家，1980 年当选中国科学院院士。难能可贵的是，他们所从事的研究还都来自不同领域，这也正好满足了李四光的愿望，他以前曾在家里说过："一家人最好不要学同一行，不然在办公室争论不休的问题，回到家还要接着在饭桌上讨论，生活也未免太单调了。"

当然，要说到"一门三院士"，还有号称"九子皆英俊"的梁启超的后人。长子梁思成，著名建筑学家，1948 年当选中央研究院院士；次子梁思永，考古学家，因对新石器时代和商朝的考古有重大贡献，1948 年当选中央研究院院士；最小的儿子梁思礼，中国当代著名的火箭控制系统专家，1993 年当选为中国科学院院士。人们一定很好奇，解放前夕的 1948 年究竟有过一次怎样的院士评选？其实，李四光也是那年地学部院士获选的六人之一。

南京市北京东路 39 号，如今悬挂着"中国科学院南京地质古生物研究所"门牌的大院里，飞檐翘角的民国建筑格外醒目，这里也是当年中央研究院总办事处以及地质研究所、历史语言研究所和社会科学研究所旧址。1948 年，刚刚结束抗战颠沛流离的学者们又要面临新的选择：去台湾，或者不去。

20 世纪 40 年代中期，中央地质调查所、中国科学社生物研究所、北平研究院、中央研究院等研究所和高校相继成立，各基础学科也相继奠定了根基，同时也涌现出一批在国际上崭露头角的科学家。抗战结束，百废待兴，选举院士、建立院士制度也自然被提上了议事日程。1946 年 10 月，中央研究院第二届评议会第三次年会通过了"举行第一届院士选举"的决议，身在海外的历史语言研究所所长傅斯年给胡适去信说："天下大乱还要选院士，恐怕难以成功，这事问题甚多，弄不好，可把中央研究院弄垮台。"

傅斯年的担心并非多余。国内战火蔓延，谁还有心思去选院士？但出乎意料的是，院士选举进展得格外顺利，当时分数理、生物、人文三个组进行，最终以无记名方式表决。1948 年 4 月 1 日，中央研究院正式公布 81 名院士名单，地质学家获选的有朱家骅、李四光、翁文灏、黄汲清、杨钟健和谢家荣共 6 人。

物理学家严济慈在回忆录中这样写道：1948 年 9 月，辽沈战役已经打响。在炮火纷飞中，9 月 23 日上午 10 时，"国立中央研究院成立第二十周年纪念会暨第一次院士会议"在南京鸡鸣寺中央研究院礼堂开幕。至少 49 名院士出席了开幕式。蒋介石、何应钦等政府要员，张伯苓、吴贻芳等教育界名流也参加了开幕礼。为求节约，整个会场布置简朴，连鲜花都未摆设，虽然天气阴雨，亦不开灯。会议期间，蒋介石在总统府请大家吃饭。到总统府去时，前面是几部小车，我们这些院士坐大卡车。我们在车上开玩笑说：大人坐小车，小人坐大车。

据说，参会的院士们都佩戴着由人文组院士梁思成设计的"国立中央研究院院士"正方形合金徽章，并获得由书法家沈尹默书写的当选证书，但这其中却未见李四光的身影。当时地质研究所已迁回南京，李四光在上海被诊断为心绞痛和肺结核，医生建议静养。炮声隆隆，国民党腐败统治下的上海乱成一团，刚好此时李四光被推选为中国出席第十八届国际地质大会的代表，1948 年 2 月初，李四光从上海启程远赴伦敦，也因此避开了中央研究院的第一次院士会议。

没有硝烟弥漫的战场上，国共两党同时展开了对人才的争夺。中央研究院搬迁台湾的计划自 1948 年 12 月起开始实施，与此同时，故宫文物也由南京迁台。但让人一筹莫展的是，故宫的文物立即可搬，而中央研究院里荟萃了国内各行各业的精英院士们，他们都是活生生有血有肉有思想的人，如何说服绝非易事。

当年的中央研究院，生物组已接近世界最高水平，数理组与世界顶尖水平不相上下，人文组几乎达到世界一流水平。但不得民心的国民党政府摇摇欲坠，罢教、罢课此起彼伏，院士们多数身为大学教授和研究所人员，每日感受着生活重压的煎熬，面对妻儿啼饥号寒，根本无法专注于科研，更何谈教诲莘莘学子。出于对国民党统治的极度失望，绝大多数院士不愿迁往台湾。据统计，中央研究院的全部院士中，去台湾者 9 人，占院士总数的 11%；去美国的 12 人，占院士总数的 15%；而留在大陆迎解放的 60 人，占到院士总数的 74%。

那位曾担心“院士评选难以搞定”的傅斯年，携带部分亲人和简单的生活用品，从南京明故宫机场乘飞机去了台湾，出任台湾大学校长。临行前，傅斯年将图书、家产悉数留下，他希望赴台只是“暂时去看看”，但他没有想到的是，这一去，就再也无缘重返鸡鸣寺那魂牵梦绕的中央研究院大院。

伴随着新中国的诞生，1954 年中国科学院成立，设数理及化学学部、生物学地学学部、技术科学学部、哲学社会科学学部共 4 个学部。1955 年学部委员制度的设立，正式确立了新中国的院士体制。1948 年中央研究院评出的 81 名院士中，有 46 人进入了新中国第一批院士（学部委员）的行列，李四光名列其中。

1980 年，国家恢复学部委员制度，283 人当选为新的学部委员，邹承鲁和李林双双获选，成为轰动一时的院士夫妻。这一年有 14 名女科学家当选，女学部委员由原来的仅林巧稚一人增加到 15 人。李林获评院士的主要科学成果为：参与建成核潜艇生产堆，首次获得临界温度为 23K 的铌三锗超导薄膜，并率先制成钇钡铜氧超导薄膜。她的获奖感言是：努力包括不懈的追求，也包括自我克制。李林这一生做出了非常优秀的成就，但由于其工作性质的特殊性，很多成果未能公开发表。

作为科技界齐头并进的模范夫妻，丈夫邹承鲁自然也不甘落后。邹承鲁被公认为近代中国生物化学的奠基人之一，他在生物化学领域做了具有重大意义的开创性工作，在国际上最早尝试用蛋白水解酶部分水解的方法研究蛋白质结构与功能的关系；发现了细胞色素 c1 与线粒体结合前后性质的变化，证明细胞色素 b 与琥珀酸脱氢酶不是同一个物质；此外，邹承鲁建立的蛋白质必需基团的化学修饰和活性丧失的定量关系公式和作图法，被称为邹氏公式和邹氏作图法，其学术成果曾多次荣获国家自然科学奖。邹承鲁获评院士后，曾当选为生物学部院士评选委员会主任。

今天，穿过李四光纪念馆弯曲的长廊，李四光的半身铜像矗立正中，客厅靠墙的书橱里摆满了各种书籍，外侧整齐摆放着一些证书和奖牌，其中最为醒目的，就是由两任中国科学院院长郭沫若、方毅分别为李四光、李林和邹承鲁签发的院士证书，后面陈列着当年邹承鲁和李林结婚时，李四光和许淑彬与新人的合影。

李四光、李林、邹承鲁一门三院士证书及合影

往事如昨，年近七旬的我经常会走到这面承载着我们家族的荣誉墙前，轻轻拭去玻璃柜上的灰尘。回顾我这一生，爷爷李四光给了我最多的疼爱，但父亲邹承鲁却经常说，他很崇拜我。这绝非父亲的一句玩笑话，当年他出国的买票、签证和改签等手续，都由我一手办理。邹承鲁从来就不喜欢死读书的学生，他认为我的动手能力强，能够帮他把生活中的各种琐事料理得井井有条，为此，他自

豪地告诉他的研究生们："你们哪，一个一个都不如我女儿，我女儿如果搞科学，一准比你们要强。"学生们好奇地问理由，邹承鲁回答道："我女儿想要做一件事时，她会不停地琢磨，这条路走不通，她就会想着去换另一条路走，反正到最后，她总能想得出办法帮你把事情给做成了。"

术业有专攻，虽然邹承鲁在专业上卓有成就，但他的生活自理能力一直很差，尤其是年纪大了以后，在家找东西总要转悠半天。次数多了，我就忍不住说他："东西就在你面前，你这人怎么这么笨哪！"父亲也只是温和地笑笑。有一次李林悄悄对邹承鲁说："全科学院估计都没人敢骂你笨吧？也就你家女儿敢这么说你……"

父亲生前曾多次表达了他内心的遗憾，他对我说："你怎么不去搞科学呢？以你这样的脑子和个性，一定会成大器。搞科学，首先要有韧劲，要有必定成功的信念，而且会想着用各种各样的方法来尝试。"我至今忘不了父亲这辈子给予我的最高褒奖，就是有一次他指着这三本院士证书，带着无比惋惜的神色，一脸认真地对我说："其实，我们家如果是一门四院士，那该有多好啊！"

49

李四光和他的后代们

我上初一时，“文革”刚刚开始。当时我就读于北京105中学，前一年的六四届还需要通过考试才能上初中，到我们是直接就近给安排了中学。1968年我初中毕业，就没有再上高中了。当时北京市出台了新规定，独生子女可不用上山下乡，我被分配到北京的八宝山葡萄酒厂，任务是在果园里种植葡萄。

但我实在对这份工作不感兴趣，于是回到家总跟爷爷哼唧，说：“我不想当工人啊，我不想做葡萄酒。”爷爷问：“那你喜欢做什么？”我说想当记者。爷爷听了没吭声，我知道自己的这个理想很难实现了。有一天，我就和爷爷说我想学地质，出野外。爷爷好奇地问原因。我说搞地质可以跑来跑去，我不太喜欢总坐在同一个地方的工作。1970 年，我离开了葡萄酒厂，参加了成立不久的地质部三河地震地质大队。

等我从地震地质大队去读大学时，爷爷已经去世。我在北大学的是地震地质，读书那几年，印象中好像就做了下面几件事：第一，挖防空洞；第二，被安排去挖教工宿舍的地基，当年北大图书馆、游泳池的地基都是由我们地质系和其他系的学生一起参与去挖掘的。今天的人们提到北大都很敬仰无比，但我们这些工农兵学员当年在那儿确实也没学到大学生应该掌握的知识。因为大家普遍文化课底子很差，同学间的年龄差距也较大，有的甚至相差六岁。我们班当时基础最好的不过高三文化水平，最低的只上过小学六年级。记得当时班上有同学特别不能理解，跑去问老师："世界上怎么会有比 0 还要小的数呢？"老师怎么解释都不行，最后烦了，说："你们几个去帮帮他。"

1976 年我从北大毕业，直到后来出国之前，我在地质力学研究所工作了三年。当时"文革"结束后就可以报考研究生，我第一次的考试成绩差了一点，第二次考，分数反而差得更多。母亲李林就说："那你也别考了吧，出国去。"李林总认为我这个工农兵学员在大学里学的东西不靠谱，她希望我有机会可以再读一次大学，把基础打得稍微扎实些。

我的小姑在美国教书，她去帮我申请了学校。李林说："反正你现在也没什么事了，英文基础也不太好，要不我给你补补英文吧。"正好我儿时一起长大的小夫妻俩听说了我要补英语的事，就找到我，提议说："咱们三人一起学吧。"我说："当然可以。"

当时使用的是从国外引进的一套英语教材，叫作“灵格风”（Linguaphone），学习发音时还要听唱片。我记得唱片有胶木和薄膜两种，大家学得都很认真，恶补两个多月后，我就去美国留学了。刚去美国，我说的话人家都能听懂，别人讲的内容我却不明白，周围也没有太多中国留学生，为适应环境，不会也得硬着头皮去学，很快我的英语对付着也就算过了关。

进大学后，我学了一门课程叫古生物课程，但成绩很糟糕。老师认为是我没有系统学习过生物的缘故，于是建议我去选修大一的生物学。因为之前从没接触过，我连最基本的 DNA（脱氧核糖核酸）和 RNA（核糖核酸）都搞不懂，没办法，只能写信回国求教。不久收到了父亲邹承鲁用中文写的一封长信。我估计父亲这辈子对待他的学生从没这么耐心过，那封信图文并茂，整整写了七八页纸，还有一大堆的分子式和图形，仔细为我解释了 DNA 和 RNA 这两个生化专用名词的组成、结构与功能异同。有同学听说了这事，专门跑来找我，问是不是看完信就搞懂了。我回答：“不懂的还是不懂。”其实，等学得更深入一些后我才慢慢理解到，“不懂”这个东西和语言没太大关系，一开始是因为闷头一棍给彻底敲懵了。

结束了在美国的留学生活，我在专业领域也就职过一段时间，因为我先生希望可以到中国生活，母亲李林为他联系了到清华大学教书，他们都学物理，专业上的沟通也多一些，我也就跟着回到了北京。

邹承鲁生前曾和饶毅、鲁白共同署名发表过一篇很有名的论文，严词抨击了当时的中国科技体制，文章认为，计划经济时代的科技管理体制已严重阻碍了中国科技的创新和发展。这也是邹承鲁晚年向中国科学界投下的最后一颗重磅炸弹。与其他两位身在海外的学者不同，邹承鲁当时身在国内，他必须孤单直面那些看得见的赞扬与看不见的责难。

我曾半开玩笑地问父亲："按照这篇文章的观点，科技部似乎都没什么存在的必要，您还附和着去署名发表，万一这么多人的饭碗真的因此而被端了，别人能不记恨你？换成是我这么随口一说，什么单位可有可无之类，人家顶多觉得我这人讨厌，反正也不会有人听我的。但您说了，那产生的轰动效应可就不一样了啊！"父亲只是笑笑，没有作声。

我的父亲之所以敢如此直言，是因为他心无所惧，尤其在学术打假方面，他从来都当仁不让。邹承鲁打破了中国科学教育界导师署名的潜规则，他曾直言不讳地表示："最可恶的是仗势署名。我当这个实验室的主任，这个实验室所有的文章都把我的名字写上，不管你同意不同意，并且写在最显著的位置，仗势欺人，这是一种欺人的方式。"对于当年所承受的非议，邹承鲁无惧无悔，他说："反正我也不在乎，其他的他们又能拿我怎么样呢？人为什么要害怕，就是因为你担心有可能要失去的东西，然后就会有意无意地受到很多制约。如果你什么顾忌都没有了，自然也就不会觉得害怕。"

很多年里，邹承鲁的心中一直有个疙瘩，他特别不愿被人说成是住在老婆家。科学院里不少人都知道，如果你想用一句话和邹承鲁把关系搞僵，那就请直接说他是"李四光女婿"。邹承鲁活着的时候当然没人敢惹他，直到他不在了，学生王志新的太太终于说了大实话："邹先生其实就是入赘李先生家的啊！"有一次何祚庥院士也说过："你都不知道，邹先生最讨厌人家说他是李四光的女婿哦。"

李四光去世后，周总理专门指示，紫竹院的房子由李林夫妇继续居住，之后这么多年，我父母一直居住于此并负责打理。1989年李四光纪念馆成立，前面办公区改作纪念馆，李林夫妇就不在大办公室里工作了。至于住宿，他们本来就在后面的那块区域。这些年尽管房地产开发风起云涌，但他们从未有过购房打算。直到李林癌症晚期，她自知时日已不多，就同我父亲商量，意思是老两口工作了一辈子，也没能置办点像样的家产，连套房子都没能给我留下，总觉得有点对不起我，想想还是去买一套吧。

因为夫妇俩只能享受一人购房资格，于是就由邹承鲁以无房户的名义向中科院提交了申请，2000年在中关村买了个大套公寓。那是个毛坯房，等我们拿到钥匙时，母亲李林已经去世。我猜想，或许是父亲心里存着这样的想法，他觉着这回他终于不用再住老婆的房子了，于是兴致勃勃地催我去装修，说等搞好了一定要去住上一阵。我想那也行，等装修结束我就回美国陪读去了。父亲后来给我来了封邮件，说让秘书陪着去看过一回房子，但他仅仅只是看了一眼，却从没提过要搬家的事。

在我大儿子出生之前，我曾和先生商量说："你们家有两男一女，我们家就我一个，我很希望这孩子将来可以跟我姓。"先生表示他无所谓，于是孩子出生后姓邹，按照辈分，"宗"后面是"家"，取名为邹家熙。最后一个字也是为了纪念母亲李林，她原名李熙芝。

我家老公公祖籍广东梅县，客家人，他知道这事后觉着有点不习惯，但又不好意思跟我明说，就去问自家儿子，说："这小孩的名字中连你的姓都没有，怎么听起来有点不像是你的孩子啊？"我想想公公说得也在理，大儿子毕竟是长房长孙，于是按照朋友的建议改用了双姓——邹黄家熙。等老二出生时，考虑到老邹家的愿望已经满足，也不能把我母亲这边给落下了，我就继续做主，让孩子选择了姓李。母亲李林听到后很高兴，而且说来有缘，我小儿子的长相和母亲童年时格外相像，当外婆的自然更是喜欢得不得了。

其实我父亲邹家的取名是有严格的规矩的，兄弟间名字只差半个字，这样从字面上就能看出是一家人，譬如我的父亲邹承鲁、大伯邹承曾。当时我的大儿子取名为邹黄家熙，到了小儿子的名字，邹承鲁左思右想，似乎有点为难，这四点水的名字不好取啊，而且他老人家做了一辈子的试验，脑海中的第一反应除了"蒸"就是"煮"。大家听后都说不咋的，父亲就抱着小姑邹承颐家的那本《康熙字典》翻半天，最后总算找到个"休"字，下面加上四点。这个字现在不怎么通用，字面解释就是"福禄寿"，寓意很好，于是全家皆大欢喜。

我的俩儿子都有各自的英文名字，分别是 James 和 Eric。家熙的第一个字母，用老式的韦氏拼音来读一个是 J，一个是 S，正好对应了爷爷李四光的英文名字 J.S.L.，家烋是 J.S.。就这样，在取名这件事上，从我爷爷到我父母，我全心全力都给照顾到了。

因为生了俩儿子，有朋友说我为家族争了气，但按照我的真实想法，哪里是这么回事呢。男孩子谈恋爱时都跑女孩家干活去了，我周围朋友生儿子的家庭几乎全这样，等到再大些，娶媳妇，结婚，慢慢地，孩子们都不怎么爱搭理父母了。有一年，我千里迢迢到美国去过圣诞节，当时小儿子在南太平洋的瓦努阿图，大儿子刚好在美国，我就问他:“你能陪我回来过圣诞节吗？”他很理性地回答说：“圣诞节已经约好了朋友一起过。”当场给我气得不行，因为据我了解，他约的只是一位女性的大学同学，根本不是什么男女朋友，为这个就直接把亲妈撂在家里了。我先生当时在马来西亚经营着房地产，郁闷之极的我给他打去电话，说：“你也别回美国了，儿子不回来，过两天我就打算回国内去了。”那时候我就暗自发誓，如果再有机会，我一定要生个女儿，然后把人家的儿子也给弄到我们家来献殷勤。

我先生在美国学的是物理专业，他在清华大学教过一阵子书，后来去了马来西亚接手家族企业，因为我老公公那一辈曾经在那里买了点地皮，需要有人去打理。我父母亲基本都拿固定工资，儿子们在国际学校的费用很昂贵，一个家总得有人去赚钱维持生活。所以我经常和我先生开玩笑，说他是我们家的“提款机”。

孩子们当年在北京顺义附近上的“京西学校”，学校开始借用了北京纺织厂的办公楼，后来因为盖校舍，晚上就经常召开董事会，商议如何向北京市政府申请校址用地。作为校董，我照样也得下班赶过去开会，有时弄到凌晨，说起来都是为了孩子们的前途。新校舍后来盖得特别漂亮，但因为京西没有高中，我只能把孩子们又送回了美国。

20 世纪 80 年代初，我先生说要去北京看看，我就提议给父母带个计算机回去。因为拥有外籍人士购买相关物品的指标，我先生费了不少力气总算给带到北京。虽然那台计算机的性能很差，但我父母亲很高兴，他俩都特别宝贝这台计算机，为此还相互规定：“你用完两小时就该我用了啊！”也因此，我父母很早就接触了计算机，直到晚年都使用得非常熟练，不像有的老院士，发个 E-mail 还得依靠秘书。后来计算机逐渐普及，我的父母亲经常是坐在各自桌前，有时突然遇到问题要问对方，又被计算机挡住了没法照面，都习惯了从电脑侧边偏过脑袋来交流。

1999 年我去美国陪读，只是在放假和过年才回北京陪家人一起过春节。美国学校的暑假特别长，因此每年从 5 月到 9 月我基本上都在北京。我父母平时最不爱听到的一句话就是：“你们怎么还没退休啊？”李林一直到七十多岁还坚持上班，单位会派车接她过去。2002 年李林去世，父亲一个人住在空荡荡的房子里，显得越发苍老又孤单。那时我就想，我得多回国陪伴老父亲。好不容易等到孩子们都考上大学，但不幸的是，那一年我的父亲撒手人寰。

2006 年 11 月 2 日，邹承鲁投给新语丝网站的最后一篇稿件——《必须严肃处理学术腐败事件》，这也成为他为科研奋斗一生的绝笔。邹承鲁去世后，“院士同道”的何祚庥教授接到朋友电话，问是否出席 12 月 1 日上午举行的追悼会。何老说：“当然去，我年纪大了，一般人的追悼会都不去，但是邹先生的追悼会一定去，去示威啊！”我想何老当时所指的，一定是要向那些从事、默许和支持学术腐败的人表示抗议吧。何老赶来后，开始是鞠了一躬，转一圈后他又回来，再次鞠躬，说，这次是代于光远鞠的。因为于老身体不好，来不了，电话里特别交待过。

邹承鲁的晚年一直形单影只地生活在紫竹院的老宅子里。他曾伤感地说:“老李（指李林）看管这个房子看了一辈子，现在她走了，我作为李四光的女婿也有这份责任，那就接着继续看下去吧。”2003年，邹承鲁接受了中央电视台《大家》栏目的采访，在最后的结束语中，他这样说道:“反正我活着，这屋子（指李四光纪念馆）我还得管，哪天我不在了，我女儿会不会管下去，我也不知道，我希望两个孩子（指两个外孙）上大学后，我的女儿能够回来，我们可以在一起共同生活几年。”每次看到这个画面,我总有说不出的难受，正因如此，父亲的遗愿我更要加倍努力去实现。

我的俩儿子，一个学物理，一个学环境，他们从小上的国际学校,并不担心语言问题。其实在美国,英语说得再差都可以生活下去。孩子们后来的专业选择，也和我没有太多关系。他们的学习成绩都很一般，小儿子家伙当初表示想学物理，这着实把我给吓了一跳，因为我清楚学物理很难，而且他还格外强调，自己想学的是理论物理。我考虑再三提了个建议,说:“如果实在要学,就学材料物理吧,好歹毕业还能找个事做。”孩子不愿听我的,实在没辙,我就对他说:“那这样吧，我带你去见一个人，让他和你谈一谈。如果谈完了你还坚持要学，那就随你。”

我带着小儿子去见了何祚庥，那是一位搞了一辈子理论物理的老院士，人也很有趣。我给何老打电话，说要带儿子来求见，麻烦您和他聊聊这理论物理究竟是怎么一回事。我的本意是想请老教授来吓唬他一下，让孩子知难而退，结果倒好，他俩一见面倒聊得很投机。何老告诉孩子，说：“你就学吧，学了之后你也可以不靠它工作，但从此，世界上所有的事情你都会做了。”好家伙，这一通“大忽悠”，孩子后来真的去学理论物理了。学了一阵还是觉得枯燥，又改学了材料物理。当然，他也听从了何老的建议，明白学物理没那么容易，首先是一定要有很扎实的数学基础。如今他已读到博士阶段，总算是入门了一些。

家烋大学毕业后申请参加了“和平队”，去太平洋中的一个小岛，他给我打电话说：“妈妈，我要去瓦努阿图。”我惊讶无比，说：“我都没有听说过这么个国家啊。”然后赶紧上网去查，看看究竟是怎样的一个地方。

“和平队”志愿者中的多数都是大学生，他们在接受一定时间的训练后，被安排到发展中国家或地区服务两年，其间只领取很少的一点工资。家烋在那工作的第二年，我去看过一次。那是个由 80 多个小岛组成的国家，没有电，有时连饮水都成问题。生活的枯燥不难想象，我很好奇这孩子如何能坚持下来，最终发现他还挺有毅力。身边也有人劝我，说条件那么艰苦，你干吗要同意孩子去呢？我回答：“我不同意他就不去了吗？”

大儿子家熙在读大三时和我交流过，说他们学校有交换生计划，自己想去肯尼亚。我说，那就去呗。周围的中国朋友听了都很担心，说非洲环境不太安全，最好慎重些。当时的交换生需要交学费，我心里也有过不给他负担费用的念头，但转念一想，即便我不给他交，他也会想方设法到处申请资助，最后还是能去得成，我反而做了个恶人，何必呢？倒不如直接同意，让他去算了。

家熙毕业后先到泰国教了一年英文，后来又在韩国当了一段时间的英文老师，他总说自己要去看世界。有一次我问他："这个世界你究竟要看到什么时候啊？"他回答："等看够了我自然会告诉你。"好不容易看够了世界，家熙又去读了环境专业的硕士。我问他："要不你再去读个博士？"家熙摇头说："不读了，坚决不读了。"毕业后家熙从事了环保方面的工作，主要是保护海洋里的金枪鱼。后来他又突发奇想，要去非洲保护犀牛。前一阵他还在南非，然后因为疫情失业，按照最初打算，他计划南非工作结束后再去莫桑比克。

我的孩子们对于祖先曾经沐浴过的那些功名荣耀其实没有太多概念，但他们会为自己的先辈在科学研究上的点滴成就而倍感自豪。家熙曾和同学聊起祖母李林当年从事的工作内容，同学们都由衷地发出钦佩，说："哇，人家 James 的奶奶在做核潜艇反应堆时，我的奶奶还在家里烤小饼干呢。"

孩子们都有在祖母身边成长的经历。从孩提时起，李林就培养他们对研究科学和探索世界的兴趣，偶尔也会带他们到实验室去参观，讲解数学和历史的各种不同概念。李林还会给他们讲故事，包括自己的环游世界、家庭、学习，还有她经历过的那些历史事件，以及这一生她满怀深情见过的那些人。李林年轻时所处的那个年代，女性通常都待在家中相夫教子，很少有机会走向社会，因此，孩子们会觉得自己的祖母有多么的与众不同。这些故事不仅对孩子们世界观的形成起了很大作用，而且激励着他们继续踏上这条荆棘密布的科学之路。

家烋曾自豪地表示，为什么会选择从事物理学领域，理由很简单："因为我的祖母。"打小祖母李林就让他们去感知广袤的自然之美，从而对整个宇宙充满了好奇与敬畏。李林告诉孩子们，自己毕生坚持不懈的科学观，原本都来自他们从未谋过面的太外祖父李四光的教导，尤其那句朴实而深沉的座右铭：祖国需要我做什么，我就去做什么。孩子们在这样言传身教下很早就懂得，只有树立了正确的人生观，才能做到对自己喜爱的事物不离不弃，培养出对科学持之以恒的执着追求，并在心中树立起骄傲的来源和衡量标准。

我的俩儿子，今年一个 35 岁，一个 32 岁，他们到现在都没有谈女朋友。身为母亲我应该支持他们的想法，让他们做自己最想做的事，而且我也一直记得爷爷从前教过我的话："兴趣，是人生最好的老师。"

爷爷和奶奶当年结婚时的那对戒指，偶尔我也会拿出来用布擦擦亮。爷爷的戒指上刻有"淑彬",奶奶的戒指上也对应刻着"仲揆"。自回国后，爷爷手上一直都戴着这枚戒指，除非开会之类的正式场合会提前摘下来，以免被说成是"资产阶级生活作风"。奶奶儿时人称"小胖子",长大了就是"大胖子",老了又成了名副其实的"老胖子","文革"开始，奶奶的戒指也不能戴了，但因为肥胖，戒指都嵌进了肉里，实在没办法找了个锯子给锯开，所以现在这枚戒指细看中间还有一道截痕。

这对婚戒也是爷爷奶奶留给我的最后纪念，我把它们和爷爷最钟爱的那颗小砾石放在一起，仔细珍藏着。我心里有个美好的愿望，有时我会跟俩儿子说:"你们都赶紧给我去找女朋友，等成了家，我把戒指分你们一人一个。"

爷爷奶奶的结婚戒指，我打算传给儿子

关于我现在和将来的居住地，我的想法是：第一，我不可能一直活下去；第二，我的孩子们也不太可能到这里来工作，他们都有自己的想法和目标，而且他们也从来没有和李四光一起生活过。这个世界上或许没有什么事情能够永远继承下去。我想身体力行先把纪念馆的日常事务给担负起来，我们现在有自己的办公室，还有一群热忱的同事，他们对这项工作都有比较多的兴趣和了解，愿意和我一起把它做好。这也是我现在每天快乐而充实的一个重要原因。

李四光的后代们

50 化作一棵树

李四光去世后，骨灰被安放在八宝山革命公墓一室。按照国家规定，必须是正部级以上（含正部级）的逝者骨灰才能放置于此，这也是李四光为国为民奋斗到最后一刻所得到的盖棺定论。当时提倡丧事从简，一室内安放了很多骨灰盒。随着岁月流逝，公墓用地越来越紧张，遵照周总理指示，“位置改小，盒子改小，层次加多，允许拿出，投水入地”，不少逝者的后人在风景清幽的后山重新购置了墓地，将骨灰迁往风景清幽的后山，于是很多骨灰盒都陆续移了出去，这其中还包括彭德怀和华国锋的骨灰迁回原籍，一室也随之慢慢空荡了起来。

为了表达对李四光的思念，基本上我们家每年清明都会去八宝山一次。到了 2014 年，我意识到一个很现实的问题，我的孩子们都在国外工作和生活，他们不太可能做到以后定期回国祭拜，我忽然心生忧虑：等到哪一天如果我不在了，我的爷爷是否会感到很孤单。他老人家曾经说过，希望去世后将骨灰撒入大海，因为他一生的足迹踏遍了祖国的江河山川，如果终能与大海相融，他的魂梦就会和他熟悉的崇山峻岭永不分离。

于是，我计划着要取出骨灰盒。公墓管理办公室的负责人说：“这可不太容易，你得到组织部去开介绍信。”组织部回复，只需逝者生前职务最高的单位出示证明即可。政协的同志很客气，说：“介绍信可以开，但骨灰你能否拿得出来我不敢保证。”我问原因，对方笑答：“因为之前我们没有开过类似的介绍信啊。”

那时临近清明节，刚好去八宝山参加同事的追悼会，我就向地质力学研究所的领导们提议：“要不顺便去看看我爷爷？”大家都表示同意。一室负责开门的人我也认识，我说介绍信我拿到了，过几天我来取骨灰。领导们听说此事都震惊不已，大家集体表示反对，说：“你怎么能这样做呢？”我反问道：“为什么我不能这样做呢？”他们最后劝我说：“这其实不能完全说是你的家事，或者你个人的事。”我仔细一想领导们的话也有道理，于是打消了原先的念头，好不容易拿到的那封介绍信我一直留着，但至今也没派上用场。

偶尔我脑海里也闪过这样的感觉，似乎我们家人对于两样事情的操办都没有太大兴趣，一是婚礼，二是葬礼。我父母生前工作的单位都没有安放他们的塑像。最初是母亲李林提出了这样的想法，她表示不希望在自己去世后大张旗鼓搞任何仪式，总觉得这样是劳民伤财。她临终前给我留话说：“等我死了，你们也不要弄得那么麻烦，你就给我去找棵树，骨灰撒树底下，能当肥料就成。”

遵照母亲遗愿，我去和中科院物理所的领导们商量。他们说：“李先生为国家奉献了一辈子，那就给她找个好一点的地方吧。”但大家都有点不知所从，因为北京市有明确规定，城市里不允许挖墓立碑。我说：“我本来也没打算给母亲置办墓地，我只想找棵树。”

奶奶许淑彬去世后，骨灰一直存放在家中。爷爷离世后，奶奶整个人的精神世界突然就崩溃了。那时我的父母也都搬来一起住，还有我，大家经常陪在她的身边。我的奶奶这辈子应该是没有崇拜过任何人，她只是很爱她的丈夫李四光，她觉得失去了全天下她认为最好的丈夫，自己的人生已没了任何意义。

李四光去世后，身为女婿的邹承鲁对许淑彬非常关照，但奶奶觉得无论如何都没有她的丈夫对她那么贴心，她习惯了那么多年丈夫对她的宠爱一下子全没了，即便周围的家人对她再好，那也是两码事。奶奶当时体重都超过了200斤，加上身材又矮，经常是坐下去就起不来，每次到医院去看病，都是邹承鲁来搀扶她，有时一个人根本拉不动，还要加上服务员一起帮忙。

那段日子里，奶奶经常一个人坐那儿，默默地，突然间“哇哇”地放声痛哭。家人都知道，奶奶又是在想念爷爷了，可谁也没法劝阻得了。当时的我还特别不能理解，总觉着爷爷离开这么久了，为什么奶奶丝毫不能从这种悲痛的情绪中解脱出来。不到两年，奶奶也去世了。所以在我的一生中，李四光和许淑彬这种相濡以沫、生死相依的情感给我留下了特别深的印象，我觉得被誉为“科技伉俪”的我父母好像没能达到这种程度，坦白地说，我和先生之间似乎也无法做到。

那时学校正好放假，我和先生带着两个儿子，由物理所的领导们陪同着，大家在李林曾工作过的办公室窗边选了棵树，挖个坑，把许淑彬和李林母女俩的骨灰一起撒在了树下。我在心里默默祈祷着："妈妈，您交代我的事我已经办妥，还有奶奶，你们母女俩可以永远地在那边团聚了。"

一生埋头于科研的邹承鲁平时没怎么考虑过这些事，直到他看见了李林骨灰的处理方式，他对我说："嘿，这个主意不错，要不我以后也这么干吧。但是，我希望可以是一半撒在北京，一半撒在上海。"

父亲作出这样的决定，我一点都不感到奇怪。抗战期间，邹承鲁远在西南联大读书，当时邹家家境日渐衰落，祖父邹东湖的身体逐渐恶化，陪都重庆的医疗条件又差，找了很多医生都没看好，最后发现是肠癌。祖父去世时还不到五十岁，被送回无锡老家安葬。1972 年，正在北京工作的邹承鲁收到老家来信，说是生产队准备修水渠，计划要从邹家的祖坟地里经过，希望他能尽快回来办理邹东湖的迁坟事宜。当时邹承鲁刚接手长沙马王堆出土女尸的研究项目，每天忙着生化试验，看过信，也没当回事，随手就给扔垃圾桶了。过了一段时间，无锡乡下又来信，说是因为没有等到邹家的回复，但"抓革命，促生产"这样的大事也不宜延迟，生产队就擅自做主把邹家祖坟给挪了个地。信中还附上一堆道歉的话，并告知迁坟后的新址，说希望有空可以回家看看。邹承鲁只是简单地扫了一眼，按照他的想法，既然事情都处理好了，那不就得了。啪，又和上次一样，信件朝垃圾桶一扔，就像什么事情都没发生，继续埋头于他的工作了。

1993年，我的祖母，也就是邹承鲁的母亲胡葵从台湾回来，因为没找见丈夫的坟地，心里多少有些难过，老太太把儿子好一通埋怨。但我绝对能够理解我的父亲，他一生都是这样的人，没有任何东西比他的研究工作更重要，那才是他认为真正有意义的事。毕竟也算是阔别几十年后的亲人重聚，那次无锡老家来了很多亲戚，虽然邹家的人不多，但胡家是当地望族，很多亲戚我连名字都从来没听说过。我就去问父亲：“您知道来的都是些什么人吗？”父亲回答：“不太清楚。”我又问：“那怎么之前他们都没来过呢？”父亲说：“我没那么多时间。”因为邹承鲁很少参与这样的接待和聚会，于是很多亲戚都抱怨，说他是六亲不认。我又跑去问父亲，别人都这么说您了。父亲淡然道：“那么一大堆的亲戚，我如果一个个地去认，那我干脆什么事都别做，整天去伺候他们得了。”

2006年，邹承鲁去世。为实现父亲的生前愿望，我去向中科院生物物理所的领导请求，希望也能找棵树把他的骨灰给撒了。父亲的学生王志珍说：“那我们重新去买棵树吧。”大家费尽周折在苗圃里挑了棵白皮松，把父亲一半的骨灰给撒了。第二年我到上海，父亲当年工作过的地方有棵巨大的香樟，那天一大早，我带着小儿子把剩下的一半骨灰也撒在了树下。

有人曾问过我：“怎么没有给你的父母安排在一起合葬呢？”我想了想，回答说：“他俩生前好像都没跟我提过要如此安排，夫妻磕磕绊绊一辈子，死后也无所谓这样那样的仪式了。”母亲李林曾工作过的单位，在那棵撒下过骨灰的树前我留了照片，每年清明我都会来到树下，默默地敬献上一束鲜花。

今天的地质力学研究所隶属于中国地质调查局，我回国后的身份是中国地质调查局的外聘人员。李四光纪念馆归由中国地质调查局管理，每年拨有相应预算和经费。2014 年李四光纪念馆整体大修，地质力学研究所的新大楼前安放的李四光塑像，由全国政协、地质部、中国科协和中国科学研究院四家单位共同制作，雕塑大师曾竹韶担纲设计，虽然对照李四光的相貌不能说全像，但视觉效果很舒服，一眼望去神采奕奕，精气神十足。

当时施工方说，还要在门口墙上安个塑像。我说没必要了吧，整天日晒雨淋的，再说院子里也有了一座。对方坚持要做。我说要做就做个像点的，看了几遍样稿，总觉得不行，就建议说：“你们从院子里拓一个不就得了？”考虑造价等因素，对方没有采纳我的意见。有一天我回来，发现塑像已经上墙了，但我怎么瞅都不太像，爷爷那个表情，一点都不开心的样子。恰好我有大学同学也在所里工作，一次跟我说：“你看老先生的

地质力学研究所大门口的李四光浮雕塑像

这个像，每天愁的啊！”我就开玩笑地回答：“老先生这是在担心你们没有好好做工作，没能把地质力学继续给发扬光大呢。”

只要是为人民做过有益的事情，人民都会永远把他记在心里。李四光逝世已整整过去了半个世纪，但祖国和人民从来没有忘记他，并授予他各种崇高荣誉。1989 年，在李四光的出生地湖北黄冈成立了“李四光纪念馆”，前中共中央总书记胡耀邦题写了馆名；同年，李四光地质科学奖正式设立，这也是中国地质行业的最高荣誉奖，不仅是纪念李四光对科学和地质事业做出的巨大成就，同时也激励着新一代的地质工作者们投身于祖国的建设事业；为了鼓励广大的地质系学生为国贡献，刻苦攻读，中国地质大学每年在李四光的诞辰日（10 月 26 日）颁发“李四光优秀学生奖”；2010 年 6 月，由北京校友会发起，原长春地质学院和吉林大学地学部各学院的海内外校友积极响应，捐款数额突破千万元，学校相应推出了《李四光地学奖学金评选奖励办法》；2013 年，南京大学地球科学系组建了“李四光讲师团”，奔赴贵州等偏远地区进行宣传演讲并将这一传统保持至今；2015 年 9 月，中国地质调查局出台了《中共中国地质调查局党组关于加强地质科技人才队伍建设的指导意见》，提出实施“卓越地质人才计划”，与 2013 年出台的“急需紧缺高层次人才引聘计划”并行，这两项计划属于中国地质调查局最高层次的人才计划，入选者将被授予“李四光学者”称号；2018 年，中国地质大学（武汉）学生排演的话剧《大地之光》，以李四光“爱国、求实、育人、严谨、奉献”的价值追求为灵魂和主线，选取具有典型意义和矛盾冲突的历史场景，如第四纪冰川的发现、寻找铀矿、石油大会战、地震预测预报等，充分展现了以李四光为代表的科技工作者为民族振兴、国家富强、社会进步和人民幸福鞠躬尽瘁的崇高品格。

1998 年 10 月 26 日，中国科学院国家天文台兴隆观测站发现了一颗小行星，国际小行星中心在 2019 年 10 月 4 日发布第 67219 号公报，通知国际社会，该小行星（编号为第 137039 号）被永久命名为“李四光星”。这颗熠熠生辉的小行星遨游在浩瀚太空，向全世界昭示着中国地质学家对地球科技发展进步做出的卓越贡献。此外，我国第一艘以科学家名字命名的中远海综合测量船“李四光号”，2012 年开工制造、2014 年入役的“李四光号”综合试验舰，都标志着中国海军科学试验能力的全面提升。

“李四光号”综合试验舰

在英国，伯明翰大学的图书馆设立了李四光资料的专门陈列室，以纪念当年这位中国留学生投身地质事业的奋斗足迹。伯明翰大学校长 David Eastwood 教授协同该校高级管理人员及资深学者到上海，正式对外宣布，伯明翰大学与中国国家留学基金管理委员会签署合作协议，自 2011 年起，以伯明翰大学著名校友李四光的名义，每年将向在伯明翰大学攻读博士学位的学生提供六项全额奖学金。校方还将李四光的博士论文复印件赠送给了亲属。

1989 年 10 月 26 日在全国政协礼堂召开李四光诞辰 100 周年纪念大会

2014 年 6 月 9 日，习近平总书记在中国科学院第十七次院士大会、中国工程院第十二次院士大会开幕会上讲话中重申："李四光说过：'科学的存在全靠它的新发现，如果没有新发现，科学便死了。'……我国科技发展的方向就是创新、创新、再创新。要高度重视原始性专业基础理论突破，加强科学基础设施建设，保证基础性、系统性、前沿性技术研究和技术研发持续推进，强化自主创新成果的源头供给。"

2009 年 9 月 10 日，由中央宣传部、中央组织部等 11 个部门联合组织评选，李四光被评为"100 位新中国成立以来感动中国人物"之一。生于忧患，死于安乐，我们每个人来到这世界或许都担负着各式各样的使命，相比我们家族的其他成员，我觉得爷爷李四光这一生的襟怀和抱负实在是崇高而伟大，他竭尽一生的全部努力，都是为了造福他深深眷恋的祖国和人民。祖国的需要，就是他这一生执着而无悔的选择。

故居院子里的那排白皮松，年年岁岁郁郁葱葱，这还是爷爷搬家那年亲手种下的；爷爷坚持不让砍伐而得以保留的那两棵古柏树，依旧生机盎然；地质力学研究所南门外的古银杏，数不清有多少次，爷爷曾在浓密的树荫下休憩过、思考过。遥望这些曾与爷爷长情陪伴的纪念物，我的耳边总会想起他老人家那铿锵有力的话语："一个科学技术工作者，如果他抱定了为社会主义国家的富强，为人类幸福前途服务的崇高目的，在工作过程中，不断攻破自然奥秘，发现新世界，创造新东西，去开辟人类浩荡无际、光明灿烂的前景，那么他的生活就会是多么丰满、愉快、生动和活泼！"

站在树下，且听风吟，刹那间我忽然意识到，其实在我的心里，爷爷早已活成了一棵树。

晚年的李四光在那棵古银杏树下休憩、思索

主要参考资料

[1]《李四光画传》编辑组．李四光画传［M］．北京：中国大地出版社，2009.

[2] 许淑彬，李林．石迹耿千秋：回忆李四光［M］．上海：上海文艺出版社，1978.

[3] 陈群，段万倜，张祥光，等．李四光传［M］．北京：人民出版社，2009.

[4] 马胜云等．李四光和他的时代：李四光书信简集［M］．北京：科学出版社，2015.

[5] 李四光研究会筹备组地质学会地质力学专业委员会．李四光纪念文集［M］．北京：地质出版社，1981.

[6] 中科院物理研究所超导国家重点实验室．李林画传［Z］.2013.

[7] 熊卫民，邹宗平．邹承鲁传［M］．北京：科学出版社，2008.

[8] 本画册编辑组．催笋生竹　润花著果：邹承鲁纪念画册［M］．北京：学苑出版社，2008.

[9] 赵炜．西花厅岁月：我在周恩来邓颖超身边三十七年［M］．北京：中央文献出版社，2004.

[10] 李四光同志遗留资料整理小组．李四光同志关于地质工作方面的一些意见（一）（二）［A］.1974.